佛像與寺院解剖圖鑑

studiowork

瑞昇文化

目次

前言　5分鐘搞懂佛像與寺院

第1章　如來，佛界之首

第2章 菩薩，正在修行中

第3章 明王，忿怒的如來

第4章

天部，佛界的保鑣

第5章

成佛之人、造佛之人

column

先為佛像做個簡單分類

佛像，可大致分為如來、菩薩、明王、天部4大類

佛的種類超過百種，雖然我們很難在看了佛像之後，立刻知道這究竟是哪尊佛，但不妨先從找尋線索做起。佛像可大致區分為如來、菩薩、明王、天部4大類，每一類別都有各自共通的形象及持物。

- **如來**—解救世人，使其悟道之佛。形象來自悟道之後的釋迦牟尼
- **菩薩**—邊修行、邊解救世人之佛。形象來自仍是王子身分的釋迦牟尼
- **明王**—面露忿怒相之佛，更是如來的化身。形象來自英勇年輕的釋迦牟尼
- **天部**—佛界守護神，印度自古以來的眾神聽聞釋迦牟尼說法，之後皈依佛門

常見的形象與特徵

菩薩

華麗裝飾
頭戴寶冠，身著飾物，這也意味著菩薩尚未完全拋捨內心的物慾

王子之姿
高束的髮型，上半身及腰際分別裹著名為披帛及裙裳的布匹

勤奮修行
忙於救濟現世眾生，因此多半以站姿現身。另也可見多臉多手設計

許多的手及持物
為了實現各種心願，菩薩的多隻手分別持有各式各樣物品

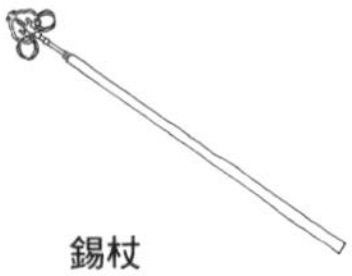

（左起）蓮花、水瓶
代表潔淨的「蓮花」以及裝有能洗淨污穢的功德水「水瓶」是千手觀音及十一面觀音的持物

錫杖
錫杖是地藏王菩薩的持物

如來

肉髻
頭頂的智慧象徵

白毫
眉宇間的白色捲毛帶有慈悲光芒

螺髮
右螺旋狀的捲髮

坐像
如來在佛界多半處於冥想狀態，因此坐姿較為常見

簡樸穿著
只以一塊布料包裹身體，無其他裝飾物（大日如來除外）

蓮花座
仿照蓮花形狀的臺座，但菩薩及明王的臺座不侷限於只有蓮花座

藥壺
雖說如來多半無持物，但大多數的藥師如來都會手持裝有能治療萬病之藥的藥壺

裝飾物
與其他如來不同，只有大日如來身著寶冠及裝飾物，形象較趨近菩薩。這是因為大日如來扮演著降臨現世，負責救濟眾生的特殊角色

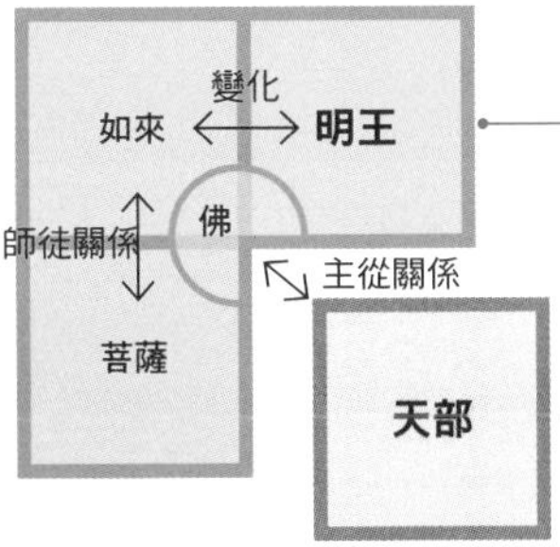

4個類群間的關係

已經悟道的「如來」與尚未悟道的「菩薩」為師徒關係。另一方面，「明王」為如來的化身。以忿怒之姿引渡那群光靠慈悲仍無法得到救贖的眾生。本書將此3類群稱為「佛」

與扮演著解救世人角色的佛（如來、菩薩、明王）相比，天部則是佛界守護神（佛教成立前便存在，之後皈依佛門的印度眾神）

天部

忿怒相與焰髮
瞪眼監視著佛敵※1，以沖天逆髮展現威勢※2

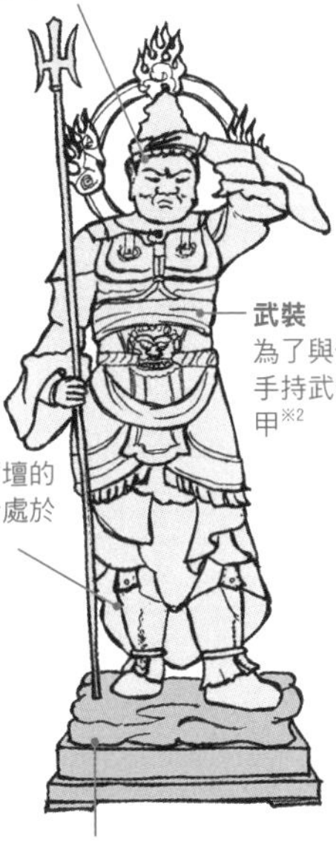

武裝
為了與佛敵對戰，手持武器、身著鎧甲※2

立像
佇立於須彌壇的邊角，隨時處於備戰狀態※2

岩座
岩石代表著諸多天部所居住的須彌山※2

金剛杵

寶劍

金剛杵等武器主要為天部與明王的持物。寶劍則能用來斬除煩惱

明王

火焰光背
許多明王像都背著能將煩惱燃燒殆盡的火焰

忿怒相
忿怒形象能救贖為煩惱所苦的世人，另也有不少擁有多臉、多眼、多手、多腳，造型特異的明王

臺座
代表著磐石的瑟瑟座是不動明王才有的臺座

與菩薩相同穿著
明王的衣著（披帛、裙裳）與裝飾物和菩薩相同，但手持武器

焰髮

大部分的明王皆因面帶極端忿怒相，使得怒髮衝冠

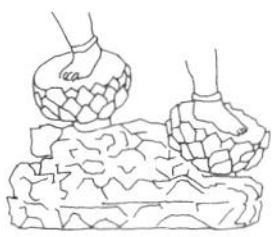

腳踏蓮花座

有時站立的明王會兩腳分別站在不同的蓮花座上

※1 譯註：意指與佛法對立者
※2：並非所有天部皆身著武裝，也有穿著漂亮華麗衣裳的女天部

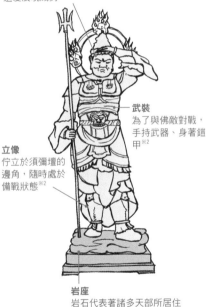

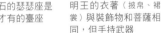

如何聽見佛內在的聲音

佛心展現於雙腳

站立之佛——立像

立像是佛解救眾生時的站立形象。若有任何病痛或想實現的心願，不妨即刻參拜站姿之佛

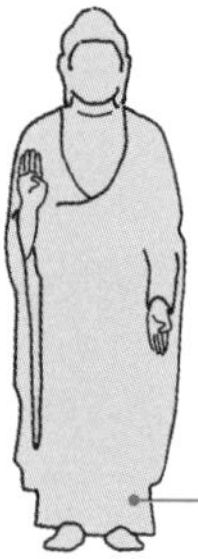

伸出單腳的佛像，從這個動作便可感受出佛積極行動的態度

坐姿之佛——坐像

坐像是佛冥想時的形象，思索解救眾生的方法。當各位來到坐像前之際，不妨試著沉澱心靈，找尋自我

如來常見的坐姿

盤起雙腳，可看見腳底。
有2種盤坐方式

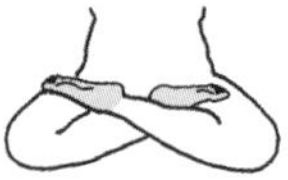

結跏趺坐

可看見雙腳腳底，這也表示佛心與人心坦誠相見

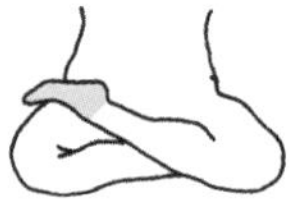

半跏趺坐

可看見單腳腳底的簡化坐法，代表佛想盡快聆聽世人的心聲

眼睛比嘴巴更能傳遞訊息

如來之眼——黑眼珠靠近外側

如來眼睛半開，全神貫注地觀察浩瀚宇宙，集中解救世界的意識。即便如來臉部朝下，參拜者也不太會有四目相接的感覺

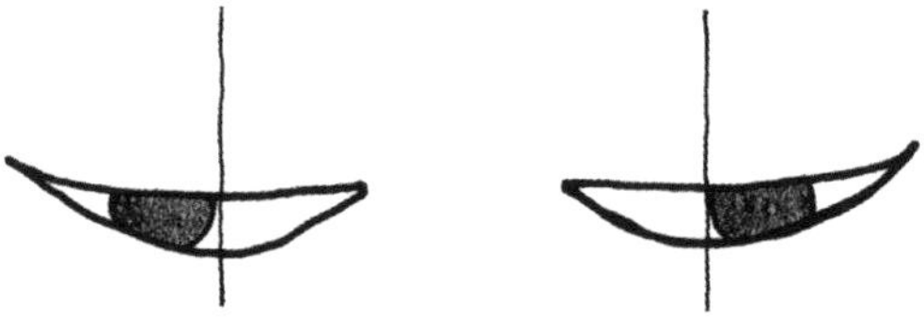

菩薩之眼—黑眼珠落在中心

由於菩薩目光朝下，黑眼珠落在中心，因此參拜者會有「被注視著」的感覺。菩薩不僅聆聽世人煩惱，更是解救眾生之佛

明王之眼—黑眼珠靠近內側

明王的黑眼珠內聚，能挖掘出參拜者心中的強烈煩惱。宛如突然睜開的雙眸，更可讓潛藏在煩惱深處的魔性無所遁形

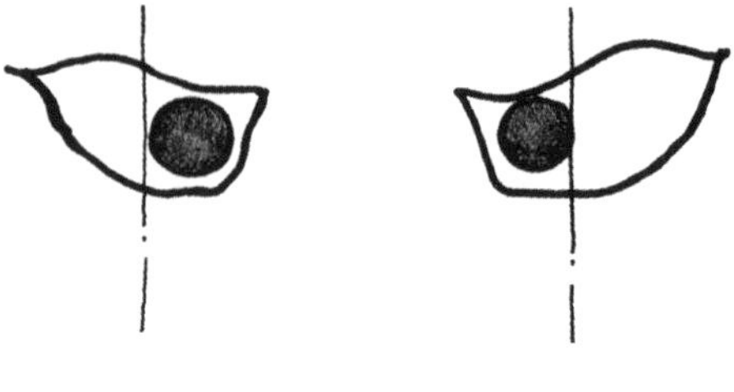

觀察佛手就能知道佛在想什麼

合掌代表著什麼？

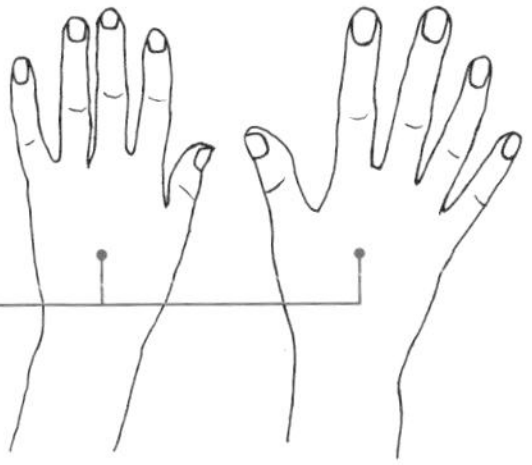

印度人認為右手乾淨、左手不潔，因此右手代表佛、左手代表自己

將你我心存諸多煩惱的左手，依附著代表佛心的右手。雙手合十後，形狀猶如含苞待放的蓮花。蓮花乃佛界淨土之花

五指皆有佛

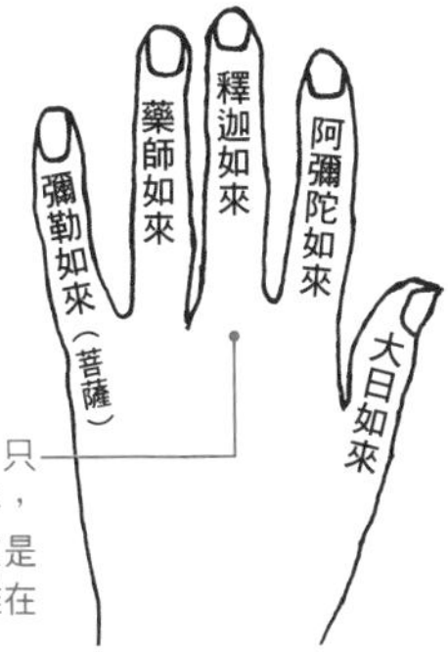
彌勒如來（菩薩）
藥師如來
釋迦如來
阿彌陀如來
大日如來

佛存在於五指中。只要觀察菩薩像的手，便可知道菩薩現在是以哪尊如來的思維在思考

中指靠著臉頰，無名指微向前壓，代表著菩薩正以釋迦如來的思維，思考著該如何將世人從病魔中解救而出（藥師之心）

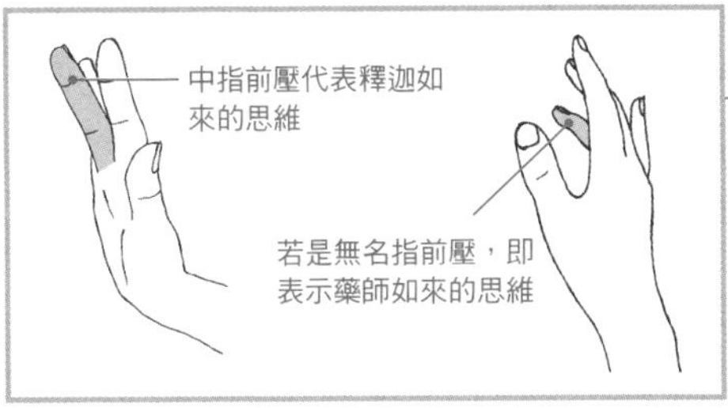
中指前壓代表釋迦如來的思維
若是無名指前壓，即表示藥師如來的思維

以手勢展現佛心與佛威的手印

禪定印

代表著處於深度冥想狀態的手印，常見於釋迦如來。藥師如來與大日如來也常結禪定印

施無畏印、與願印

如來結的手印之一，多出現於釋迦如來像。若為坐像時，左手會呈與願印，並置於膝上

意味著無須畏懼任何事物，來此即可（施無畏印）

意味著能將心願實現（與願印）

從寺院感受佛的世界

從人間到佛界

在世界（人間）的中心有座名為須彌山的高山，須彌山的上空即是佛的世界（淨土）。可稱為佛界入口的須彌山有著天部看守，相傳人間位在須彌山以南的島嶼。我們更可從寺院的各種細節感受佛教的世界觀，因此在前往寺院時，擁有鑑賞價值的，可不只有佛像。除了從山門（三門）至本堂這段路程外，其他像是殿堂建築、地板、牆壁、天花板也都詮釋著佛的世界。

佛教的世界觀為何？

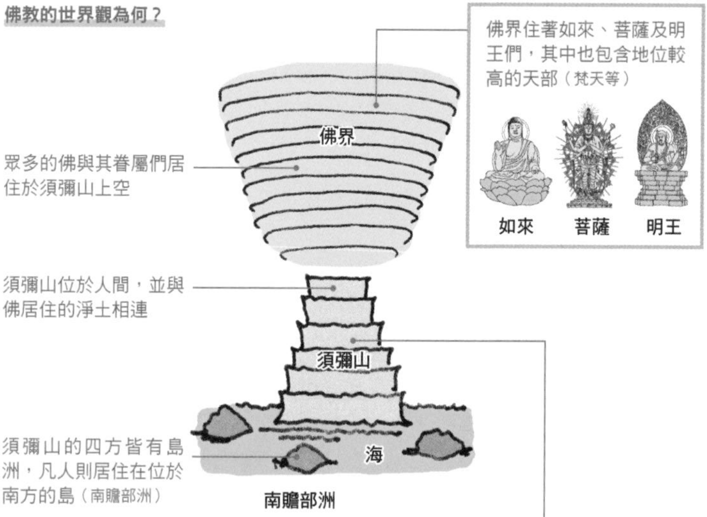
佛界住著如來、菩薩及明王們，其中也包含地位較高的天部（梵天等）
如來
菩薩
明王
佛界
眾多的佛與其眷屬們居住於須彌山上空
須彌山位於人間，並與佛居住的淨土相連
須彌山
海
須彌山的四方皆有島洲，凡人則居住在位於南方的島（南贍部洲）
南贍部洲

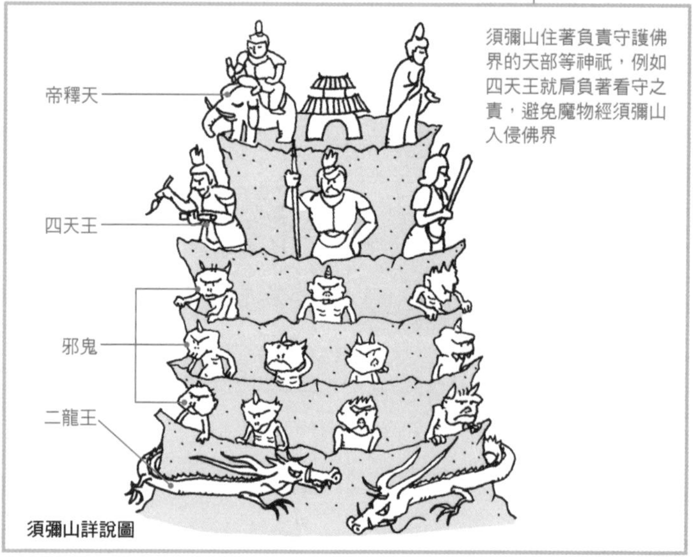
須彌山住著負責守護佛界的天部等神祇，例如四天王就肩負著看守之責，避免魔物經須彌山入侵佛界
帝釋天
四天王
邪鬼
二龍王
須彌山詳說圖

試著沿途體驗

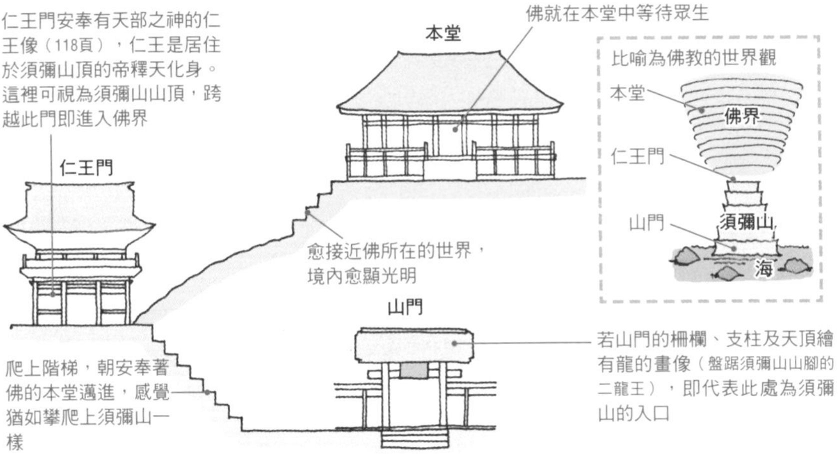

仁王門安奉有天部之神的仁王像（118頁），仁王是居住於須彌山頂的帝釋天化身。這裡可視為須彌山山頂，跨越此門即進入佛界
仁王門
本堂
佛就在本堂中等待眾生
比喻為佛教的世界觀
本堂
佛界
仁王門
山門
須彌山
海
愈接近佛所在的世界，境內愈顯光明
山門
若山門的柵欄、支柱及天頂繪有龍的畫像（盤踞須彌山山腳的二龍王），即代表此處為須彌山的入口
爬上階梯，朝安奉著佛的本堂邁進，感覺猶如攀爬上須彌山一樣

在堂內實際感受

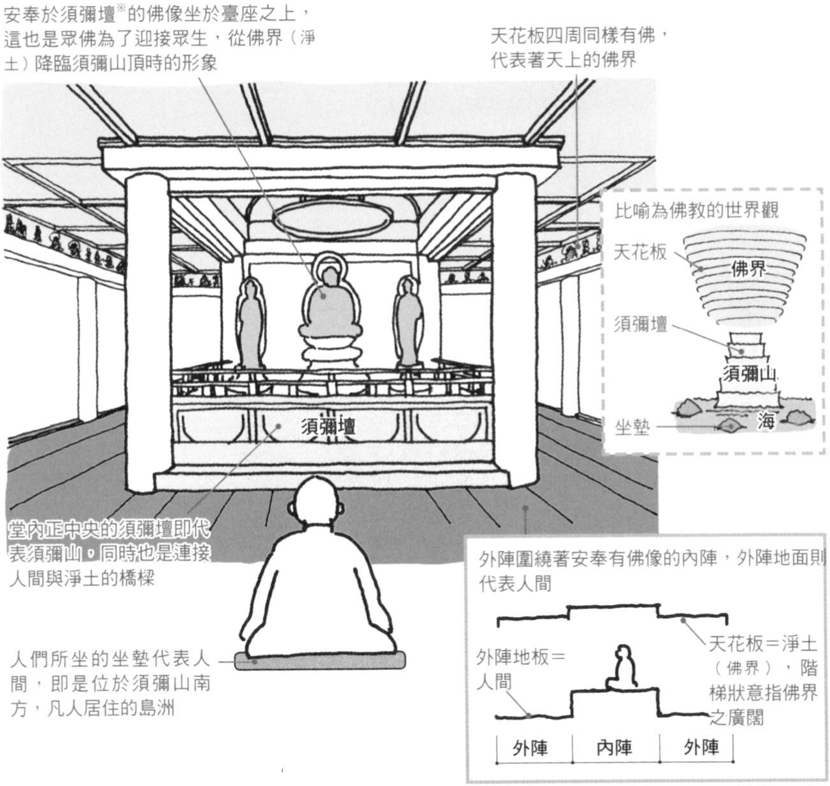

安奉於須彌壇※的佛像坐於臺座之上，這也是眾佛為了迎接眾生，從佛界（淨土）降臨須彌山頂時的形象
天花板四周同樣有佛，代表著天上的佛界
比喻為佛教的世界觀
天花板
佛界
須彌壇
須彌山
海
坐墊
須彌壇
堂內正中央的須彌壇即代表須彌山，同時也是連接人間與淨土的橋樑
外陣圍繞著安奉有佛像的內陣，外陣地面則代表人間
外陣地板＝人間
天花板＝淨土（佛界），階梯狀意指佛界之廣闊
外陣
內陣
外陣
人們所坐的坐墊代表人間，即是位於須彌山南方，凡人居住的島洲

※：為了安奉佛像，於堂內設置高度高出地面的臺座

第1章

如來，佛界之首

如來是佛界地位最崇高之佛，對世人宣揚佛學真理，使人皈依信仰（教化）

釋迦如來

佛教始祖，在身旁負責輔佐教化的是文殊菩薩與普賢菩薩（脇侍）。有時也可見藥王菩薩與藥上菩薩隨侍於側

阿彌陀如來

掌管西方極樂世界之佛。立下「四十八大願」後，成為如來。脇侍為觀世音菩薩與大勢至菩薩

藥師如來

掌管東方淨琉璃世界之佛。立下「十二大願」後，成為如來。脇侍為日光及月光兩尊菩薩，十二神將則以從屬之姿追隨於側

盧舍那如來（盧遮那佛）

所有佛的統合。盧舍那意指充滿光亮，如太陽般的存在。密教則認為盧舍那佛即是大日如來

大日如來

密教信仰中最重要之佛。五智如來則是以大日如來為中心，四方配置其他四尊如來（四佛）

大寺院裡的小佛尊

釋迦如來／東大寺 奈良

4月8日是釋迦牟尼的生日。東大寺會在一個名為花御堂的小佛堂安奉誕生佛※1，澆淋甘茶※2，不分宗派一同慶祝。各地寺院皆會舉辦這類的浴佛法會（花祭）。

東大寺又將此活動稱為佛生會。大佛殿前會設置以當季花卉裝飾的花御堂，並安奉著金碧輝煌的誕生佛。境內更因大量前來慶祝釋迦牟尼誕辰之人，顯得熱鬧非凡。經史料證實，釋迦牟尼乃實際存在之人，亞洲各地留有釋迦牟尼生前，從誕生到入滅等各種風貌的釋迦牟尼像※3，從中更可看出釋迦牟尼與其他佛尊迥異的「人類」形象。

慶祝釋迦牟尼誕生的佛生會與誕生佛

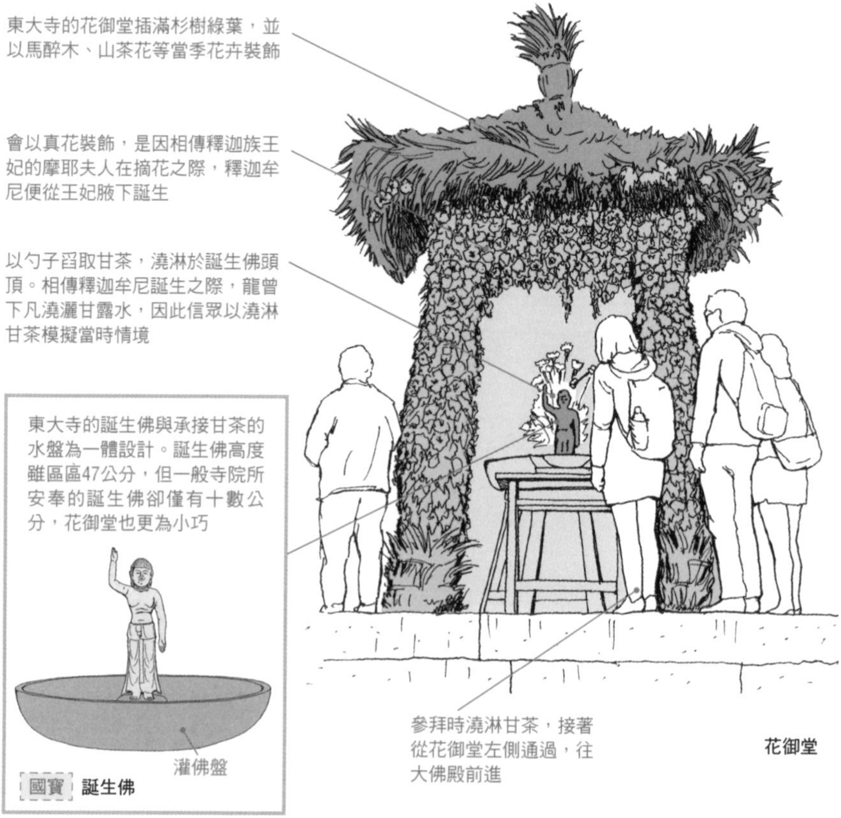
東大寺的花御堂插滿杉樹綠葉，並以馬醉木、山茶花等當季花卉裝飾
會以真花裝飾，是因相傳釋迦族王妃的摩耶夫人在摘花之際，釋迦牟尼便從王妃腋下誕生
以勺子舀取甘茶，澆淋於誕生佛頭頂。相傳釋迦牟尼誕生之際，龍曾下凡澆灑甘露水，因此信眾以澆淋甘茶模擬當時情境
東大寺的誕生佛與承接甘茶的水盤為一體設計。誕生佛高度雖區區47公分，但一般寺院所安奉的誕生佛卻僅有十數公分，花御堂也更為小巧
灌佛盤
國寶 誕生佛
參拜時澆淋甘茶，接著從花御堂左側通過，往大佛殿前進
花御堂

※1：誕生佛乃呈現釋迦牟尼誕生情景之像　※2 譯註：以甘茶樹葉焙乾、煮沸而成
※3：釋迦牟尼還是「人類」時的佛像，稱為「釋迦八相」，大多是根據與釋迦牟尼相關的傳聞內容及場景所打造

展現釋迦牟尼「為人在世生涯」的諸佛像

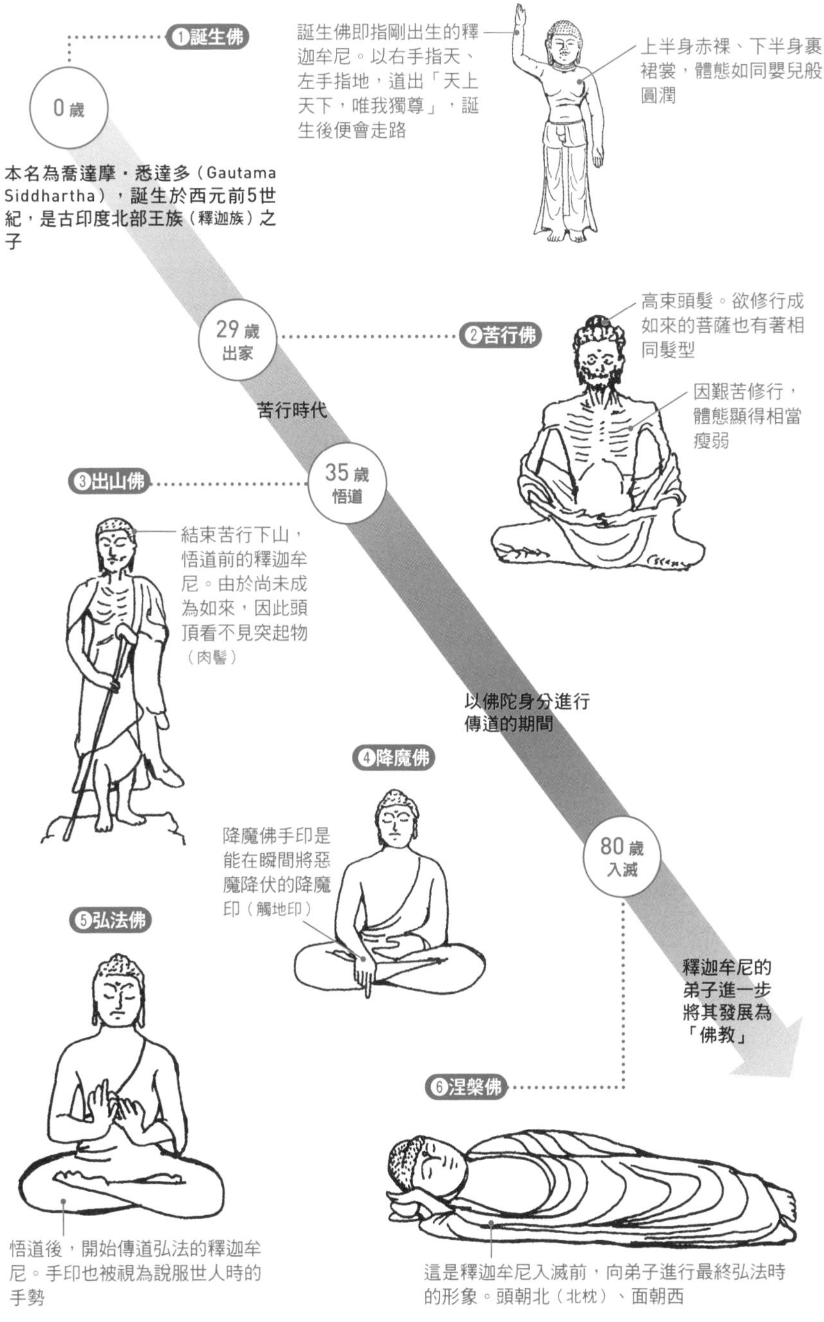
❶誕生佛
0歲
本名為喬達摩・悉達多（Gautama Siddhartha），誕生於西元前5世紀，是古印度北部王族（釋迦族）之子
誕生佛即指剛出生的釋迦牟尼。以右手指天、左手指地，道出「天上天下，唯我獨尊」，誕生後便會走路
上半身赤裸、下半身裹裙裳，體態如同嬰兒般圓潤
29歲
出家
❷苦行佛
高束頭髮。欲修行成如來的菩薩也有著相同髮型
因艱苦修行，體態顯得相當瘦弱
苦行時代
35歲
悟道
❸出山佛
結束苦行下山，悟道前的釋迦牟尼。由於尚未成為如來，因此頭頂看不見突起物（肉髻）
以佛陀身分進行傳道的期間
❹降魔佛
降魔佛手印是能在瞬間將惡魔降伏的降魔印（觸地印）
80歲
入滅
❺弘法佛
釋迦牟尼的弟子進一步將其發展為「佛教」
❻涅槃佛
悟道後，開始傳道弘法的釋迦牟尼。手印也被視為說服世人時的手勢
這是釋迦牟尼入滅前，向弟子進行最終弘法時的形象。頭朝北（北枕）、面朝西

MEMO：東大寺為華嚴宗的總本山。佛生會所使用的誕生佛（誕生釋迦牟尼佛立像、灌佛盤）為複製品，真品（國寶）存放於境內的東大寺博物館，為奈良時代的銅造作品，像高47公分

與37歲的釋迦牟尼相見

釋迦如來／清涼寺

京都

清涼寺的釋迦如來像又名為「生身佛」，其形象被認為與生前的釋迦牟尼最相近。

此尊釋迦牟尼像是於宋朝前往中國的東大寺僧人・奝然臨摹某尊佛像雕刻而成，並帶回日本之物。原像相傳出自印度名匠・毘首羯磨之手，刻劃出當時37歲的釋迦牟尼※1。因此清涼寺的佛像為中亞・犍陀羅樣式※2，人的風格表現要比佛來的更加強烈。另一方面，佛像內外更被賦予多處凸顯「生身性」表現的加工，讓佛像相當栩栩如生。

何謂中亞・犍陀羅樣式？

此為可見於「犍陀羅佛首」的結繩狀後梳髮型，與中國式的螺髮（有許多小顆捲髮粒）相異
犍陀羅佛首／東京國立博物館（東京）等
特徵為窄額頭，以及有著厚眼皮的細長雙眼
身裹一條名為通肩的布匹，是犍陀羅佛像的特徵。在犍陀羅樣式雕刻中，會經常看到正面出現同心圓的流水紋設計
衣物裹身，以輕薄衣料展現出身體線條是炎熱之國，印度馬圖拉（Mathura）樣式的特徵
袈裟下擺較短，這也是犍陀羅佛像的特徵
馬圖拉的軀幹雕像／馬圖拉博物館（印度）

國寶 釋迦如來立像

※1：釋迦（喬達摩・悉達多）生於古印度北部，生歿為西元前463～383年（有很多說法）。35歲之年悟道後，便以在世之姿成為如來。此外，有一說法認為，此尊立像是毘首羯磨在前往中國時重作的作品，然現已遺失　※2：中亞・犍陀羅樣式，為盛行於第1～5世紀的佛教美術樣式，更被認為是開啟佛像製作的開端

重現釋迦「栩栩如生」的多項技巧

「生前形象」＋「讓人感覺彷彿具有生命的加工術」

以銀片呈現眉宇間的白毫

改以水晶填起王子時代用來穿掛飾品的耳洞

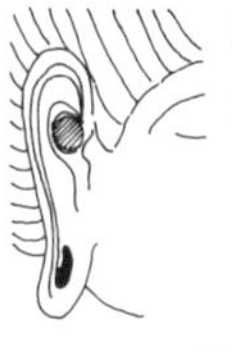

鑲入加工煉製的黑珠子，看起來更像在世之人的眼睛

耳道與鼻孔連接背部挖空處，猶如真的有在呼吸一般

開鼻孔，嘴巴內則鑲入佛牙（釋迦的牙齒）

像高160公分，為釋迦牟尼的等身像。雖有人說釋迦牟尼身高「丈六」（約480公分），但或許實際上與一般人的身高差不多？

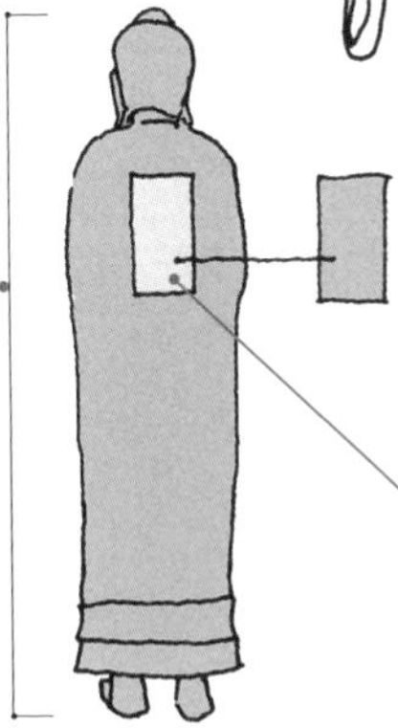

背部挖空處放入了鈴鐺（相傳存在靈力）與裝有舍利的絲綢製「五臟六腑」。雖說這是加強「生身性」表現的加工，卻也可看出宋朝的醫學知識已具相當深度

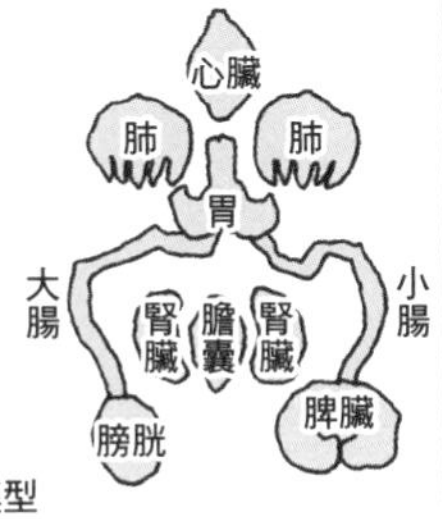

五臟模型

手的仿真度極高

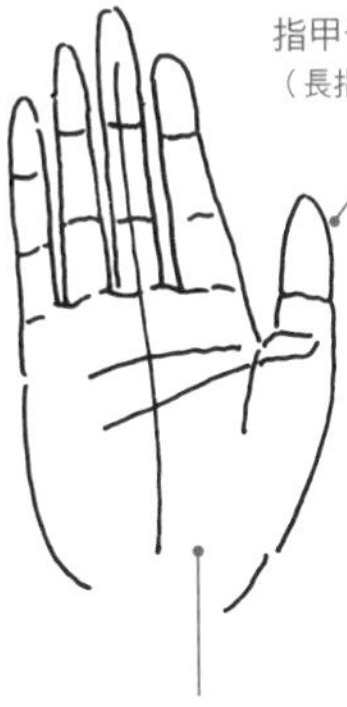

指甲也毫不馬虎（長指甲為宋朝風格）

大手長指，手相形狀似片假名的「キ」，猜測是受到易經影響

透過光線反射展現佛威

釋迦牟尼的白毫讓人感覺隨時釋放著光芒，相傳此光芒是來自化佛（譯註：佛陀為解救眾生而變化的各種型態）

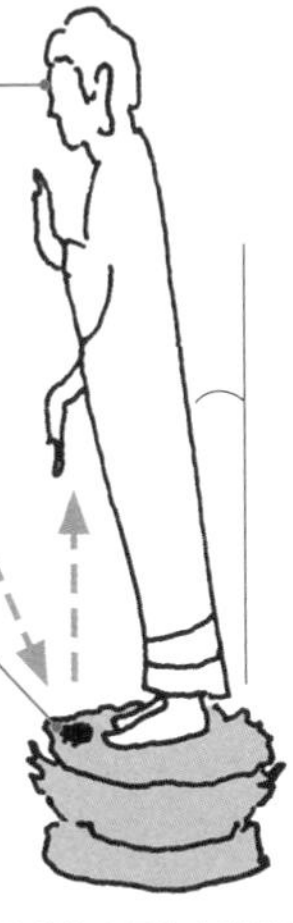

事後於日本安裝的臺座。座面鑲有銅鏡，佛像角度傾斜。銅鏡可以反射照過來的光線，照亮鑲在額頭白毫上的銀片

MEMO：人稱「嵯峨釋迦堂」的清涼寺為淨土宗的寺院（原為華嚴宗）。本尊・釋迦如來立像為中國北宋時期的木造作品，像高160公分。或許因為世人皆想感受釋迦牟尼的教誨及親睹釋迦牟尼在世時的形象，日本自鎌倉時代以後，便開始大量製作「清涼寺式的釋迦牟尼像」

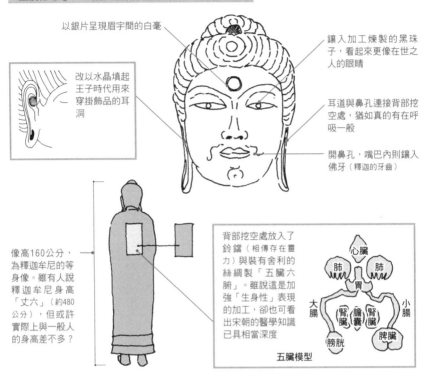

為何只見釋迦如來？

釋迦如來／法隆寺 奈良

法隆寺金堂※1的中央供奉著釋迦如來（現在佛），以及左右兩側的藥師如來（過去佛）與阿彌陀如來（未來佛）。

金堂為佛的專屬空間，堂前擺放有「禮拜石」，為的就是避免人進入堂內。然而，站上禮拜石卻只能瞻仰釋迦如來一尊佛像。此乃因生於現世的你我，僅可遇見身為現在佛的釋迦如來。

即便如此，當成佛後的釋迦牟尼自佛界降臨，再度現身於人世，那麼此處又是何處？答案就隱藏在雙層設計的臺座之中。

在禮拜石之上只能參拜現在佛

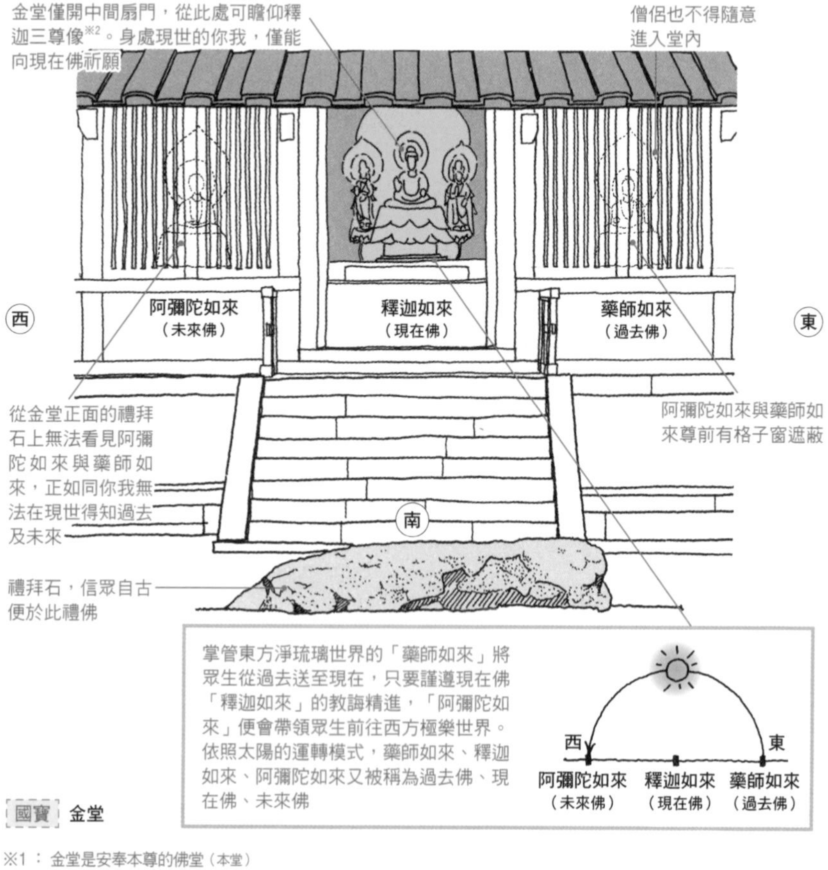
金堂僅開中間扇門，從此處可瞻仰釋迦三尊像※2。身處現世的你我，僅能向現在佛祈願
僧侶也不得隨意進入堂內
西
阿彌陀如來（未來佛）
釋迦如來（現在佛）
藥師如來（過去佛）
東
從金堂正面的禮拜石上無法看見阿彌陀如來與藥師如來，正如同你我無法在現世得知過去及未來
阿彌陀如來與藥師如來尊前有格子窗遮蔽
南
禮拜石，信眾自古便於此禮佛
掌管東方淨琉璃世界的「藥師如來」將眾生從過去送至現在，只要謹遵現在佛「釋迦如來」的教誨精進，「阿彌陀如來」便會帶領眾生前往西方極樂世界。依照太陽的運轉模式，藥師如來、釋迦如來、阿彌陀如來又被稱為過去佛、現在佛、未來佛
西
東
阿彌陀如來（未來佛）
釋迦如來（現在佛）
藥師如來（過去佛）
國寶 金堂

※1：金堂是安奉本尊的佛堂（本堂）

※2：供奉著位處中央的佛（中尊）及左右的脇侍，共計三尊為一體的佛像。釋迦三尊像為釋迦如來與普賢、文殊菩薩，或是藥王、藥上菩薩；阿彌陀三尊像則是阿彌陀如來與觀世音菩薩、大勢至菩薩的組合

與玉蟲廚子相比即一目了然——釋迦牟尼所在之處為靈鷲山

國寶 玉蟲廚子

傳至法隆寺的「玉蟲廚子」由臺座（須彌座）與宮殿型廚子（佛龕）組成，四面皆繪有佛畫

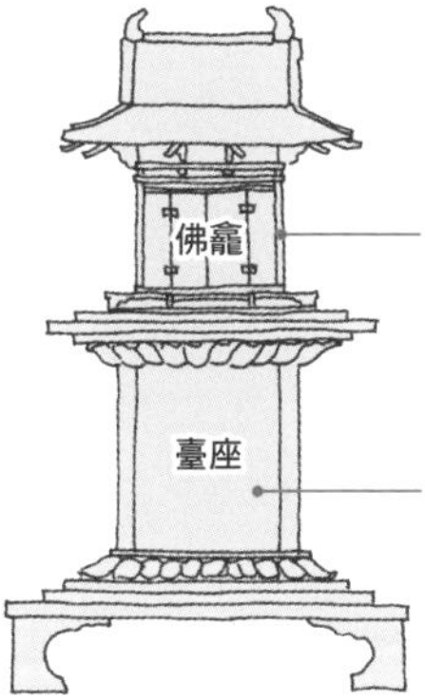

佛龕內繪有靈鷲山。靈鷲山位於印度，是釋迦牟尼弘法之地

臺座內繪有須彌山。須彌山是位於現世中央之山

↔

釋迦三尊像臺座

一般安奉佛像的臺座多為單層，但法隆寺金堂內的釋迦三尊像臺座是雙層的「二重宣字座」※

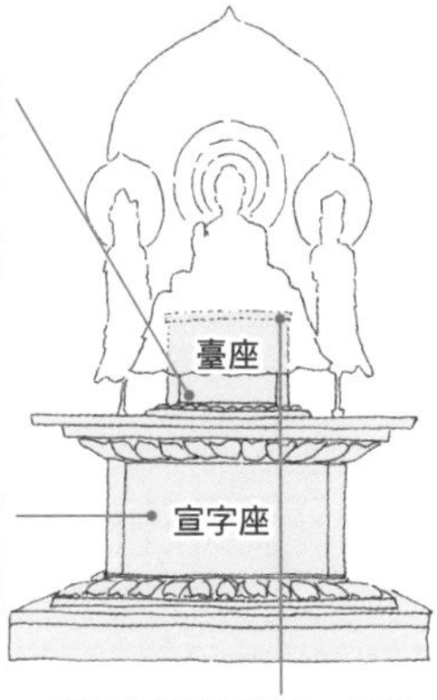

釋迦牟尼的臺座繪有三座山與大樹，從玉蟲廚子的畫作中也可得知，此處意指著靈鷲山

宣字座上繪有居住於須彌山的四天王，代表著須彌山

釋迦牟尼降臨現世，其所在之處就是靈鷲山

釋迦三尊像其實就是聖德太子本人和太子的親族！？

中尊的釋迦如來被認為是聖德太子的等身像。這或許是因為在太子逝世後所造的釋迦牟尼像都帶有聖德太子的形象

釋迦如來坐於代表靈鷲山的臺座。據說是源自聖德太子相當嚮往靈鷲山之說

食指與中指伸直朝下，代表著「已經悟道」。此乃聖德太子祈求悟道、前往彼岸的手印

國寶 釋迦三尊像

隨侍釋迦如來左右的藥上與藥王兩菩薩。但也有部分人士認為，玉蟲廚子背面所繪的靈鷲山圖中，「釋迦三尊」指的是「釋迦牟尼、釋迦牟尼的姑姑（或阿姨）以及妻子」，兩尊脇侍佛像也被認為帶有太子母后及太子妃的形象

繪於玉蟲廚子的釋迦三尊

MEMO：法隆寺為聖德宗的總本山。金堂本尊・釋迦三尊像為飛鳥時代的金銅製作品，像高86.4公分；玉蟲廚子同為飛鳥時代作品，收藏展示於法隆寺大寶藏院

※譯註：宣字座為箱型臺座，因組成結構形似「宣」字而得名，是如來所坐的臺座

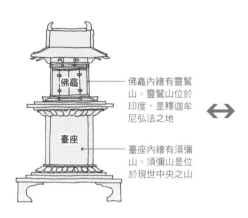

隱藏在釋迦牟尼背後的太子傳說

塔本四面具／法隆寺 奈良

五重塔的原型為保存釋迦牟尼遺骨（舍利）的佛塔（stupa、71頁），也就是釋迦牟尼的墳墓。

根據記載，貫穿法隆寺五重塔中央的心柱地基（心礎）保存有6顆舍利子※1與髮髻※2，這座五重塔更是與金堂成對的建築※3。若採信金堂所供奉的釋迦如來即是化成聖德太子的現世身之說（18頁），那麼將五重塔視為聖德太子的佛塔也不為過。五重塔底層設有記述著釋迦牟尼一生事蹟的塑像群（塔本四面具）。將其與聖德太子的生平相比，竟真有不少雷同之處。

心柱是延伸至佛界的階梯

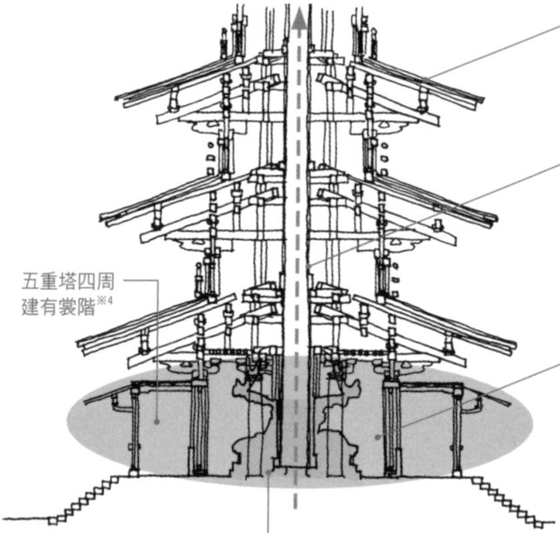
五重塔又被稱為「現身往生之塔」，相傳聖德太子逝世後，從塔頂的相輪飛往西方天際
五重塔底層代表位於人間中央的須彌山，須彌山上空為佛界。貫穿五重塔中央的心柱，則是連接須彌山與佛界的階梯
五重塔四周建有裳階※4
底層為須彌山，也是現世中最接近人間的區域

五重塔內安奉有分別面朝東西南北四個方位的塑像群，由於禮拜儀式是在外面的石階梯進行，因此看到的景象會如圖所示

國寶 塔本四面具
（詳細說明參照左頁）

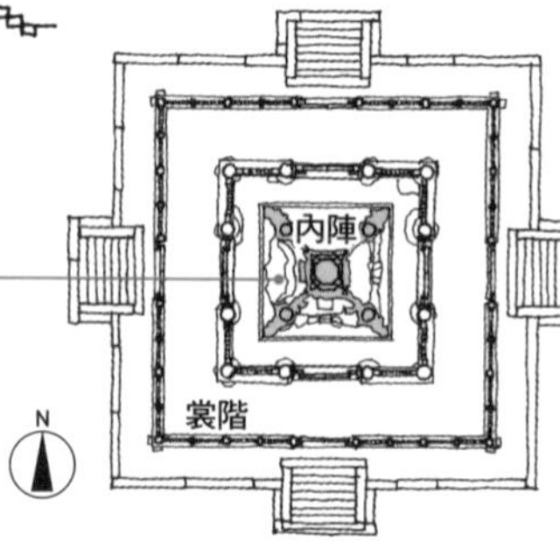
內陣
裳階
N

國寶 五重塔　平、剖面圖

※1：即聖人的骨骸，特別是指釋迦牟尼的遺骨　※2：束於頭頂的頭髮　※3：法隆寺的伽藍配置為金堂（本堂）與五重塔成對，分別並排左右，可說相當少見　※4 譯註：於屋簷下設置另一個屋簷的設計

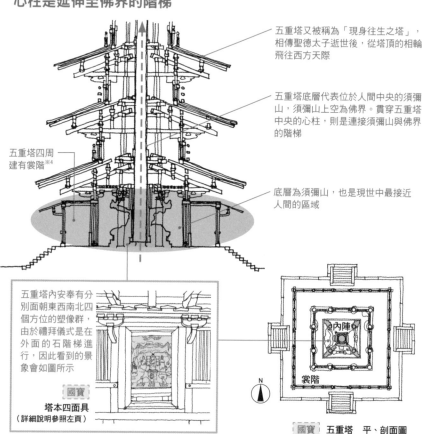

將釋迦牟尼的一生與聖德太子相重疊

1｜生前（東面）

即便是世俗之人，佛教知識卻比僧人更加深廣的維摩居士與文殊菩薩的問答場景。若要說到「涉略佛教極深的世俗之人」，當然就非聖德太子莫屬

維摩詰像

文殊菩薩。將文殊派去與維摩居士論法的，即是釋迦牟尼

2｜死亡（北面）

釋迦牟尼入涅槃時，橫臥於娑羅樹下的場景。四周圍繞著大感悲傷的菩薩、佛門弟子與八部眾，而聖德太子過世時，眾人不分男女老幼同樣悲傷難過

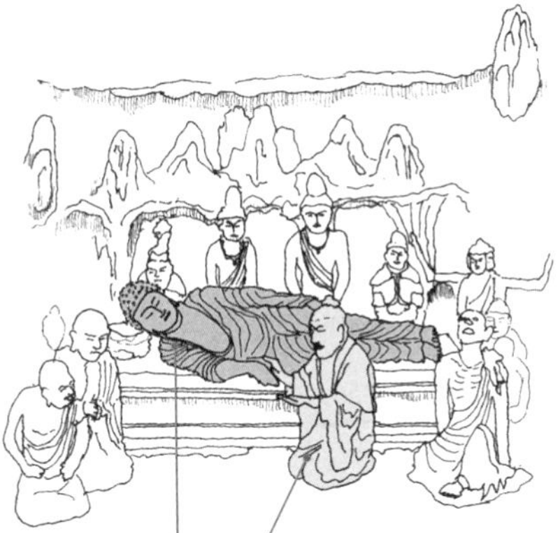

涅槃像

耆婆大臣（醫生）正在為釋迦牟尼把脈

3｜死後（西面）

中間是放有釋迦牟尼遺骨的棺木與保存舍利的舍利塔。此乃分配釋迦牟尼遺骨的場景，而聖德太子的遺骨同樣以此方式分配，供奉於太子建立的七大寺各塔中

分佛舍利像

舍利塔。釋迦牟尼遺骨被分為8份，並建造有數座保存這些佛舍利的佛塔

4｜重生（南面）

在釋迦牟尼涅槃的56億7千萬年後，彌勒菩薩成為如來，並開始現世救濟眾生。這也被認為是眾人期盼聖德太子於彌勒淨土重生後，再次回到世人身邊

彌勒佛像

四面塑像群後方都能看見須彌山的造景，藉以強調五重塔即是須彌山

MEMO：法隆寺為聖德宗總本山，名為塔本四面具的塑像群位於五重塔底層的內陣，是奈良時代之作

回首的阿彌陀佛所見為何？

阿彌陀如來／永觀堂 京都

有尊不看前方，回頭看向後方的阿彌陀如來像，那就是永觀堂的「回首阿彌陀佛」。相傳這是僧人永觀[※1]進行「念佛行道」，邊讀著佛經、邊繞巡殿堂時，阿彌陀佛現身督促鼓勵的情景。理當佇立於殿堂中央的阿彌陀佛竟然走在他的面前，轉頭看向躊躇的永觀，並說道「永觀，你太慢了」。這尊回首阿彌陀佛即是呈現阿彌陀佛轉頭看向永觀時的姿勢。

阿彌陀佛是負責引領世人能夠前往極樂世界[※2]之佛。永觀堂的阿彌陀如來立像就像是阿彌陀佛在引領過程中回頭，留意著往生之靈是否都有跟上腳步。

回首阿彌陀佛的柔和目光

頭部水平轉向側邊，下巴稍微下壓
正面
側面
阿彌陀佛究竟為何回首，祂的目光停留之處也令人充滿想像
右手向上，左手向下，拇指和食指相合，結來迎印。這是阿彌陀佛前來迎接世人前往極樂世界時所結的手印
阿彌陀如來像安奉於佛龕中，從側邊開口能夠瞻仰尊容
採寄木造工法製成的佛像，以胸襟拼接而成。而肉身與衣裝選用不同材質是為了製作成生身之佛（16頁）
重要文化財
阿彌陀如來立像

※1：平安時代後期的僧人，禪林寺住持，中興之祖
※2：相傳位於西方，阿彌陀佛居住的世界

阿彌陀佛為何要回首

針對「永觀，你太慢了」之說的疑問

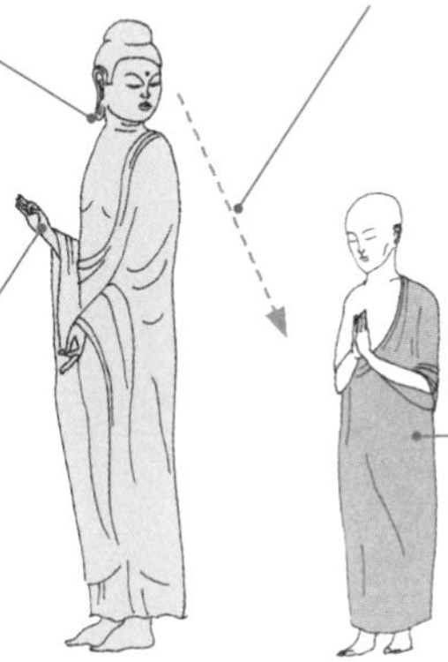
阿彌陀佛的目光朝下，因此無法和永觀四目相接（疑問②）
從須彌壇走下的阿彌陀如來若要回首朝向自後方走來的永觀，那麼身體應該要整個轉向右側（疑問①）
念佛行道時，雙手理當合十，出現來迎印似乎不太合理（疑問③）
阿彌陀如來
永觀

阿彌陀佛的目光朝向正在念佛行道的永觀。念佛行道是指邊念誦經文、邊繞行本尊的禮佛法，繞行時，右肩會隨時朝向本尊（順時針繞行）

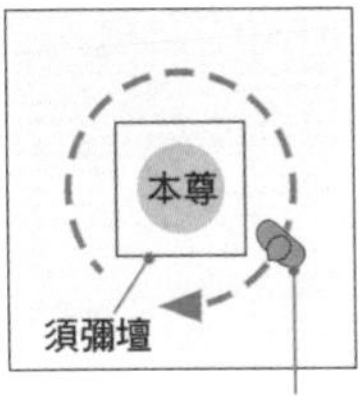
本尊
須彌壇
念佛行道的僧人

可能是阿彌陀佛將靈魂帶回極樂世界時的形象？

阿彌陀如來守護著往生者的靈魂，並將其引領至極樂世界（接引來迎）
看著乘有往生者靈魂的蓮臺
蓮臺
阿彌陀如來
大勢至菩薩
觀世音菩薩
阿彌陀如來右腳稍微向前，代表著積極來迎往生者，這也是鎌倉時代以後的佛像特徵

來迎印代表著前來迎接往生者靈魂的形象

大勢至菩薩
觀世音菩薩
阿彌陀如來

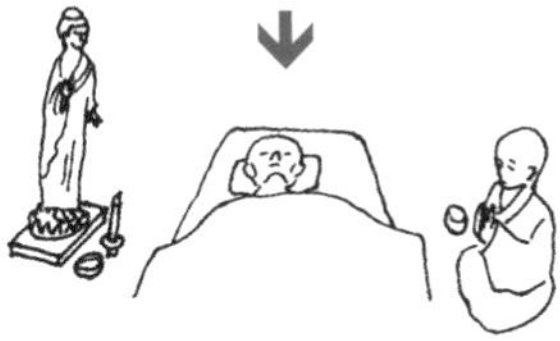

相傳只要在臨終之際唱唸佛經，阿彌陀佛就會前來迎接往生者（來迎）至極樂世界

MEMO：永觀堂為淨土宗寺院・禪林寺的別稱。安奉於阿彌陀堂的本尊・阿彌陀如來立像為平安時代～鎌倉時代初期的木造（寄木造）工法作品，像高77公分

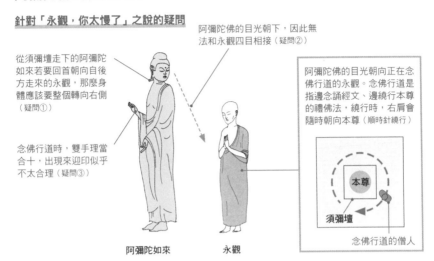

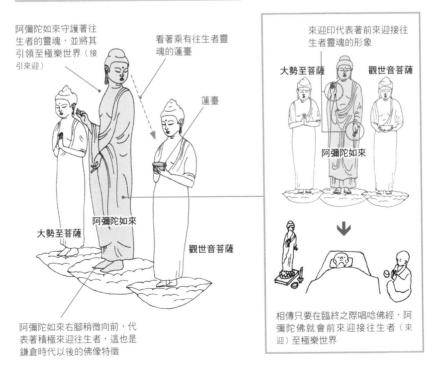

9條前往阿彌陀佛世界之路

阿彌陀如來／九品佛淨真寺 東京

阿彌陀如來所在的極樂世界分成9個區域，依照生前的表現※1，會決定自己往生後能夠前往哪個區域。罪孽深重者會前往「下品」；心中有佛的一般眾生則是「中品」；而往生後想要前往「上品」，相傳一天要念佛超過3萬遍。依照行善數多寡，上品、中品、下品又可各自再區分為上、中、下三級，因此被稱為九品淨土。

隨著九品階級差異，阿彌陀如來在說法時也會改變手印※2。而淨真寺便安奉著手印相異的九尊阿彌陀如來像（九品佛），就讓我們來一探九品世界吧。

九品佛，阿彌陀佛救贖眾生的9種形象

三座阿彌陀堂（上品堂、中品堂、下品堂）分別安奉各三尊手印相異的阿彌陀如來
可從匾額確認是九品中哪一區域的阿彌陀如來。「上品上生」為9個極樂世界中的最高等級
金碧輝煌的佛像只有髮色為紺青色，這也是佛陀「八十種好（44頁）」的特徵之一
上品上生
上品上生手印是雙手垂放，拇指與食指環接的阿彌陀佛定印※3
九尊大小相同的丈六坐像（39頁），每尊手印相異（即便外觀相同，手印卻不同）
九品佛呈現出阿彌陀佛9種救贖眾生的形象，但阿彌陀如來本身僅有一尊，而非九尊

阿彌陀如來坐像（九尊中的部分佛像）

※1：意指信仰的虔誠度（品）與行善的多寡（生），根據品生表現，當你我臨終時，阿彌陀如來前來迎接的姿態也會有所不同　※2：此時的手印稱為九品來迎印　※3：九品與手印的組合方式有很多說法　※4：臨終時，與阿彌陀佛一同來迎的菩薩們

可從殿堂與手指形狀區分「品」與「生」

並列於境內的三座阿彌陀堂（三佛堂），由殿堂名稱便可看出「品」的階級。三座殿堂的大小及裝飾完全相同

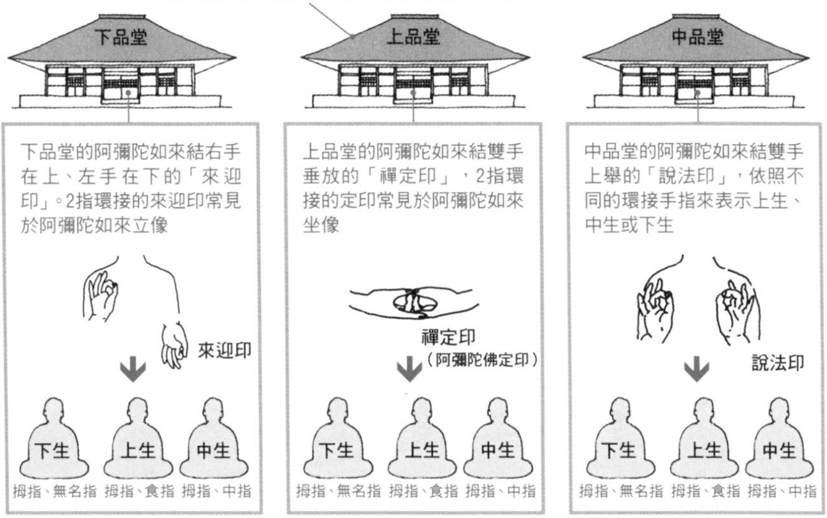

下品堂
上品堂
中品堂
下品堂的阿彌陀如來結右手在上、左手在下的「來迎印」。2指環接的來迎印常見於阿彌陀如來立像
來迎印
上品堂的阿彌陀如來結雙手垂放的「禪定印」，2指環接的定印常見於阿彌陀如來坐像
禪定印
（阿彌陀佛定印）
中品堂的阿彌陀如來結雙手上舉的「說法印」，依照不同的環接手指來表示上生、中生或下生
說法印
下生
上生
中生
拇指、無名指
拇指、食指
拇指、中指

注：另也有一派說法，認為不同的手印（手的位置）代表「生」，環接的不同手指代表「品」

體驗往生後前往的西方極樂世界

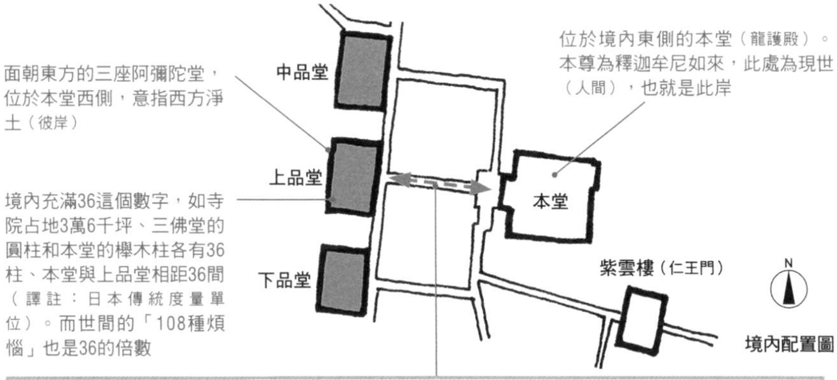

面朝東方的三座阿彌陀堂，位於本堂西側，意指西方淨土（彼岸）
境內充滿36這個數字，如寺院占地3萬6千坪、三佛堂的圓柱和本堂的欅木柱各有36柱、本堂與上品堂相距36間（譯註：日本傳統度量單位）。而世間的「108種煩惱」也是36的倍數
中品堂
上品堂
下品堂
本堂
位於境內東側的本堂（龍護殿）。本尊為釋迦牟尼如來，此處為現世（人間），也就是此岸
紫雲樓（仁王門）
N
境內配置圖

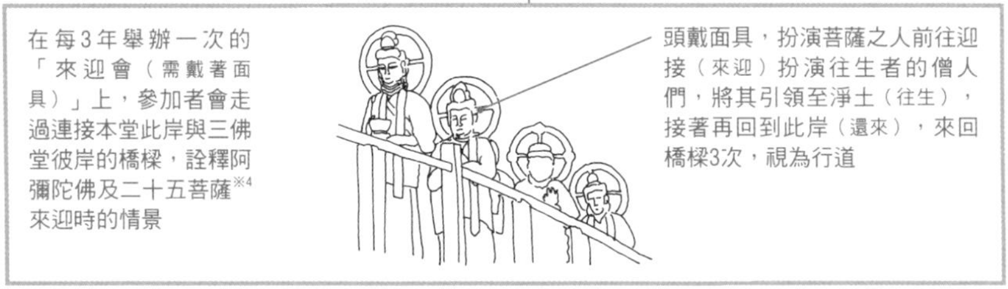

在每3年舉辦一次的「來迎會（需戴著面具）」上，參加者會走過連接本堂此岸與三佛堂彼岸的橋樑，詮釋阿彌陀佛及二十五菩薩[※4]來迎時的情景
頭戴面具，扮演菩薩之人前往迎接（來迎）扮演往生者的僧人們，將其引領至淨土（往生），接著再回到此岸（還來），來回橋樑3次，視為行道

MEMO：人稱九品佛的淨真寺為淨土宗寺院，九尊阿彌陀如來坐像皆為江戶時代的木造作品，像高274～287公分。京都淨瑠璃寺同樣供奉有九尊阿彌陀如來，是西邊的「九品佛」（26頁）

在水面現形的九尊阿彌陀佛

阿彌陀如來／淨瑠璃寺 京都

一般而言，寺院的參拜順序為，穿越山門，以手水淨身。在參拜完本堂後，再前往其他殿堂。但並非所有寺院皆遵循這樣的順序。

有時寺院境內的殿堂會依照太陽的運行軌跡配置。以淨瑠璃寺來說，三重塔配置於太陽升起的東方，並供奉著藥師如來。另一方面，安奉阿彌陀如來的本堂則配置於太陽下沉的西方，兩佛各據東西，中間夾著一座水池。

若遇到上述情況，不妨順應自然運作的規則，由東向西參拜，或許能意外地窺見佛的世界。

本尊為九尊大小不一的阿彌陀佛

主體方形結構為長9間、寬2間※1的長方形本堂中，安奉有九尊阿彌陀如來坐像

本堂的阿彌陀佛面朝東方，中間夾著寶池，與對面三重塔的藥師如來相望

代表著9個阿彌陀佛世界（24頁）的九尊阿彌陀如來像，只有最中間的佛像（中尊）較其他來的大

想要同時參拜九尊佛像時，可以佇立於境內東側，觀看寶池（能夠進行觀水、思淨土的「水想觀」）。以前的本堂就位在水邊，當時阿彌陀如來之姿更是清楚地倒映在水面

國寶 本堂（阿彌陀堂）

※1：柱子的間隔數稱為間，但長度並不固定
※2：彌勒佛雖為菩薩，卻曾立志將來要成為如來
※3：與密教對稱之用語

理解小訣竅　東邊的藥師、西邊的阿彌陀

四方佛與三世佛

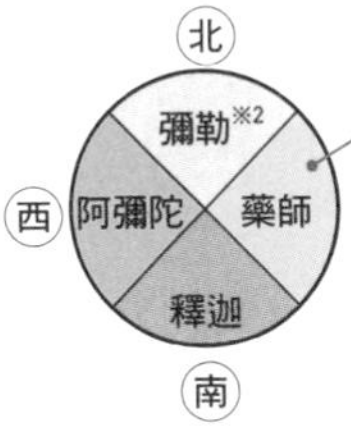
北
彌勒※2
西
阿彌陀
藥師
東
釋迦
南

顯教※3認為，佛界的東西南北方各有一尊如來（四方佛）

位居東、南、西方的佛正好與日出日落的太陽運行軌跡（東→南→西）相重疊。東方佛意指早晨、過去；南方佛為中午、現在；西方佛為晚上、未來（三寶佛）。淨瑠璃寺境內配置就是展現出三世佛的世界

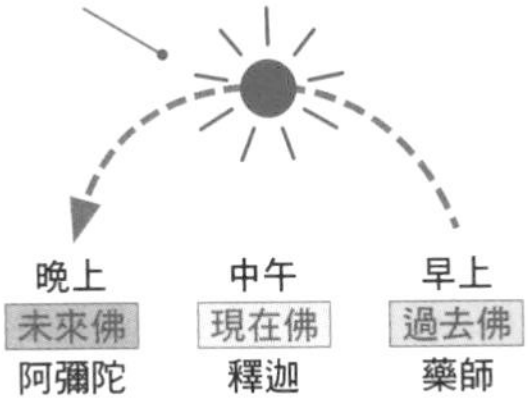
晚上
未來佛
阿彌陀
中午
現在佛
釋迦
早上
過去佛
藥師

境內所展現的佛世界

坐落於西側的本堂。堂內本尊的阿彌陀如來（未來佛）會現身亡者身旁，將其引領前往未來的理想世界（淨土、極樂世界），因此也被稱為來迎佛

國寶　阿彌陀如來坐像（中尊）

坐落於境內東側的三重塔。堂內本尊的藥師如來（過去佛）會將人從過去送往現在，因此又被稱為遣送佛

重要文化財　藥師如來坐像

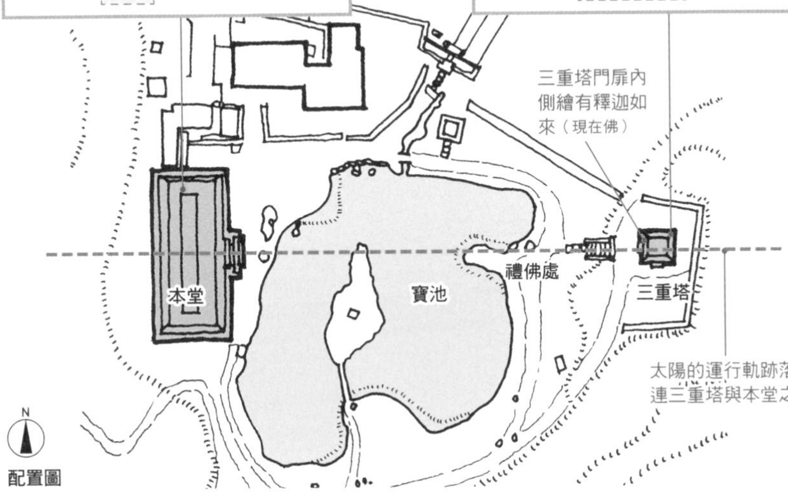
三重塔門扉內側繪有釋迦如來（現在佛）
本堂
寶池
禮佛處
三重塔
太陽的運行軌跡落在相連三重塔與本堂之線上
N

配置圖

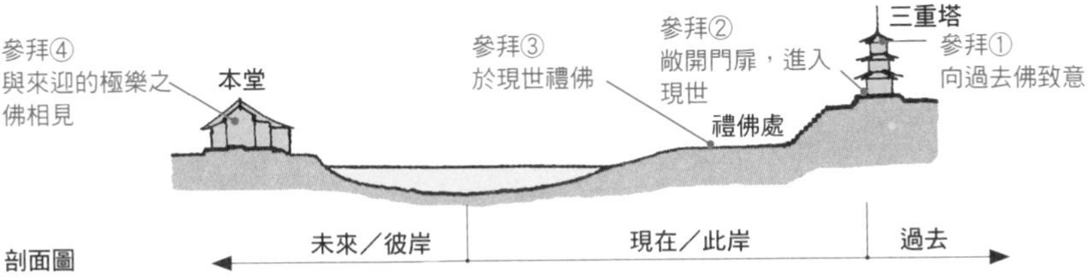
參拜④
與來迎的極樂之佛相見
本堂
參拜③
於現世禮佛
參拜②
敞開門扉，進入現世
禮佛處
三重塔
參拜①
向過去佛致意
未來／彼岸
現在／此岸
過去

剖面圖

MEMO：淨瑠璃寺為真言律宗寺院，另也被稱為九品寺或九體寺。本尊・阿彌陀如來坐像為平安時代的木造作品，中尊像高224公分。三重塔（國寶）本尊的藥師如來坐像為平安時代的木造祕佛（譯註：平常不公開的佛像），像高85.7公分

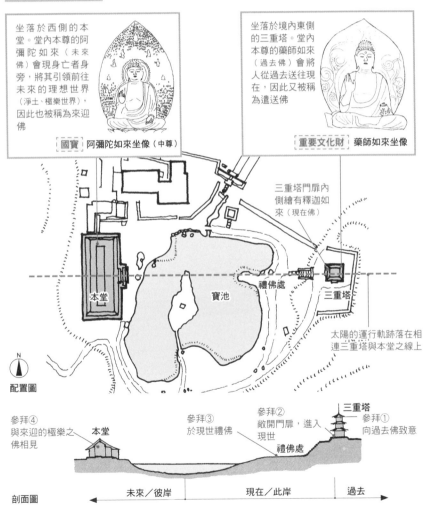

抬頭仰望，就是極樂世界

阿彌陀如來／富貴寺 大分

位於大分縣國東半島的富貴寺大堂（阿彌陀堂）為日本國寶。進入殿堂後，雖然安奉佛像的內陣高出一截，但禮佛的外陣與平地相連。這是因為外陣等同於「現世（人間）」。

各位不妨低頭坐在佛前，緩緩地將目光從須彌壇※1的阿彌陀佛看向天花板。此時會發現，即便你我處於象徵著人間的外陣，極樂淨土※2卻猶如展現眼前。觀想淨土※3是佛教的學習項目之一，就讓我們一起生在人間，感受淨土的奧秘吧。

緩緩抬頭仰望俗世與淨土

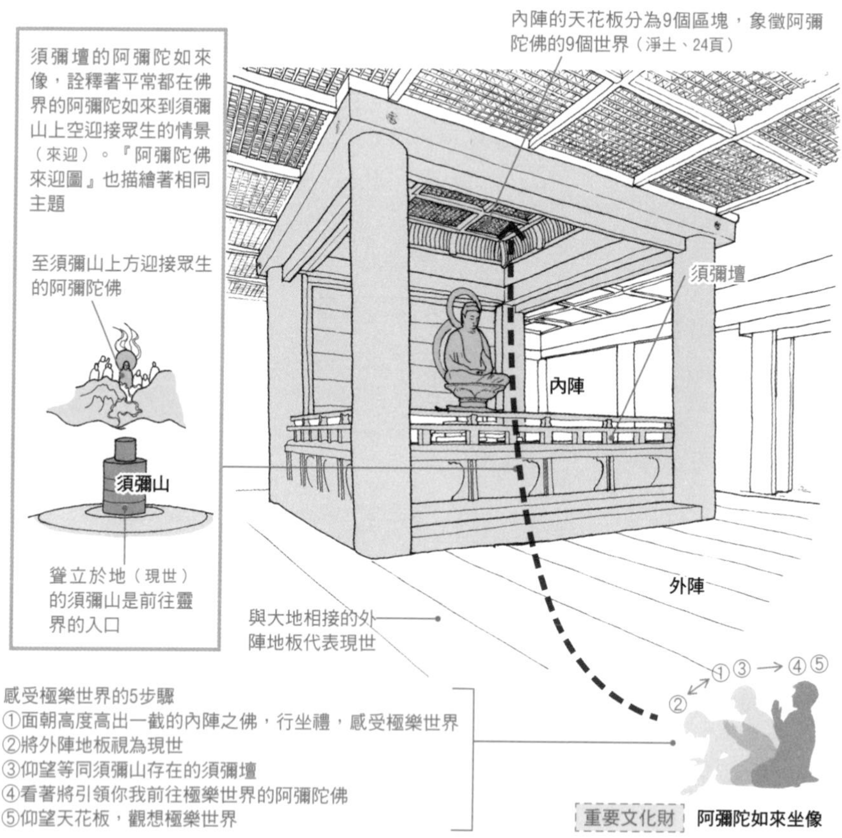
內陣的天花板分為9個區塊，象徵阿彌陀佛的9個世界（淨土、24頁）
須彌壇的阿彌陀如來像，詮釋著平常都在佛界的阿彌陀如來到須彌山上空迎接眾生的情景（來迎）。『阿彌陀佛來迎圖』也描繪著相同主題
至須彌山上方迎接眾生的阿彌陀佛
須彌山
聳立於地（現世）的須彌山是前往靈界的入口
須彌壇
內陣
外陣
與大地相接的外陣地板代表現世
①③ → ④⑤
②
感受極樂世界的5步驟
①面朝高度高出一截的內陣之佛，行坐禮，感受極樂世界
②將外陣地板視為現世
③仰望等同須彌山存在的須彌壇
④看著將引領你我前往極樂世界的阿彌陀佛
⑤仰望天花板，觀想極樂世界
重要文化財 阿彌陀如來坐像

※1：堂內比地板高度要高的臺子，用來安奉佛像
※2：相傳位於西方，阿彌陀佛所在的世界
※3：聚精會神地意念發想

淨土就在不遠處

內陣的長押※上方四面壁板皆繪有阿彌陀佛，藉以呈現「淨土」

五十尊阿彌陀佛（一部分）

須彌壇後方壁面（來迎壁）繪有極樂淨土的景象

阿彌陀佛淨土變相圖

※譯註：日式建築中，連結柱與柱之間的橫木

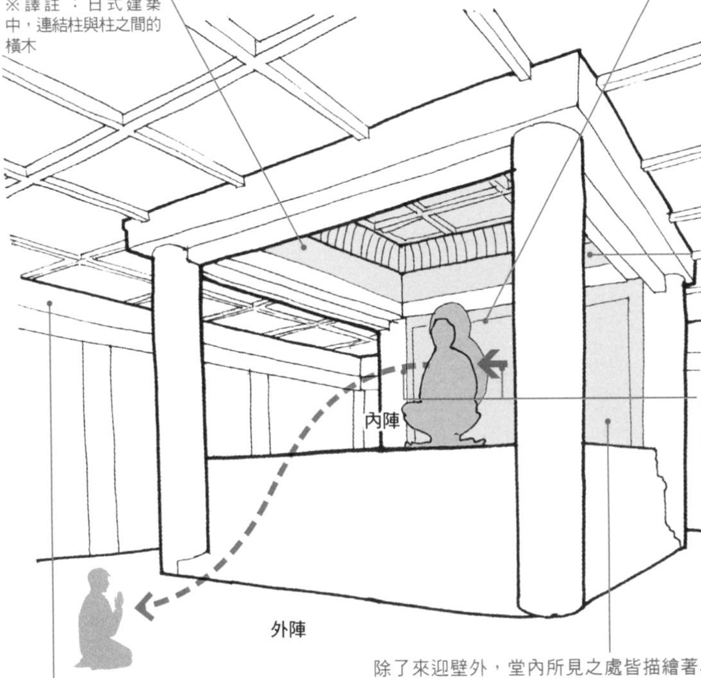

堂內天花板四周滿是「淨土」的意象

後方的來迎壁描繪著阿彌陀佛從西方極樂世界降臨須彌山，並向你我對話

除了來迎壁外，堂內所見之處皆描繪著與淨土教相關的主題，整個堂內更被設計成用來實踐淨土信仰之地

外陣的長押上方壁板各面皆描繪著「四大淨土」。東西南北分別為藥師淨土、阿彌陀淨土、釋迦淨土、彌勒淨土

上圖為西側壁面描繪的阿彌陀佛極樂淨土

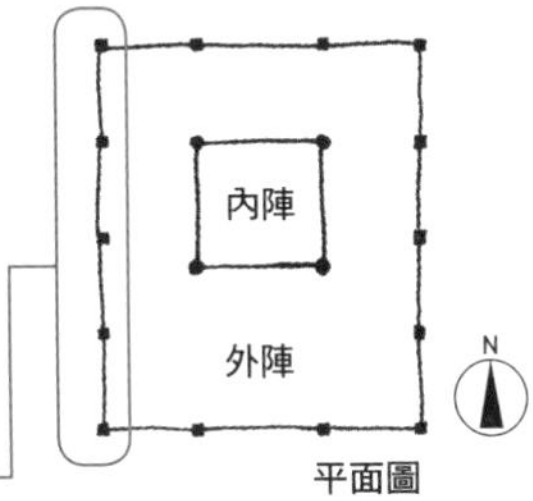

平面圖

MEMO：富貴寺為天台宗寺院，本尊・阿彌陀如來坐像為平安時代的木造（榧木）作品。大堂則是於平安後期建立的木造（榧木）建築。典型的阿彌陀堂會以須彌壇為中心，再以外陣包圍四周。富貴寺同為六鄉滿山（152頁）之一，大堂內的壁畫為重要文化財

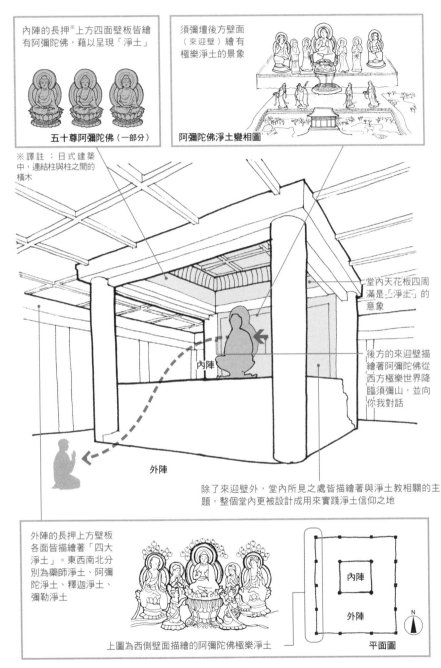

離極樂世界最近之處

阿彌陀如來／三千院 京都

三千院阿彌陀堂內的「須彌壇」高度非常低，代表此處即是須彌山※1山頂附近。高度刻意壓低的天花板也象徵著佛居住的淨土就在不遠處。阿彌陀堂安奉著自極樂世界降臨的阿彌陀三尊像。由於參觀者只要將手伸長便可碰觸到菩薩的膝蓋，這也讓人有種佛就在身邊的感覺。

人稱往生極樂院的阿彌陀堂更展現出「距離淨土最近的現世之處」的氛圍。從堂內三片敞開門扉向外看去，在美麗季節花卉的點綴下，可說是美不勝收。

往生極樂院內為須彌山的第九層

可發現長押等水平建材上裝設有描繪美麗圖案的薄板
天花板高度相當低，代表淨土就在不遠處
須彌壇上方的天花板代表淨土。天花板及小壁※2以繽紛色彩描繪出飛天雲中供養菩薩、三十六尊菩薩及寶相華（極樂之花）
阿彌陀如來
大勢至菩薩
觀世音菩薩
兩尊菩薩皆為等身大小，讓人更感真實
大勢至菩薩雙手合十
菩薩安奉的位置相當近，甚至伸手可及。也因為長期被禮佛者觸摸，讓菩薩的膝蓋非常光滑
觀世音菩薩手持的蓮臺為往生者（亡者）乘坐之物。蓮臺稍微傾向菩薩，意指臺上已乘坐著往生者
非常接近正座的「大和座」，是菩薩與你我面對面說話時的對坐姿勢
須彌壇高度極低，參觀者得以近距離與佛接觸

國寶 阿彌陀三尊坐像

※1：佇立於世界中心之山，相傳眾佛居住的世界（淨土）就在須彌山上空
※2 譯註：天花板旁的狹窄牆壁

堂外為人間、船型天花板為靈界

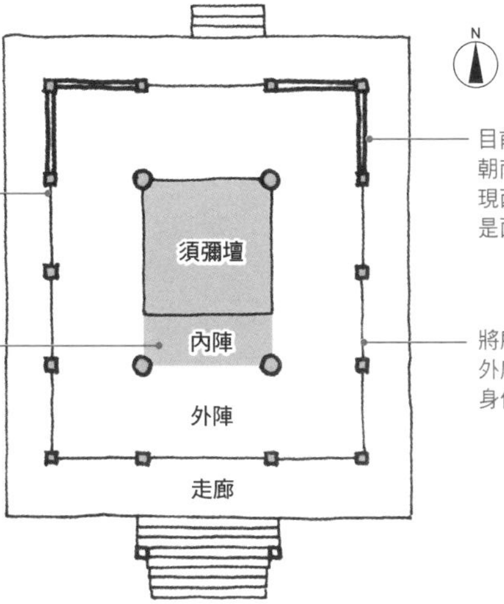
N
須彌壇
內陣
外陣
走廊
長寬為4間×3間的往生極樂院。東、西、南面接有大面積開口（門扉），此類設計的寺院非常少見
船型天花板面積（藍色）涵蓋至僧人靜坐的位置
目前的阿彌陀堂坐北朝南，但過去為了呈現西方極樂世界，曾是面朝東方的格局
將所有門扉敞開，門外庭院會讓人有股置身佛界的錯覺

重要文化財

往生極樂院　平面圖

外陣
內陣
外陣
與殿堂的大小相比，本尊尺寸相對較大，藉以呈現佛就在不遠處
須彌壇高度較低，藉以呈現出只看得到須彌山山頂的感覺
阿彌陀如來坐像為丈六佛（像高8尺〔約2.4公尺〕、39頁）。為了能安奉如此大型的佛像，須彌壇採倒置的船型天花板設計
以寺院殿堂來說，此處的天花板高度相當低

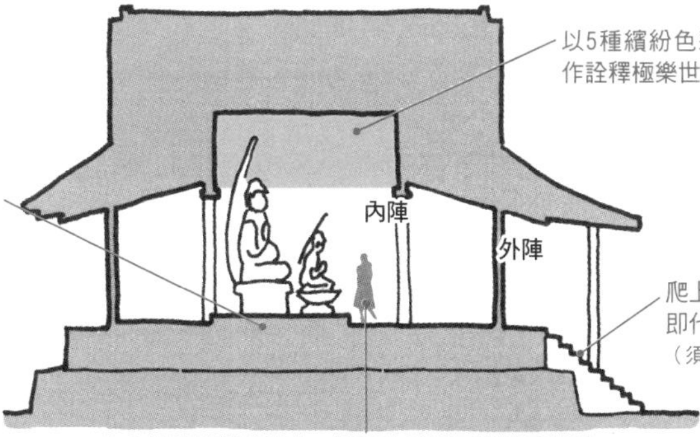
內陣
外陣
以5種繽紛色彩的畫作詮釋極樂世界
由於須彌壇高度較低，因此包含登上殿堂的階梯，皆屬於須彌山範圍。進入堂內，即表示已抵達須彌山頂附近，而極樂世界就在不遠的高處
爬上此處的階梯，即代表登上須彌壇（須彌山）
在內陣範圍與佛對坐，距離之近甚至能觸及菩薩膝蓋，令人有種與佛非常親近的感覺

剖面圖

MEMO：三千院為天台宗寺院。往生極樂院本尊・阿彌陀三尊坐像為平安時代以寄木造工法製成的檜木作品，像高233公分。此外，往生極樂院船型天花板所繪製的五彩繽紛畫作可在圓融藏（寶物館）欣賞到複製品

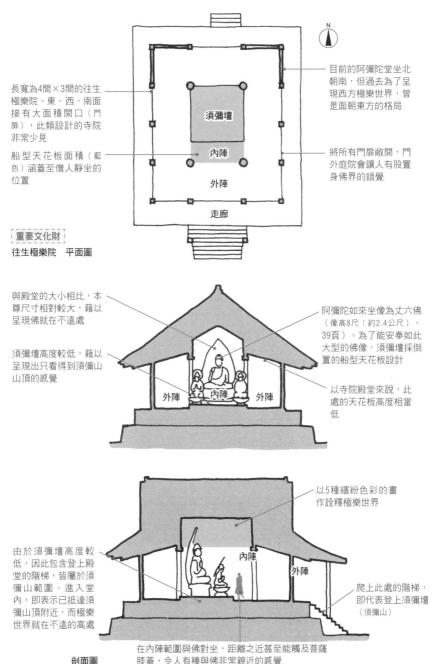

虛擬體驗極樂世界

阿彌陀如來／平等院 京都

平等院由平安時代後期，時任關白官職的藤原賴通所建※1。遙想著遠在西方的極樂世界樓閣，建立了鳳凰堂。而鎮守堂內的，當然就是阿彌陀如來了。

即便抬頭仰望，各位也無法與堂內的阿彌陀如來像四目相接。這尊阿彌陀如來透過圓窗看向外頭。禮佛處最初就設於殿堂之外。當年水池水位較高，殿堂位置離岸邊相當近。如今殿堂位置相對後移，不僅改變了瞻仰佛像的角度，也代表著感受淨土的方式隨之不同。

賴通死後，禮佛處後移，讓極樂世界的距離變得更遙遠

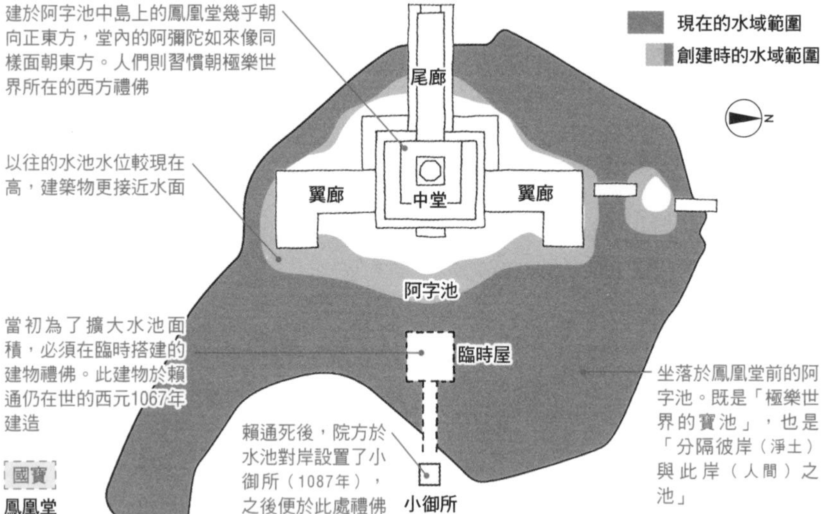
建於阿字池中島上的鳳凰堂幾乎朝向正東方，堂內的阿彌陀如來像同樣面朝東方。人們則習慣朝極樂世界所在的西方禮佛
現在的水域範圍
創建時的水域範圍
尾廊
N
以往的水池水位較現在高，建築物更接近水面
翼廊
中堂
翼廊
阿字池
當初為了擴大水池面積，必須在臨時搭建的建物禮佛。此建物於賴通仍在世的西元1067年建造
臨時屋
坐落於鳳凰堂前的阿字池。既是「極樂世界的寶池」，也是「分隔彼岸（淨土）與此岸（人間）之池」
賴通死後，院方於水池對岸設置了小御所（1087年），之後便於此處禮佛
小御所

國寶
鳳凰堂
平面配置圖

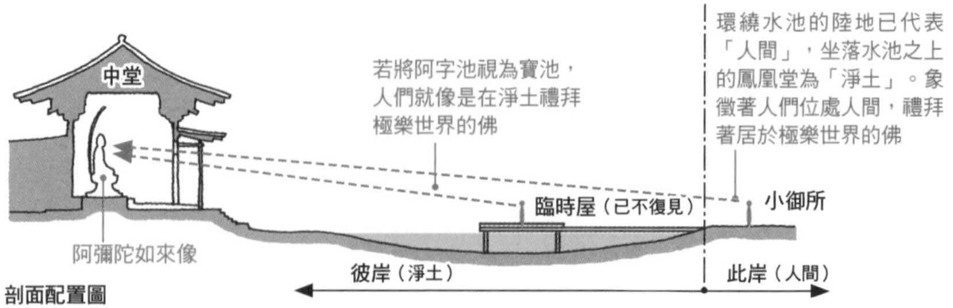
中堂
若將阿字池視為寶池，人們就像是在淨土禮拜極樂世界的佛
環繞水池的陸地已代表「人間」，坐落水池之上的鳳凰堂為「淨土」。象徵著人們位處人間，禮拜著居於極樂世界的佛
臨時屋（已不復見）
小御所
阿彌陀如來像
彼岸（淨土）
此岸（人間）

剖面配置圖

※1：西元1052年，藤原道長的長男，藤原賴通將父親的別墅改建成佛寺，鳳凰堂（阿彌陀堂）則在隔年落成
※2：9個極樂世界中，上品上生的等級最崇高（24頁）
※3：相傳只要以日想觀、水想觀等16種被合稱「十六觀」的冥想法觀想淨土，便能生於淨土

要從人間角度，或是從淨土角度看極樂世界

從池上臨時屋的角度—在淨土感受極樂世界

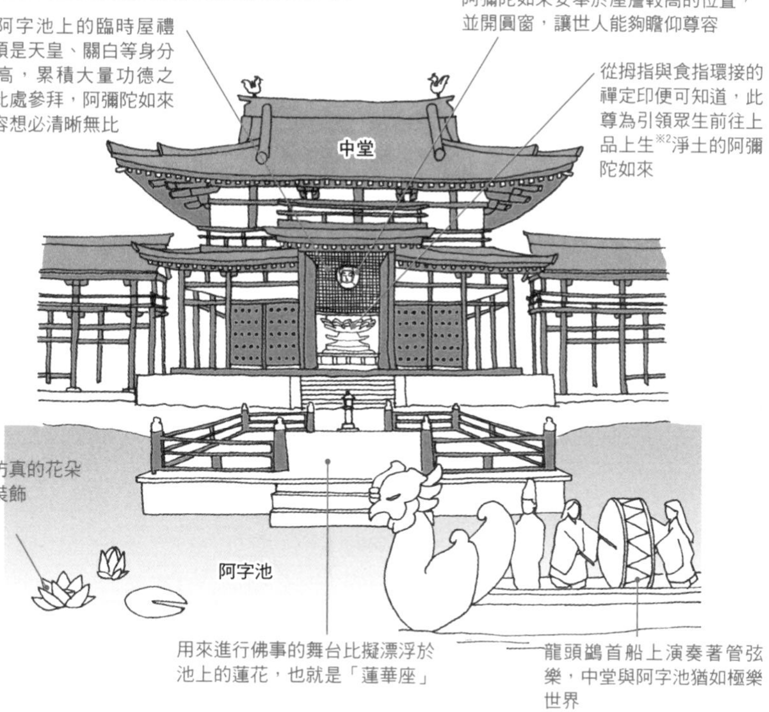
想要從阿字池上的臨時屋禮佛，必須是天皇、關白等身分地位崇高，累積大量功德之人。從此處參拜，阿彌陀如來像的尊容想必清晰無比
阿彌陀如來安奉於屋簷較高的位置，並開圓窗，讓世人能夠瞻仰尊容
從拇指與食指環接的禪定印便可知道，此尊為引領眾生前往上品上生※2淨土的阿彌陀如來
中堂
水池以仿真的花朵及鳥類裝飾
阿字池
用來進行佛事的舞台比擬漂浮於池上的蓮花，也就是「蓮華座」
龍頭鷁首船上演奏著管弦樂，中堂與阿字池猶如極樂世界

從對岸的禮佛處角度—在人間觀想極樂世界

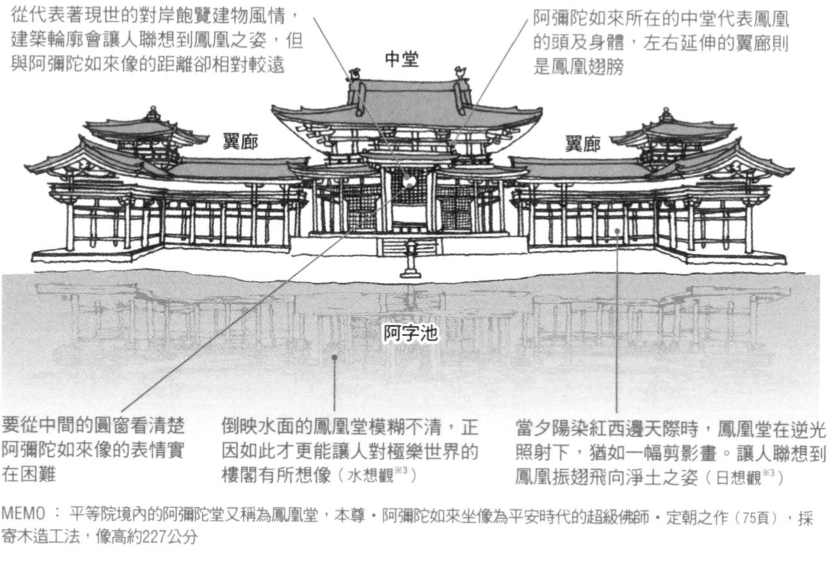
從代表著現世的對岸飽覽建物風情，建築輪廓會讓人聯想到鳳凰之姿，但與阿彌陀如來像的距離卻相對較遠
中堂
阿彌陀如來所在的中堂代表鳳凰的頭及身體，左右延伸的翼廊則是鳳凰翅膀
翼廊
翼廊
阿字池
要從中間的圓窗看清楚阿彌陀如來像的表情實在困難
倒映水面的鳳凰堂模糊不清，正因如此才更能讓人對極樂世界的樓閣有所想像（水想觀※3）
當夕陽染紅西邊天際時，鳳凰堂在逆光照射下，猶如一幅剪影畫。讓人聯想到鳳凰振翅飛向淨土之姿（日想觀※3）

MEMO：平等院境內的阿彌陀堂又稱為鳳凰堂，本尊・阿彌陀如來坐像為平安時代的超級佛師・定朝之作（75頁），採寄木造工法，像高約227公分

金碧輝煌的來迎之姿

阿彌陀如來／淨土寺 兵庫

淨土寺為一生中造訪宋朝3次的僧人重源※所創建。境內的淨土堂隨處可見宋朝時期的建築風格。相傳出自快慶之手的阿彌陀三尊像也是參考宋朝佛畫而來。淨土寺的阿彌陀如來像與一般佛像多處相異，散發著獨特氣息。

在淨土寺的淨土堂中，還能體驗建物與佛像所形成的「特殊空間」。面朝東方的建物後側設有蔀戶（譯註：可向上吊起的格子窗），西邊夕陽由此射入，不僅將佛像照射得有如黃金般閃耀，也讓塗成紅色的橫樑與垂木更加光彩奪目。整體氛圍之完美，甚至讓人有種阿彌陀如來從西方極樂世界降臨，前來迎接眾生的錯覺。

不太一樣的阿彌陀三尊

阿彌陀佛一般會環接手指，但此處卻將手指伸直，指尖細長
若敞開後方蔀戶，受西日照射的阿彌陀如來像將會顯得金碧輝煌
大勢至菩薩多半雙手合十，但在此處卻是手持蓮花
阿彌陀佛一般為右手在上，但淨土堂的卻是左手在上（逆手來迎印）。意指不僅解救信徒，更要救贖世俗大眾
大勢至菩薩
阿彌陀如來
觀世音菩薩
以雲形肘木象徵雲中菩薩
觀世音菩薩多半手持蓮臺（乘著亡者靈魂的臺座），但此處的觀世音菩薩卻手持水瓶。瓶中裝有能在前往淨土之前淨化汙穢的水
由於淨土堂的三尊像是參考宋朝佛畫，因此中尊的手印與脇侍的持物不同於一般佛像，也可看出重源對宋朝的思念
立於臺座上的「雲臺」。展現阿彌陀如來乘著西日，自西方極樂世界飛來

國寶 阿彌陀三尊立像

※：鎌倉初期的僧侶，別號俊乘坊，重建東大寺（奈良）之人

由重源提出的大佛（天竺）樣式建築

未裝鋪天花板，屋頂能直接看到橫樑及垂木，沒有額外的裝飾，自然樸素
受西日照射後，屋頂中心延伸出來的扇垂木彷彿成了阿彌陀如來在引領眾生前往淨土時，向四面八方射出的「光束」。延伸至屋外的扇垂木也象徵佛的教誨廣播
柱體、橫樑及垂木等建材全塗紅色，與白牆形成對比，更顯美麗
紅色的樑柱經光線照射後更加閃亮

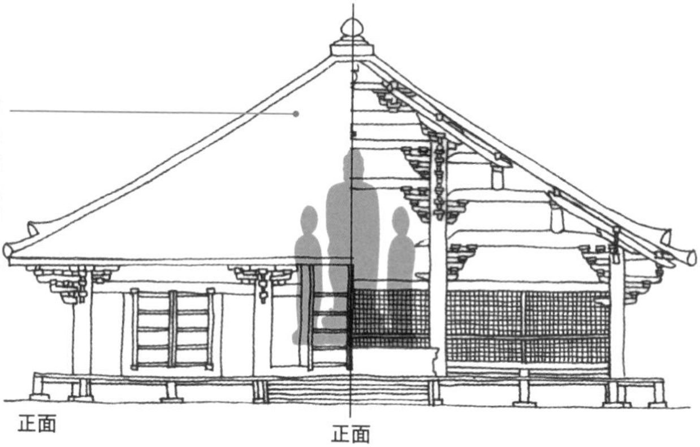
淨土堂採無天花板的大佛樣式，讓堂內得以安奉高530公分的巨大立像。大佛樣式為重源參考當時宋朝建築風格後，所提出的方案。東大寺的南大門同為大佛樣式
國寶
正面

淨土堂　立體剖面圖　正面

善用地形，將西日引入堂內

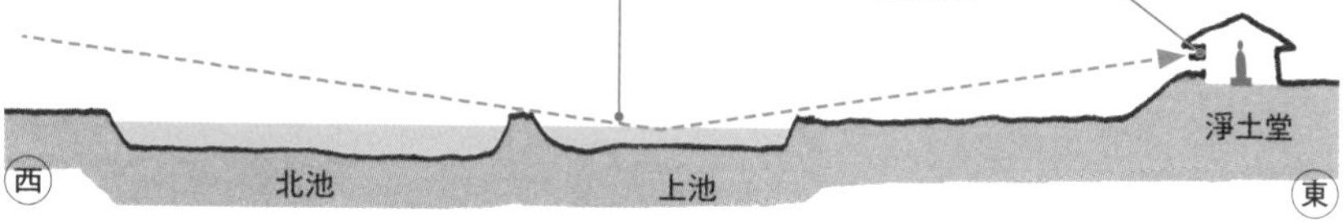
西日光線反射於池塘上
位於小山丘上的淨土堂，反射光自蔀戶進入堂內，從後方將佛像照射得無比明亮
西
北池
上池
淨土堂
東

MEMO：淨土寺為高野山真言宗寺院，本堂為建於室町時代的藥師堂（重要文化財）。安奉於淨土堂（阿彌陀堂）的阿彌陀三尊立像為創建時的本尊，出自快慶之手，採寄木造工法

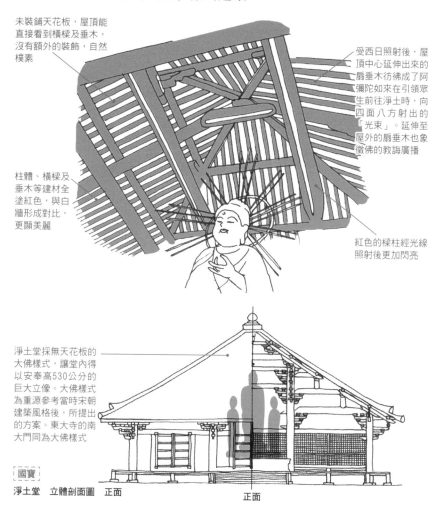

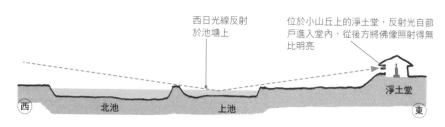

旅行各地的阿彌陀三尊像

阿彌陀如來／善光寺 長野

相 傳善光寺的阿彌陀三尊像※1是從印度經朝鮮，最終傳至日本。此佛像本為釋迦牟尼授予印度月蓋長者之像。其後，月蓋長者轉世為百濟國的聖明王（譯註：即百濟聖王），三尊像之後輾轉由信濃國的本田善光所供奉，藉以持續在日本各地從事教化※2活動※3。

即便被供奉於善光寺，這尊喜愛旅行的阿彌陀三尊像卻未從此停留，反而會利用開帳儀式等機會外出，由「善光寺聖」※4背著分身佛，行遍全國，宣揚佛法。這也使得信徒廣布日本各地，並留有許多以善光寺為名的寺院。

擁有巨大光背的善光寺式阿彌陀三尊像

善光寺本尊・阿彌陀三尊像為完全不公開的祕佛，因此只能利用開帳儀式等機會瞻仰前立本尊（本尊替身之佛）藉此推敲本尊的真實樣貌

此為一片光背包覆著三尊佛像的「一光三尊」形式。多半見於年代較久遠、形體較小的佛像。這裡採用的「舟形光背」，代表如來、菩薩、七佛共乘一艘船，前來迎接眾生

三尊像的手印也相當特殊。阿彌陀佛的來迎印多半是環接手指的施無畏與願印，但善光寺阿彌陀佛的左手卻未環指，改施刀印，而非與願印。這被解讀為阿彌陀佛救贖眾生不分宗派地區，也是深受日本各地信眾愛戴的理由之一

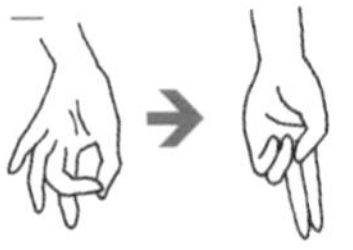

脇侍的觀世音、大勢至兩菩薩姿勢相同，僅此處可見。平常在兩尊菩薩身上也不會出現梵篋印

手掌上下合起，據說掌內放有珍珠藥箱

重要文化財

一光三尊阿彌陀如來像（前立本尊）

臺座為臼型蓮臺。相傳在殿堂完成之前，佛像被安奉於本田善光家中的臼上。臼更被認為有著去除死靈「污穢」的神力

※1：中尊左右伴隨脇侍的三尊像有一定的組合，阿彌陀如來會搭配觀世音、大勢至菩薩；藥師如來會搭配日光、月光菩薩；釋迦如來則是搭配文殊、普賢菩薩　※2：宣揚佛教，使人信佛　※3：相傳阿彌陀三尊像曾和本田善光談話，並與聖德太子互通書信，因此人稱「生身佛像」　※4 編註：信奉善光寺阿彌陀佛，但不屬於寺院的民間僧

為何身為祕佛，卻又如此受人喜愛？

能在開帳儀式時觸摸

開帳儀式（居開帳）是善光寺6年一度的盛典（子年與午年），信眾能在本堂參拜前立本尊

國寶 本堂

本堂前豎立著以金線與前立本尊（阿彌陀佛）右手相連的回向柱。只要觸摸回向柱，就能與阿彌陀佛有所連結（結緣）

相會於出開帳儀式

三尊像也曾離開長野善光寺，舉辦出開帳儀式。善光寺首度舉辦出開帳儀式的時間與地點為1692年（元祿5年）的東京回向院。圖為出開帳佛

出開帳儀式的目的地同樣豎立著回向柱（所謂回向，是指藉由阿彌陀佛的力量往生至淨土，並回到人間，救濟眾生）

遍布全國各地的善光寺佛

善光寺聖與人稱「善光寺佛」的替身佛一同行遍日本全國傳教

同樣名為善光寺的寺院將近有110間。此外，日本現存的善光寺佛總計200餘尊。圖為鎌倉圓覺寺（臨濟宗）的善光寺佛

善光寺佛的高度多半與祕佛同高，為45公分，是能夠置於笈※中，背負肩上的大小

由於本尊是座祕佛，因此善光寺佛的姿態各有差異

重要文化財

善光寺式阿彌陀三尊像
（圓覺寺／神奈川）

MEMO：善光寺為無宗派寺院。本堂安奉著本尊・一光三尊阿彌陀如來像，為江戶中期相當具代表性的佛教建築

※譯註：行腳僧或旅行者收藏衣具、書籍，負於肩以便攜行之箱

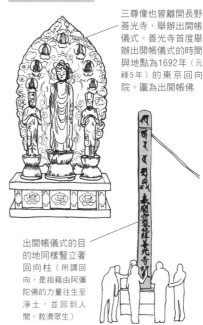

不太一樣的鎌倉大佛

阿彌陀如來／高德院 神奈川

說到大佛，各位一定會想到奈良大佛及鎌倉大佛。大佛如同字面之意，指的就是巨大佛像。以釋迦牟尼身高（1丈6尺）※1為基準，只要高度超過一倍以上，皆可稱為大佛。奈良與鎌倉的大佛乍看相似，實際上卻差異甚大。

為彰顯鎌倉幕府威信的「鎌倉大佛」是阿彌陀如來坐像，奈良大佛則是盧舍那佛。此外，阿彌陀如來也被認為是幕府守護神・鶴岡八幡宮「八幡神」的原始樣貌（本地佛）※2。接著就為各位讀者介紹，充滿阿彌陀佛世界觀的鎌倉大佛。

與佛四目相接

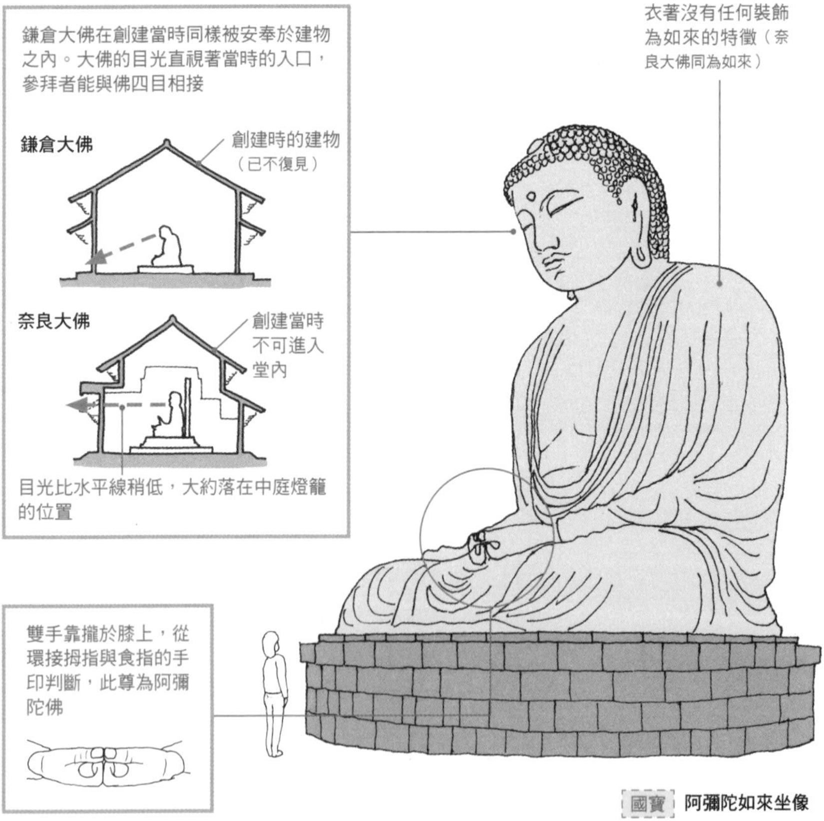
鎌倉大佛在創建當時同樣被安奉於建物之內。大佛的目光直視著當時的入口，參拜者能與佛四目相接
鎌倉大佛
創建時的建物（已不復見）
奈良大佛
創建當時不可進入堂內
目光比水平線稍低，大約落在中庭燈籠的位置
衣著沒有任何裝飾為如來的特徵（奈良大佛同為如來）
雙手靠攏於膝上，從環接拇指與食指的手印判斷，此尊為阿彌陀佛

國寶 阿彌陀如來坐像

※1：約4.8公尺　※2：鎌倉時代的神佛習合興盛，本地佛被認為是佛為了救贖眾生，暫以神祇之姿現身（本地垂跡思想）　※3：長谷寺裡供奉著將汲汲營營於鬥爭的鎌倉武士從修羅道中解救而出的十一面觀音

從鎌倉大佛身上看見阿彌陀佛的世界

8丈的阿彌陀佛

大佛像高11.39公尺，以尺貫法換算約為4丈。一般認為，當佛像呈現坐姿時，站立時的高度（身高）會是坐像高度的2倍，因此鎌倉大佛又稱「8丈大佛」。順帶一提，奈良大佛為「10丈大佛」

8丈大佛的「8」代表著鶴岡八幡宮的「八」，對關東地區的武士們而言，是非常吉利的數字

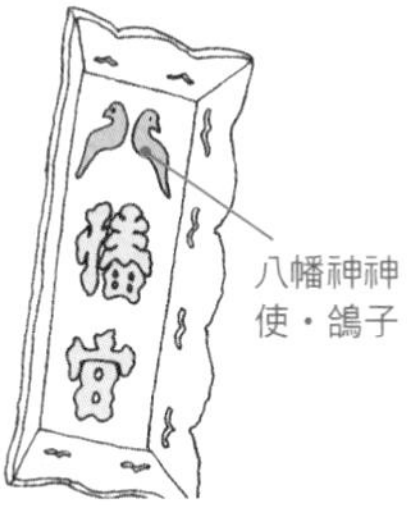
八幡宮
八幡神神使・鴿子

鶴岡八幡宮的匾額

坐落於西方的死後世界

鎌倉幕府守護神・鶴岡八幡宮的西邊不僅有大佛及長谷觀音（長谷寺），過去更建有閻羅王所在的十王堂。這些寺院在建造時，皆參考淨土信仰（阿彌陀佛的西方極樂淨土）設計配置

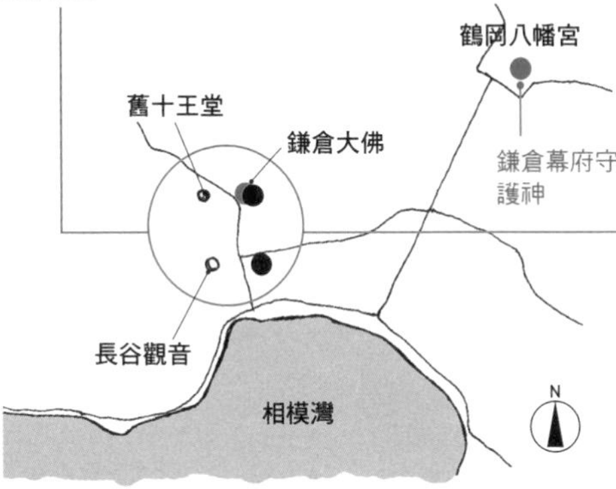
鶴岡八幡宮
舊十王堂
鎌倉大佛
鎌倉幕府守護神
長谷觀音
相模灣
N

人死後，會來到閻羅王等地府十王前接受審判

↓

亡者在接受審判後，會到地獄、修羅等六道輪迴，而觀世音菩薩會將亡者從六道救出※3

↓

亡者被觀世音菩薩救出後，會經阿彌陀如來的引領前往淨土。而箱根山後方被認為存在著阿彌陀佛的極樂淨土

column

釋迦牟尼佛身高4.8公尺

身高1丈6尺的站立佛像（立像）又會特別稱為「丈六佛」，這是因為世人相信釋迦牟尼的身高為1丈6尺。當釋迦牟尼為坐像時，高度一半，也就是8尺（約2.4公尺），這種大小的佛像同樣稱為丈六佛。

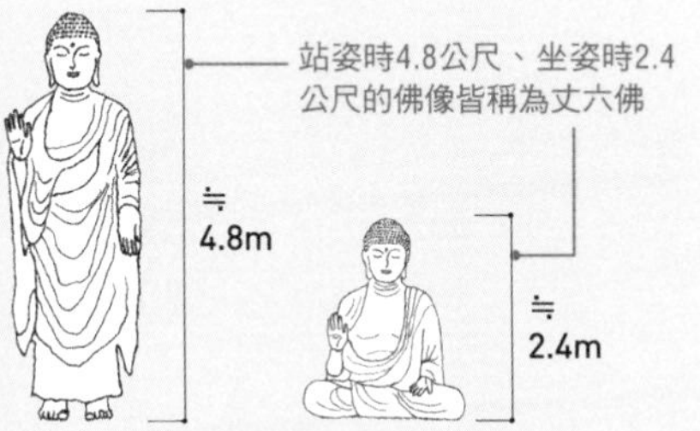
站姿時4.8公尺、坐姿時2.4公尺的佛像皆稱為丈六佛
≒4.8m
≒2.4m

MEMO：鎌倉大佛，也就是高德院（淨土宗）本尊・阿彌陀如來坐像為高11.39公尺的銅造佛像，完成時期已不可考

解開阿彌陀堂之謎

阿彌陀如來／白水阿彌陀堂 福島

位於磐城市的白水阿彌陀堂，是由奧州藤原氏初代的藤原清衡之女，德尼所建※。這棟仿造平泉中尊寺金色堂的建築採長寬皆3間的方形結構，中間配置有須彌壇。

其中讓人印象深刻的，是堂內的光線對比。須彌壇前雖然明亮，堂內後方卻極為陰暗。據聞這是因為本尊阿彌陀如來的脇侍為時間與季節的守護者。此外，佇立於兩側的，分別是四天王（120頁）中的多聞天王及持國天王。相傳會有這樣的組合，與東北地區這塊土地存在著極大的淵源。

安奉於中央須彌壇的五尊佛像

本尊的阿彌陀如來面朝南方。西方淨土之佛的阿彌陀佛本為坐西朝東，但受到中國古代北方為上位（天子面南）的思想影響，其中不泛許多面朝南方的例子
安奉本尊的須彌壇後方是面名為來迎壁的牆面。牆面後方沒有太大的空間，相當昏暗
阿彌陀如來
脇侍的觀世音菩薩專門守護子年出生之人
脇侍的大勢至菩薩專門守護午年出生之人
大勢至菩薩
觀世音菩薩
持國天王
多聞天王
須彌壇
四天王中，身為北方守護神的多聞天王
四天王中，身為東方守護神的持國天王
敞開殿堂門扉時，來迎壁前方，也就是堂內前半部會變得極為明亮

重要文化財　阿彌陀如來與兩脇侍像

重要文化財　持國天王、多聞天王立像

※：奧州藤原氏歷經三代，為平安時代末期以平泉（岩手縣）為發展中心的氏族。阿彌陀堂則是德尼為了祭奠曾任磐城地方國守（譯註：日本古代的地方長官）的丈夫所建

堂內的明暗與脇侍有所關聯

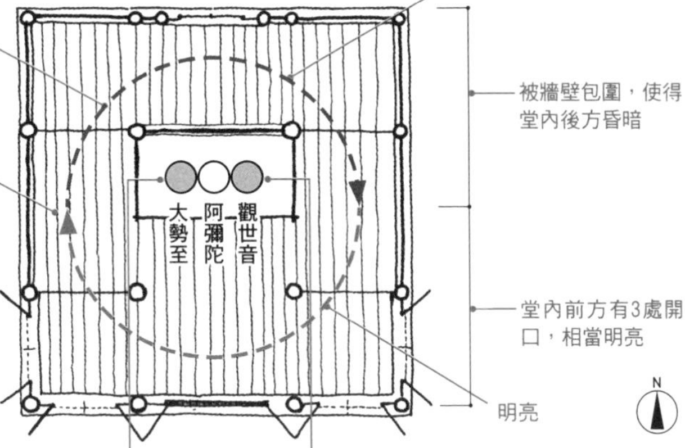
陰暗
邊念佛、邊順時針繞行須彌壇的禮佛（行道）儀式
在明暗對比強烈的阿彌陀堂內行道時，會出現半圈「明亮（白晝）」、半圈「陰暗（夜晚）」的情況。日夜反覆地形成一天、一年的循環
大勢至
阿彌陀
觀世音
被牆壁包圍，使得堂內後方昏暗
堂內前方有3處開口，相當明亮
明亮
N

國寶 阿彌陀堂 平面圖（不含二大天王）

究竟是明是暗，可根據兩尊脇侍作為判斷。觀世音菩薩負責守護代表「0時或冬至」的「子」；大勢至菩薩負責守護代表「正午或夏至」的「午」

子時至午時期間太陽升起，陰陽道將其稱為「陰轉陽」

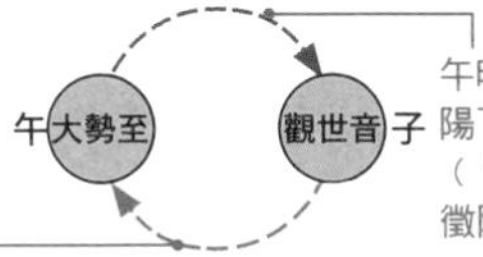
午
大勢至
觀世音
子

午時至子時期間太陽下降，開始轉暗（「陽轉陰」），象徵陰暗

只見二大天王，乃因坐落於東北之地

一般的四天王配置

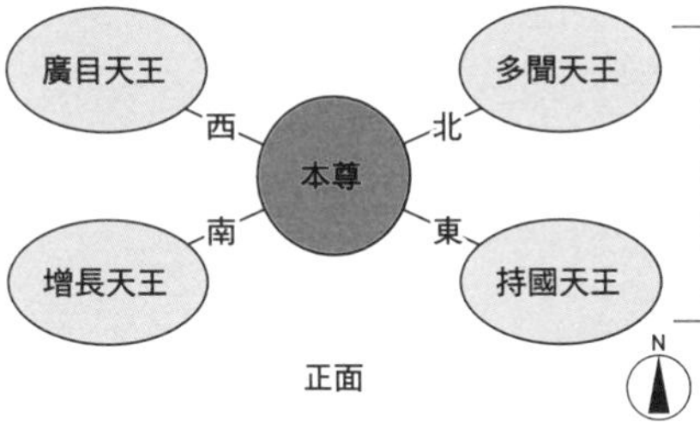
廣目天王
多聞天王
西
北
本尊
南
東
增長天王
持國天王
正面
N

須彌壇中央安奉坐北朝南的本尊，四個角落更有著守護本尊，鎮守東西南北的四天王

為了不與本尊重疊，四天王的位置與原本方位相比，向右錯位45度

安奉二大天王的理由

只安奉四天王中，代表東方的持國天王及代表北方的多聞天王，乃基於守護「東北」之意。在東北地區常見僅此二天王的配置，這或許也夾雜著朝廷想成功圍堵蝦夷族的心願吧

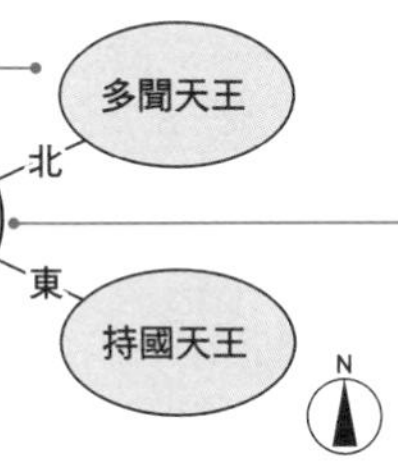
多聞天王
北
本尊
東
持國天王
N

阿彌陀佛多半面朝東方，左右分別有多聞天王及持國天王守護在側。白水阿彌陀堂的阿彌陀佛雖然面朝南方，但左右兩側的脇侍配置還是如同面朝東方的情況那樣，為左多聞天王、右持國天王

持國天王
多聞天王

MEMO：白水阿彌陀堂其實是俗稱，指的是真言宗寺院・願成寺的阿彌陀堂。阿彌陀堂建於水池中的島上，安奉堂內的本尊・阿彌陀如來坐像為平安時代末期之作，採寄木造工法，像高84公分

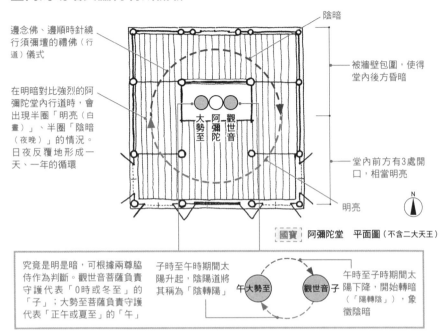

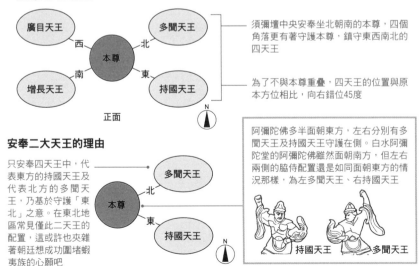

不停步行，與佛相遇

阿彌陀如來／輪王寺 栃木縣

有種行道名為「常行三昧」，是指連續90天不分晝夜，邊繞行本尊阿彌陀如來，邊念佛行道的嚴格修行。

在已列入世界遺產的日光山輪王寺中，仍保留著曾進行常行三昧修行的常行堂。四方造型的建築物比一般的阿彌陀堂更大※1。進入堂內後，可以看到阿彌陀如來為頭戴寶冠，騎於孔雀之上的特殊形象。隨侍於側的，並非觀世音及大勢至二菩薩，而是位於四方的四菩薩。此五尊為密教※2之佛，而此阿彌陀堂所呈現的，就是曼荼羅中所描繪的阿彌陀佛世界。

密教的阿彌陀佛像有些許不同

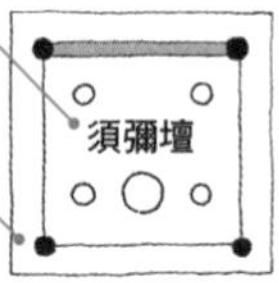
坐落於常行堂中央的須彌壇。本尊阿彌陀如來的四方安奉有四菩薩
須彌壇周圍是高度低一階的琉璃壇，進行行道時使用
須彌壇
常行堂須彌壇　平面圖

頭戴寶冠，乘坐於孔雀上的阿彌陀如來。如來身旁圍繞著四菩薩。這五尊佛像的「5」，在密教裡意指金剛界的關鍵字。此尊阿彌陀佛所展現的，則是在金剛界時的形象
阿彌陀如來
金剛利菩薩
阿彌陀佛右後方還有一尊金剛語菩薩
右手持法輪
金剛法菩薩
金剛因菩薩
此菩薩手持利劍，從持物不僅能知道佛的功德，更可知道菩薩的尊名為何
右手持未開敷蓮※3

重要文化財　寶冠阿彌陀如來與四菩薩坐像

※1：常行堂的格局為正面5間×側面6間，阿彌陀堂的平面格局多半為單邊3間的四方形　※2：密教在平安時代由最澄與空海傳入日本，密教世界（金剛界、胎藏界）的中心為大日如來，密教認為其他的佛皆由大日如來變化而來　※3：含苞待放的蓮花，意指再過不久即可悟道

比較金剛界曼荼羅與常行堂

展現密教世界的金剛界曼荼羅的上方為西、下方為東。曼荼羅中心，也就是「成身會」的正中央（灰色部分）繪有大日如來世界，而其上方（紅色部分）則描繪著阿彌陀如來世界

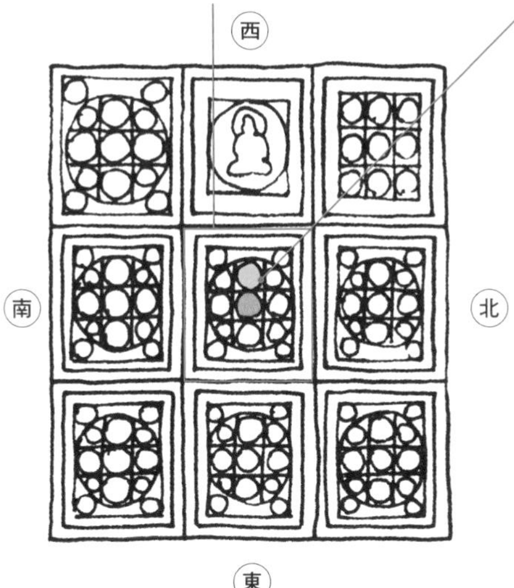
西
南
北
東

金剛界曼荼羅圖

曼荼羅所描繪的阿彌陀如來世界。常行堂的須彌壇同樣依照曼荼羅的格局，以阿彌陀如來（①）為中心，西為金剛語（②）、北為金剛因（③）、東為金剛法（④）、南為金剛利（⑤）四菩薩

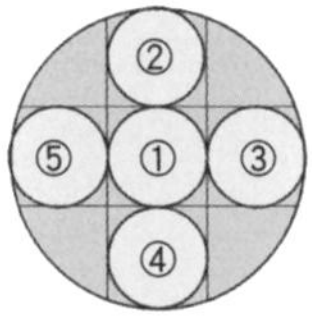
②
⑤
①
③
④

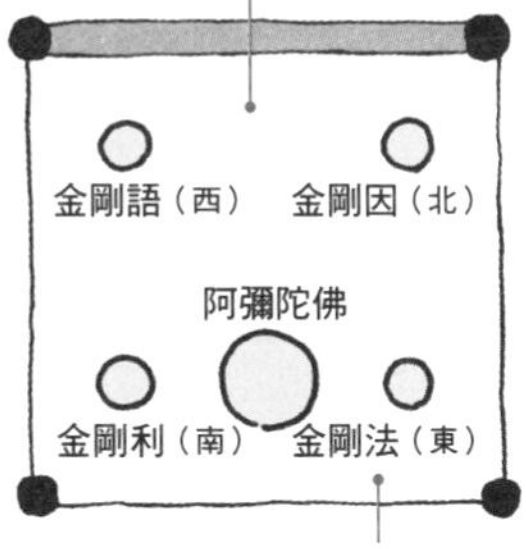
金剛語（西）
金剛因（北）
阿彌陀佛
金剛利（南）
金剛法（東）

為了不與本尊重疊，四菩薩坐落於錯位45度的位置

常行堂須彌壇　平面圖

連接常行堂與法華堂

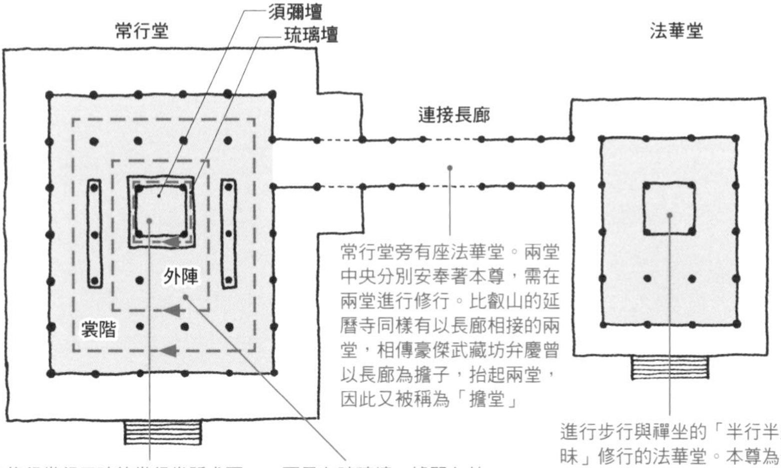
須彌壇
琉璃壇
常行堂
法華堂
連接長廊
外陣
裳階

常行堂旁有座法華堂。兩堂中央分別安奉著本尊，需在兩堂進行修行。比叡山的延曆寺同樣有以長廊相接的兩堂，相傳豪傑武藏坊弁慶曾以長廊為擔子，抬起兩堂，因此又被稱為「擔堂」

在修行常行三昧的常行堂祈求死後能前往極樂淨土。本尊為阿彌陀如來。唸唱佛名，邊步行、邊在心中觀想淨土世界

不只在琉璃壇，據聞在外陣及其外側（裳階、孫庇※部分）也會進行行道

進行步行與禪坐的「半行半坐三昧」修行的法華堂。本尊為普賢菩薩。在此懺悔生前之罪，避免為往生後帶來業障

重要文化財　擔堂　平面圖

MEMO：輪王寺為天台宗寺院，在明治政府的神佛分離令下，與日光東照宮分離。常行堂本尊・寶冠阿彌陀如來坐像為平安時代的木造作品，像高約70公分

※編註：主空間外的屋簷下區域稱為「庇」，其外側為孫庇

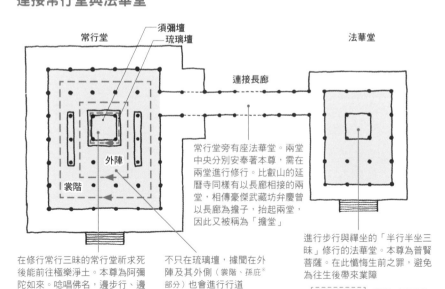

從藥師如來看見釋迦牟尼的影子

藥師如來／藥師寺

奈良

佛像製作的起源是在釋迦牟尼（佛陀）入滅的數百年後。為了找尋釋迦牟尼的形象，世人將其特徵列出，稱為「三十二相，八十種好※」，之後就開始以佛像作為佛陀的象徵來描繪釋迦牟尼的姿態。在雕刻其他佛像時，同樣隨之仿效。

佛像雖存在著脫離人類形象的特徵，卻意外地同時保留有不少與嬰兒相通的特質。這是因為佛就像嬰兒一樣，是純淨無機的存在。就讓我們從白鳳時期（645～710年）的傑作・藥師寺的藥師如來像中找尋這些特徵吧。

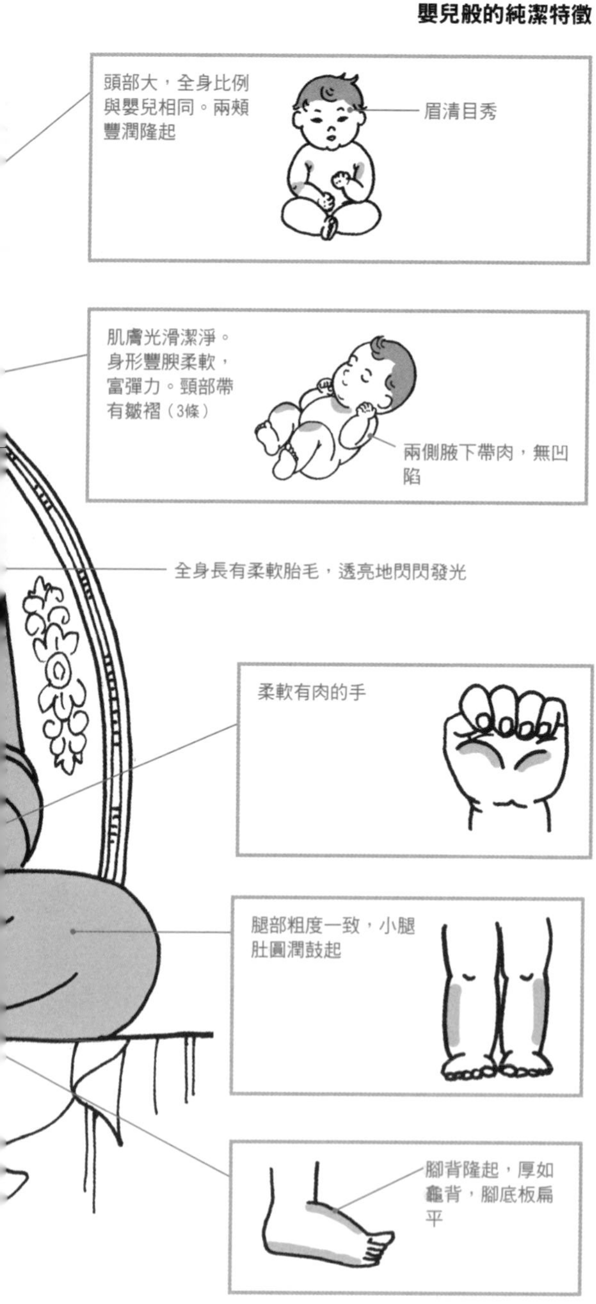
嬰兒般的純潔特徵
頭部大，全身比例與嬰兒相同。兩頰豐潤隆起
眉清目秀
肌膚光滑潔淨。身形豐腴柔軟，富彈力。頸部帶有皺褶（3條）
兩側腋下帶肉，無凹陷
全身長有柔軟胎毛，透亮地閃閃發光
柔軟有肉的手
腿部粗度一致，小腿肚圓潤鼓起
腳背隆起，厚如龜背，腳底板扁平

※：意指32個大特徵（三十二相）及80個細微隱密的特徵（八十種好）

從2個角度剖析佛像

悟道後脫離世俗的釋迦牟尼佛特徵

頭上隆起如肉瘤的肉髻就是成功悟道的證據

名為螺髮的右螺旋狀捲髮。會呈現右螺旋狀是因為右邊被認為代表著純潔。髮色為琉璃藍

眉宇間的白毫呈右旋狀，綻放光芒。將眾生從苦惱迷惘中解救而出（本像無白毫）

舌頭又長又大，幾乎能覆蓋臉部，意指保有自我不說謊。更有鮮白銳利的四牙，抑制眾生煩惱

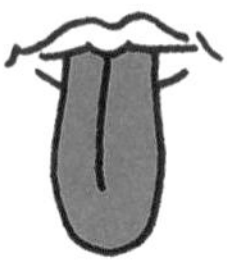

身體閃耀著金黃色，長1丈（約3公尺）的光芒四射，破除眾生煩惱

每個毛孔長有琉璃藍色的毛，全為右旋狀。展現保有自我之尊

手腳指間長有蹼，才能毫無遺漏地救贖所有眾生

腳掌及手掌有能破除煩惱的「千輻輪相」等圖樣

國寶 藥師如來坐像

MEMO：藥師寺為法相宗（南都六宗之一）的大本山，安奉於金堂（本堂）的本尊・藥師如來坐像為白鳳時期的金銅作品，像高254.7公分

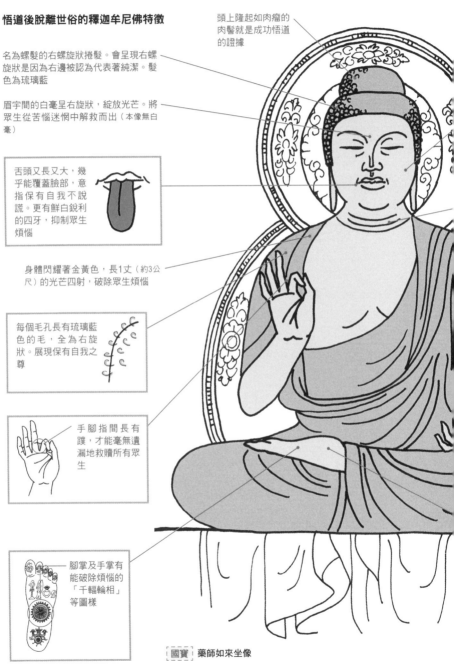

藥師如來，東方淨土之佛

藥師如來／不動院 廣島

藥師如來的佛之國土是以琉璃為大地的「琉璃光淨土」※1。坐落於遙遠東方的淨土，據說是有著黎明前蔚藍天際的清淨之地，更是閃耀著如七寶般動人光輝的世界，也因此藥師如來多半呈坐東朝西之姿。

此外隨侍著藥師如來的是日光、月光兩菩薩。擔任眷屬※2的則是與十二地支相結合的「十二神將」。這些追隨者分別與晝夜、十二時辰※3等時間相關，並擁有自己的所在方位。現在就讓我們從「方位」一窺藥師如來與追隨者們的配置。

藥師如來與追隨者們

不動院本尊・藥師如來方位坐東朝西。當初是為了祈求疾病痊癒而建造此像，右手為施無畏印，左手為與願印，以實現眾生心願

舟形光背為事後增添之物。美麗的透雕展現出琉璃光世界的輝煌

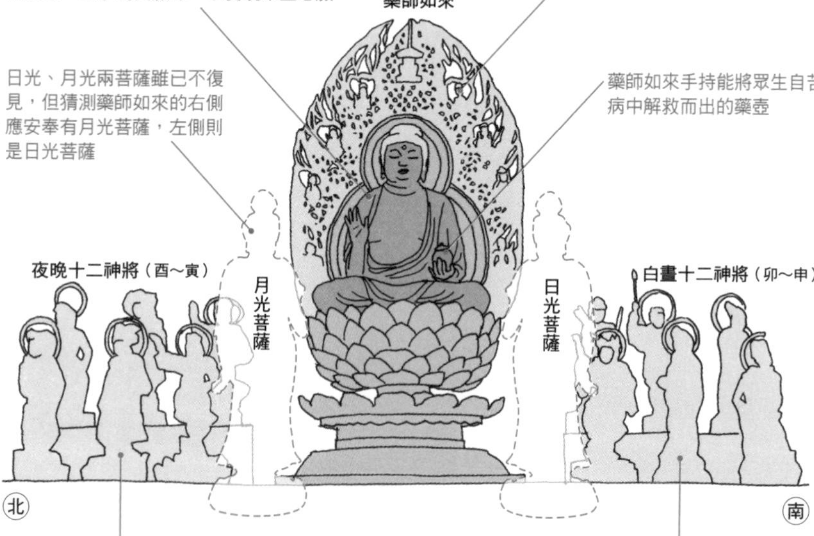
藥師如來
日光、月光兩菩薩雖已不復見，但猜測藥師如來的右側應安奉有月光菩薩，左側則是日光菩薩
藥師如來手持能將眾生自苦病中解救而出的藥壺
夜晚十二神將（酉～寅）
白晝十二神將（卯～申）
月光菩薩
日光菩薩
北
南

藥師如來右側，也就是靠近月光菩薩之處配置有代表夜晚的6位神將。十二神將除了與十二地支結合外，也與十二時辰及十二月份等相結合

藥師如來左側，也就是靠近日光菩薩之處配置有代表白晝的6位神將

重要文化財 藥師如來坐像

※1：佛之國土代表著眾佛的淨土，琉璃光淨土也稱為淨琉璃淨土
※2：指佛的親屬、相關一族
※3：一個晝夜。晝的時辰分為卯、辰、巳、午、未、申；夜則分為酉、戌、亥、子、丑、寅

西方廣闊之地最適合用來供奉藥師如來

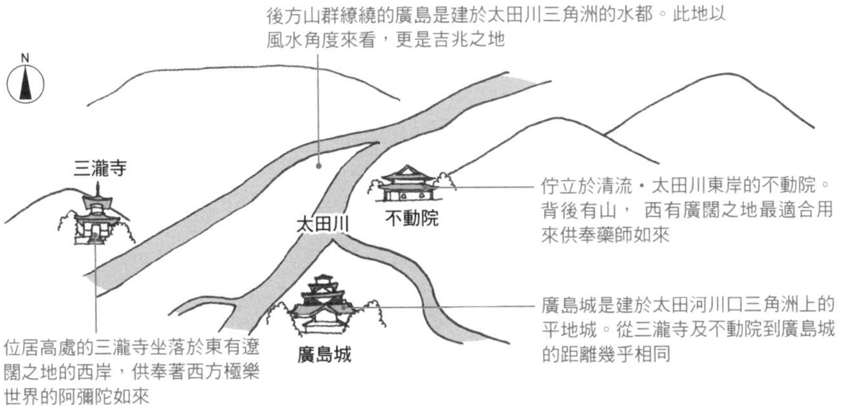
後方山群繚繞的廣島是建於太田川三角洲的水都。此地以風水角度來看，更是吉兆之地
N
三瀧寺
太田川
不動院
廣島城
佇立於清流・太田川東岸的不動院。背後有山， 西有廣闊之地最適合用來供奉藥師如來
廣島城是建於太田河川口三角洲上的平地城。從三瀧寺及不動院到廣島城的距離幾乎相同
位居高處的三瀧寺坐落於東有遼闊之地的西岸，供奉著西方極樂世界的阿彌陀如來

坐落於東西南北的眾佛們

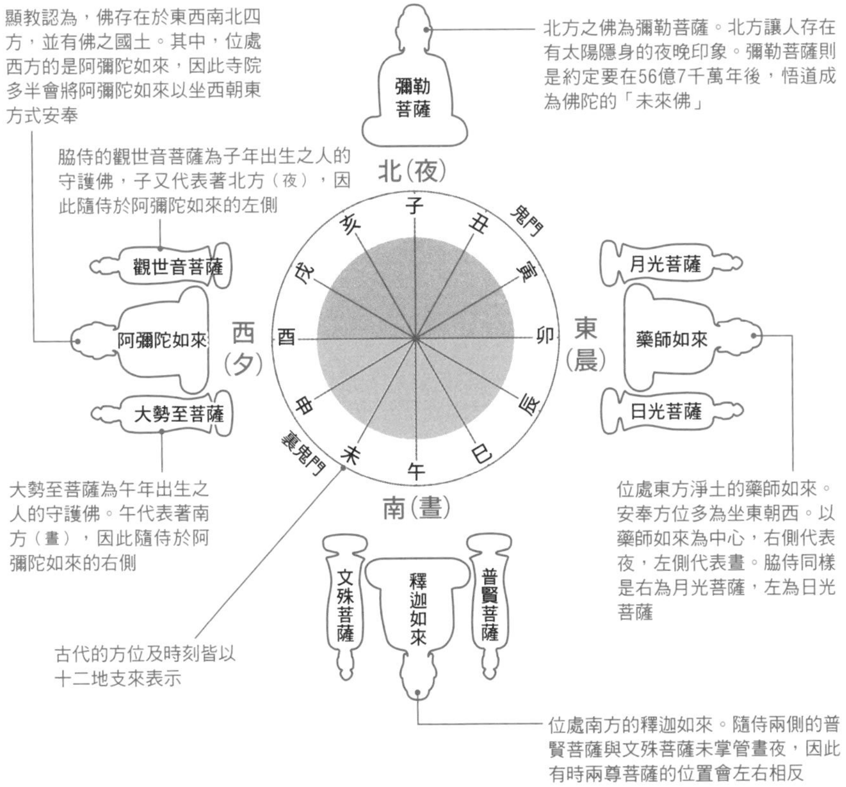
顯教認為，佛存在於東西南北四方，並有佛之國土。其中，位處西方的是阿彌陀如來，因此寺院多半會將阿彌陀如來以坐西朝東方式安奉
北方之佛為彌勒菩薩。北方讓人存在有太陽隱身的夜晚印象。彌勒菩薩則是約定要在56億7千萬年後，悟道成為佛陀的「未來佛」
彌勒菩薩
脇侍的觀世音菩薩為子年出生之人的守護佛，子又代表著北方（夜），因此隨侍於阿彌陀如來的左側
北(夜)
子
丑
鬼門
寅
卯
辰
巳
午
未
裏鬼門
申
酉
戌
亥
觀世音菩薩
阿彌陀如來
大勢至菩薩
西(夕)
東(晨)
月光菩薩
藥師如來
日光菩薩
南(晝)
大勢至菩薩為午年出生之人的守護佛。午代表著南方（晝），因此隨侍於阿彌陀如來的右側
位處東方淨土的藥師如來。安奉方位多為坐東朝西。以藥師如來為中心，右側代表夜，左側代表晝。脇侍同樣是右為月光菩薩，左為日光菩薩
文殊菩薩
釋迦如來
普賢菩薩
古代的方位及時刻皆以十二地支來表示
位處南方的釋迦如來。隨侍兩側的普賢菩薩與文殊菩薩未掌管晝夜，因此有時兩尊菩薩的位置會左右相反

MEMO ： 不動院為真言宗別格本山，安奉有本尊・藥師如來坐像的金堂（國寶）是天正年間（1573～1593年）由安國寺惠瓊移建而成，同時也以最大規模的禪宗樣式佛殿建築聞名。藥師如來坐像為平安時代之作，採寄木造工法，像高140公分

佛從蓮花中浮現

藥師如來／覺園寺　神奈川

各位在踏入殿堂時，或許會察覺些怪異之處並感到疑惑。好比覺園寺的藥師堂，坐落於正面的須彌壇高度比平常高出許多，中尊※的藥師如來像頭部相當大，身體比例不甚完美。將目光移到自己的腳邊時，還會發現部分地面不知為何是以石頭鋪成。

在巡禮寺院時，這些讓人「感到不可思議」的堂內細節可是絕對不能錯過，因為當中隱藏著該如何與佛接觸的提示。理解其含義，正確地與佛交流，如此一來就能更融入佛的世界。

由一位佛師積年累月製作而成的眾佛像

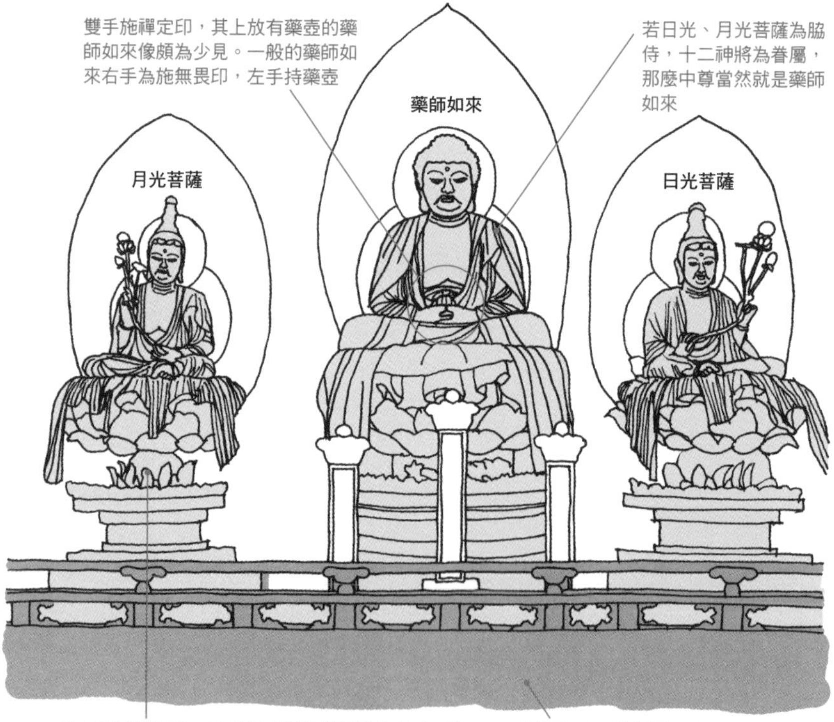
雙手施禪定印，其上放有藥壺的藥師如來像頗為少見。一般的藥師如來右手為施無畏印，左手持藥壺
若日光、月光菩薩為脇侍，十二神將為眷屬，那麼中尊當然就是藥師如來
藥師如來
月光菩薩
日光菩薩
左右的脇侍日光、月光菩薩出自佛師朝祐之手，朝祐長年致力於覺園寺的造佛工程。三尊像左右並列有十二神將像，相傳朝祐製作每尊神將皆須花費約1年的時間
須彌壇比一般的還要高

重要文化財　藥師三尊坐像

※：在一群佛像中，被視為中心的佛像，藥師三尊像的中尊為藥師如來

自己移動，佛就跟著動

堂內各處的不可思議會引導信眾正確參拜

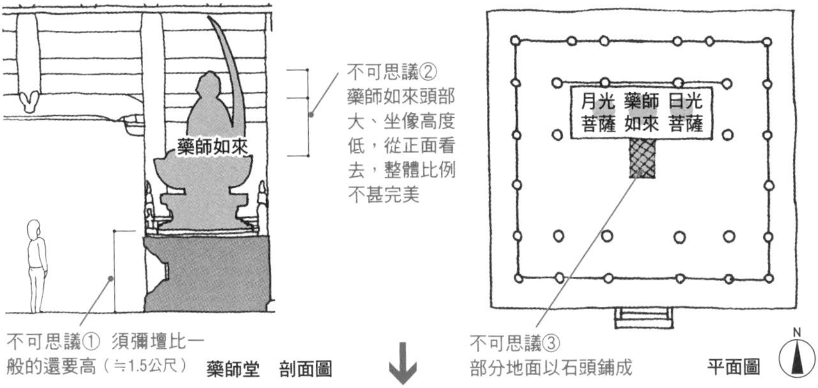
藥師如來
不可思議②
藥師如來頭部大、坐像高度低，從正面看去，整體比例不甚完美
不可思議① 須彌壇比一般的還要高（≒1.5公尺）
藥師堂 剖面圖
月光菩薩
藥師如來
日光菩薩
不可思議③
部分地面以石頭鋪成
平面圖
N

以須彌壇的高度來看，理當站著禮佛，但也突顯出佛像比例不佳。從地面鋪有石頭的部分來看，可以發現覺園寺的佛像必須以兩膝、兩肘、頭部著地（五體投地）的方式禮拜

五體投地禮拜，與佛合而為一

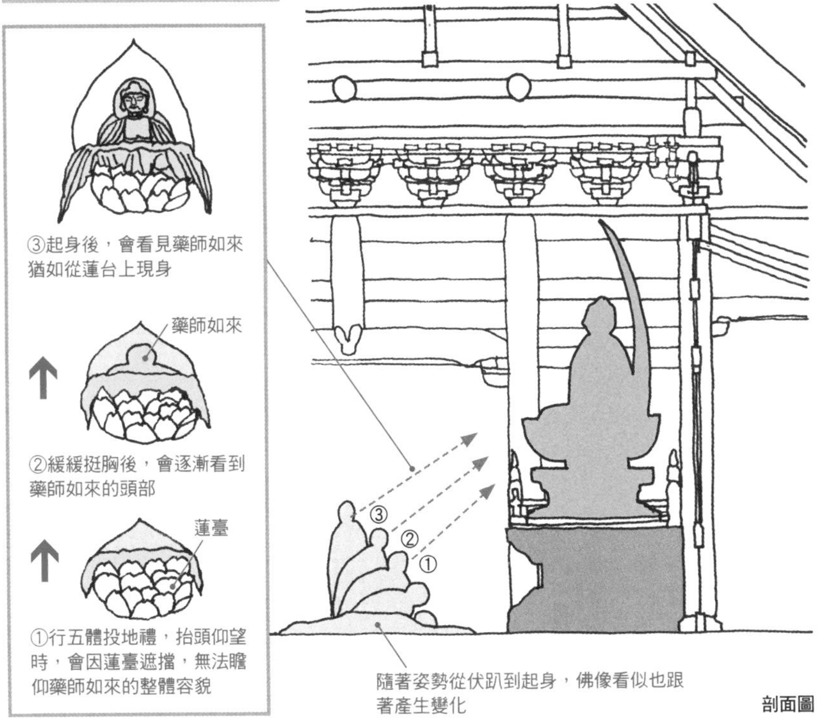
③起身後，會看見藥師如來猶如從蓮台上現身
藥師如來
②緩緩挺胸後，會逐漸看到藥師如來的頭部
蓮臺
①行五體投地禮，抬頭仰望時，會因蓮臺遮擋，無法瞻仰藥師如來的整體容貌
③
②
①
隨著姿勢從伏趴到起身，佛像看似也跟著產生變化
剖面圖

MEMO ： 覺園寺為真言宗寺院，安奉於本堂・藥師堂的藥師三尊坐像與十二神將像皆為木造。中尊的藥師如來坐像年代眾說紛紜，目前最有力的說法為佛像部分為鎌倉時代之作，其他則為室町時代之作

保留東北元素的藥師如來

藥師如來／黑石寺 岩手

黑石寺坐落於當年蝦夷與坂上田村麻呂激戰多時之地。在蝦夷勇士阿弖流為遭處決的60年後※1，黑石寺開始供奉起藥師如來。日本朝廷會於此地供奉藥師如來，目的在於鎮護國家※2。

黑石寺的本尊佛像與奈良藥師寺的藥師如來像相同，皆參照「三十二相，八十種好」（44頁），以釋迦牟尼的形象為原型製成。但黑石寺的藥師如來卻又不同於奈良都城之佛，其中隱約可見東北人的英勇特質。

參考範本為藥師寺的藥師如來像

根據「三十二相，八十種好」製作，藥師寺的藥師如來坐像。無論是光背、衲衣、手印都展現出如來應有的形象。藥師寺的藥師如來更堪稱是日本在製作藥師如來像時的「最佳範本」
藥師如來以慈悲的面容俯視眾生，全身也呈現稍微前傾的姿勢

國寶 藥師如來坐像／藥師寺

找尋脇侍的差異之處

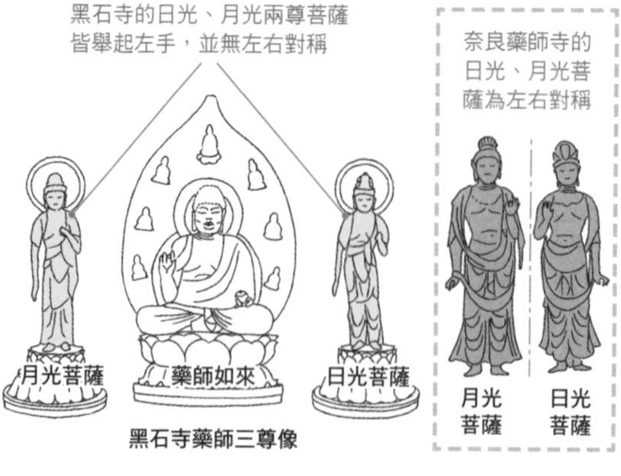
黑石寺的日光、月光兩尊菩薩皆舉起左手，並無左右對稱
月光菩薩
藥師如來
日光菩薩
黑石寺藥師三尊像
奈良藥師寺的日光、月光菩薩為左右對稱
月光菩薩
日光菩薩

※1：西元862（貞觀4）年
※2：為了鎮護國家，建立於古代日本諸國的國分寺多會將藥師如來作為本尊供奉

比較「陸奧之佛」與「都城之佛」

找尋藥師如來像的相異之處

相異之處

共通之處

藥師寺的藥師如來像稍微前屈，但黑石寺的藥師如來背部直挺到狀如後仰，腹部及腰部相當厚實，可謂充滿「東北勇士」形象

拇指未環接結印，中指略朝前方。藥師寺的如來像則是以舉起之手的拇指及食指環接結印

光背上有「七佛藥師」，靠近頭部與身體後方的光背處呈雙重圓光

頸部有3條紋路

披著如來身上常見的衲衣（如來等用來裹身之布）

右手上、左手下，右手結可看見手掌的施無畏與願印，左手持藥壺（奈良藥師寺的藥師如來手中雖未持有藥壺，但藥壺確實為藥師如來常見的持物）

重要文化財　**藥師如來坐像／黑石寺**

頭頂隆起的部分（肉髻）並不如典型的如來佛像明顯，螺髮（小顆捲髮粒）也比都城的如來佛像大。看來要從都城將造佛資訊傳遞給遠在東北北部的佛師，可是需要相當的時間

充滿恫嚇的神情似乎透露出朝廷的壓制是多麼強烈，如來正臉朝前，猶如直視著在遙遠彼端的都城，表情充滿對朝廷施予高壓統治的苦澀情緒。蒜頭鼻搭配豐厚嘴唇，那富含野性的五官更可感受到東北人的氣概，黑石寺的藥師如來像可是讓人充滿想像空間

頭部放大圖

MEMO：黑石寺為天台宗寺院。本尊・藥師如來坐像為平安時代（862年）的木造作品，像高126公分。藥師寺的藥師如來坐像請參照44頁說明

並排一列的五尊佛

藥師如來／室生寺 奈良

室生寺金堂內的本尊為傳・釋迦如來像。相傳當年原本是製作成藥師如來，就連金堂的舊名也是藥師堂。此外，寺內仍安奉有守護藥師如來的十二神將像（128頁），建築物上更畫有藥壺，保留著不少痕跡可循。

目前，金堂供奉有包含本尊在內的五尊佛像。這些佛像在大小僅3間※1的須彌壇上並排成一列，空間稍嫌擁擠，每尊的風格也略有出入。若將這些差異與「藥師如來」聯想解讀，那麼就能在腦中描繪出創建當時的三尊形式※2風采。

找尋今日仍可見的藥師堂痕跡

禮堂東西兩側的蟇股※上留有藥師如來持物的藥壺刻痕

※ 譯註：也稱蛙股，日本社寺建築中，蛙腿狀的組件

正殿的金堂、禮堂及面朝外側的舞台採懸造式工法

國寶 金堂

從舞台所見的金堂內部，3間大小的須彌壇並排著五尊佛像，讓人感覺頗為擁擠

金堂內部

傳・釋迦如來像的光背繪有七佛藥師，這也是藥師如來在救贖眾生時，所展現的7種不同形象

七佛藥師（之一）

五尊佛像的腳邊安奉有守護藥師如來的十二神將像

※1：柱子的間隔數稱為間，但長度並不固定

※2：將中間的佛像（中尊）與左右2位脇侍，共計三尊為一體同時供奉。釋迦三尊像為釋迦如來搭配普賢與文殊菩薩，或是藥王與藥上菩薩。阿彌陀三尊像則是阿彌陀如來搭配觀音、大勢至二菩薩

尚為藥師如來時的舊成員有哪些？

觀視佛像，揣摩三尊

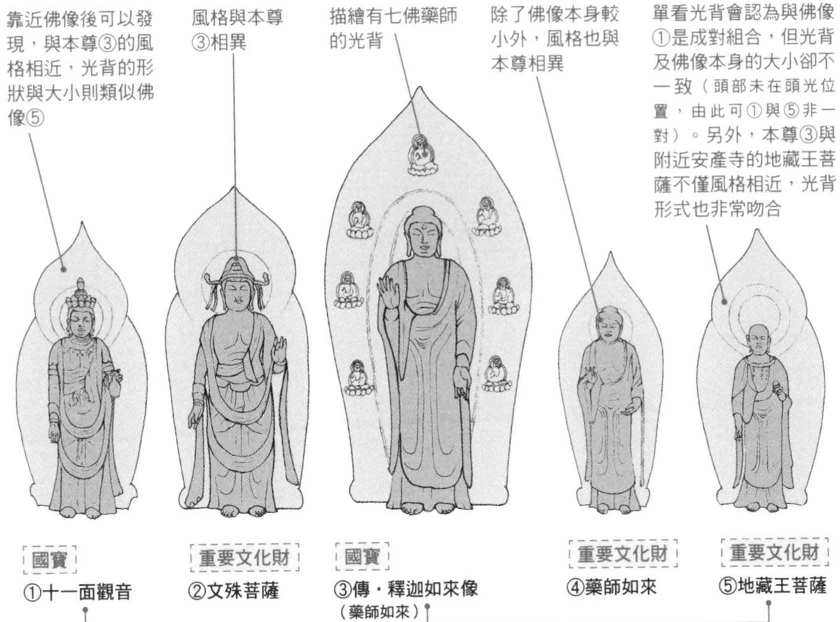
靠近佛像後可以發現，與本尊③的風格相近，光背的形狀與大小則類似佛像⑤
風格與本尊③相異
描繪有七佛藥師的光背
除了佛像本身較小外，風格也與本尊相異
單看光背會認為與佛像①是成對組合，但光背及佛像本身的大小卻不一致（頭部未在頭光位置，由此可①與⑤非一對）。另外，本尊③與附近安產寺的地藏王菩薩不僅風格相近，光背形式也非常吻合
國寶
①十一面觀音
重要文化財
②文殊菩薩
國寶
③傳・釋迦如來像（藥師如來）
重要文化財
④藥師如來
重要文化財
⑤地藏王菩薩

假設本尊③為藥師如來的話，那麼就能夠揣摩過去①觀世音菩薩及安產寺地藏王菩薩（光背部分為⑤）可能是三尊像的原始組合。三尊佛像的衣服皺摺呈漣波式線條，光背高度也非常協調

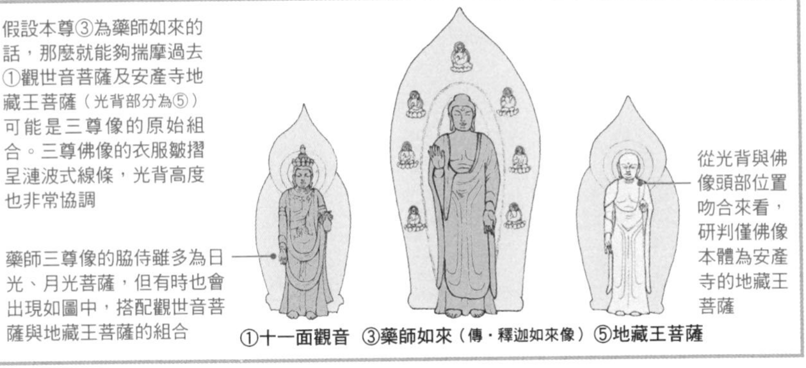
藥師三尊像的脇侍雖多為日光、月光菩薩，但有時也會出現如圖中，搭配觀世音菩薩與地藏王菩薩的組合
從光背與佛像頭部位置吻合來看，研判僅佛像本體為安產寺的地藏王菩薩
①十一面觀音
③藥師如來（傳・釋迦如來像）
⑤地藏王菩薩

為何安奉五佛？

五尊佛像都是藤原氏氏神・春日神（春日大社5神）的原始樣貌（本地佛）。鎌倉時代後期，室生寺不斷被真言密教施壓，本寺的興福寺（藤原一族皈依的寺院）為挽回勢力，將神像從三尊增至五尊

春日大社5神	本地佛
一宮	釋迦如來（③）
二宮	藥師如來（④）
三宮	地藏王菩薩（⑤）
四宮	十一面觀音（①）
若宮	文殊師利菩薩（②）

MEMO：室生寺為真言宗（本為法相宗）寺院，雖由興佛寺僧侶，賢璟於奈良時代創建，但金堂為平安前期所建，是目前僅存的平安時代山寺佛堂遺跡。以本尊的傳・釋迦如來像為首，五尊佛像皆為平安時代之作，本尊不僅是榧木的一木造作品，更是平安前期（9世紀末）相當具代表性的佛像

在東北的靈山，與佛相遇

藥師如來／立石寺 山形

以留有松尾芭蕉俳句「萬籟俱寂，蟬鳴聲聲滲入石」而聞名的立石寺。與其他山寺相同，立石寺的參道入口也有著「登山口」標誌，攀爬上一階又一階的石梯猶如修行。

登上石階後，首先會先來到名為根本中堂的本堂。藥師如來將你我從苦痛中救贖，並引渡眾生前往淨土。由東向西步行約莫1小時即可抵達奧之院，西方淨土的阿彌陀如來會前來迎接眾生。從入口處步行至此的石梯數近千階，由於此山自古便被尊奉為靈山，因此沿途可見「亡者之靈會集聚山中」的山岳信仰表現※。

從根本中堂開始參拜

入母屋造（歇山式）屋頂，長寬各為5間的方形根本中堂等同本堂。目前的根本中堂是西元1356年（日本南北朝時代）的重建之物
本尊的藥師如來坐像有著陸奧佛像常見的豐腴體態。由於此佛像為每50年開帳一次的祕佛，下次開帳要等到西元2064年，看來要長壽一點才行
重要文化財 藥師如來坐像
本堂內安奉著從比叡山延曆寺分火而來的「不滅法燈」，這盞燈自開基以來，便未曾熄滅
重要文化財 根本中堂

※：此山是火山碎屑岩經侵蝕後，裸露出岩石本身，原本就存在著山岳信仰，認為入山行為等同親近神祇。其後與天台密教及修驗道等宗教結合，獨自發展成一派，並將整座山視為修行之地

由橫向軸與縱向軸構成的境內格局

參拜完奧之院後，雖消耗掉大半體力，但只要佇立五大堂前，360度的全景風情就能映入眼簾，猶如從淨土俯視人間

阿彌陀如來安奉於山頂奧之院的大佛殿，是尊像高5公尺的丈六佛（39頁）

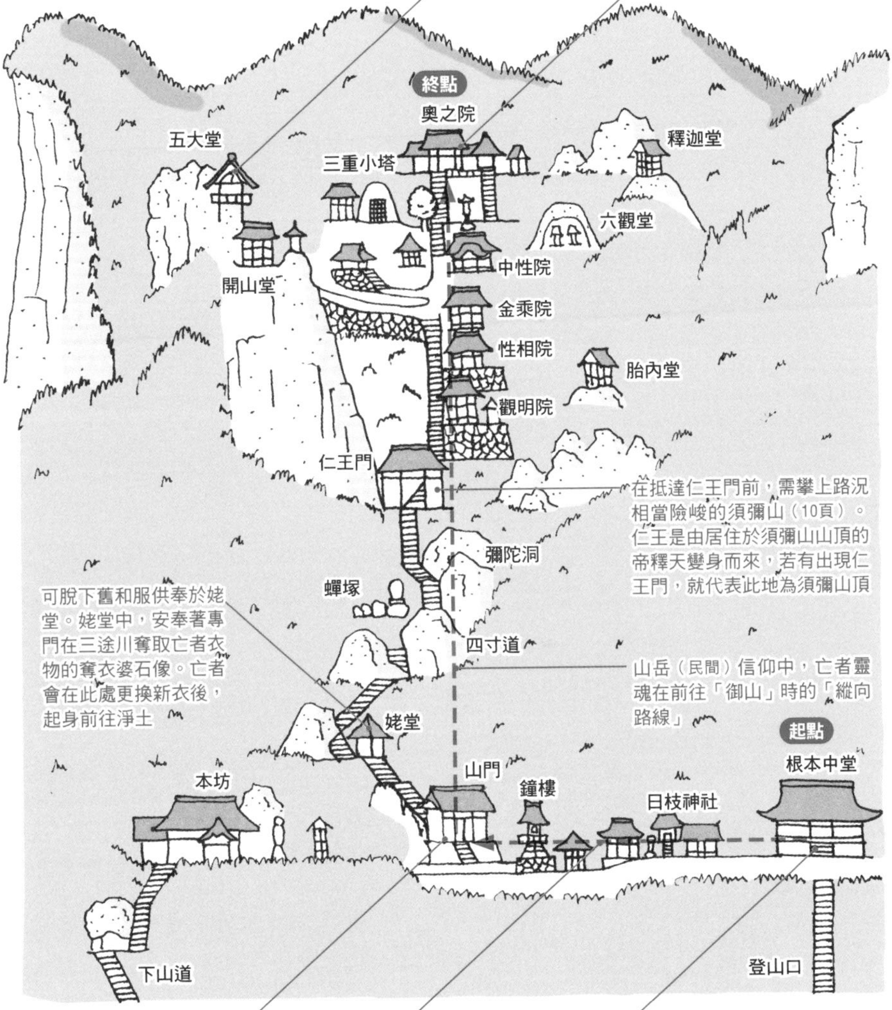

終點
奧之院
五大堂
三重小塔
釋迦堂
六觀堂
開山堂
中性院
金乘院
性相院
胎內堂
觀明院
仁王門
彌陀洞
蟬塚
四寸道
姥堂
起點
根本中堂
山門
鐘樓
日枝神社
本坊
下山道
登山口

在抵達仁王門前，需攀上路況相當險峻的須彌山（10頁）。仁王是由居住於須彌山山頂的帝釋天變身而來，若有出現仁王門，就代表此地為須彌山頂

可脫下舊和服供奉於姥堂。姥堂中，安奉著專門在三途川奪取亡者衣物的奪衣婆石像。亡者會在此處更換新衣後，起身前往淨土

山岳（民間）信仰中，亡者靈魂在前往「御山」時的「縱向路線」

山門為前往供奉有阿彌陀如來的奧之院入口

離開藥師如來，前往阿彌陀如來之處是條由東向西的路徑，同時是充滿佛教色彩的「橫向路線」

供奉著立石寺本尊的藥師如來

MEMO：立石寺為天台宗寺院，是西元860年由慈覺大師圓仁所建。本尊的藥師如來坐像為平安時代的連香木一木造作品，像高130公分

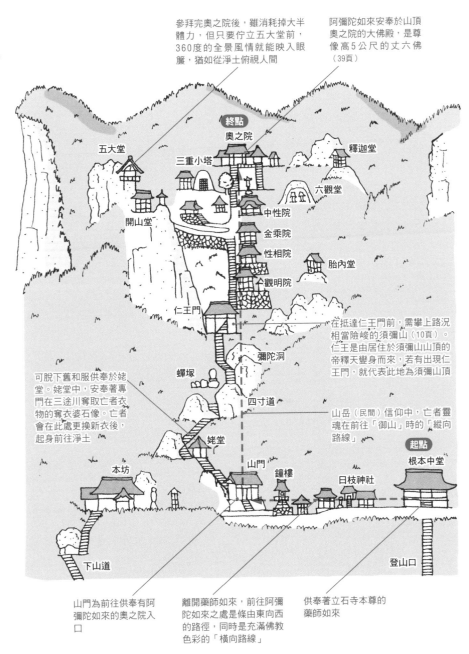

古式禮佛要從外進行

盧舍那佛／唐招提寺 奈良

要 成為一名正式僧侶時，必須舉行授戒儀式，而唐朝僧人鑑真，便是於奈良時代為此東渡日本※1。唐招提寺就是由這位鑑真大師所創建。

唐招提寺的金堂※2供奉有本尊盧舍那佛，與千手觀音、藥師如來兩尊脇侍。如此特殊的組合不僅讓人大感驚奇，脇侍與本尊佛像大小相同也非常少見。此外，本尊臉部偏大，看起來稍顯不協調。

三尊佛像皆正視前方，目光落在金堂之外，各位不妨走出堂外，瞻仰堂內的三尊佛像，絕對能讓各位有嶄新發現。

送出許多釋迦牟尼佛的本尊・盧舍那佛

一般而言，佛像臉部多會稍微朝下，但唐招提寺金堂內的佛像卻直視前方，因此在堂內將無法與佛四目相接
盧舍那佛光背中的一千尊化佛皆為釋迦如來，每尊化佛更可釋放出10億分身，因此堂內可說充滿釋迦如來的化佛
從整身比例來看，臉部稍大的盧舍那佛
負責統整佛界的盧舍那佛被比喻為照亮全世界的太陽，從此尊佛像也可看出，盧舍那佛無限地釋放出許許多多化佛的形象
5隻手指中，中指代表釋迦如來（9頁）。此尊盧舍那佛以中指碰觸拇指，將釋迦如來彈向充滿煩惱之人

國寶 盧舍那佛坐像

※1：鑑真東渡日本後，曾為聖武天皇等人授戒，一旦接受戒律，即被認定為正式僧侶。鑑真分別於東大寺（奈良）、下野藥師寺（已廢寺、栃木）及觀世音寺（福岡）開授戒壇，進行授戒。此三座寺院則被稱為三戒壇

※2：金堂是由鑑真大師的弟子建成　※3：柱體間平衡的設計方式同希臘雅典的帕德嫩神廟

從堂外禮拜

在能夠與佛四目相接的前庭禮拜

創建之初，迴廊包圍著金堂，法會等儀式會在前庭舉行

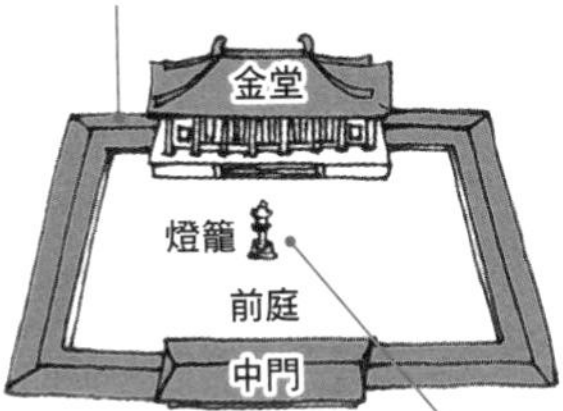

金堂（創建時）

由於佛朝著前方直視，要拉開距離，才能與佛四目相接，因此在堂內參拜將無法對上佛的視線

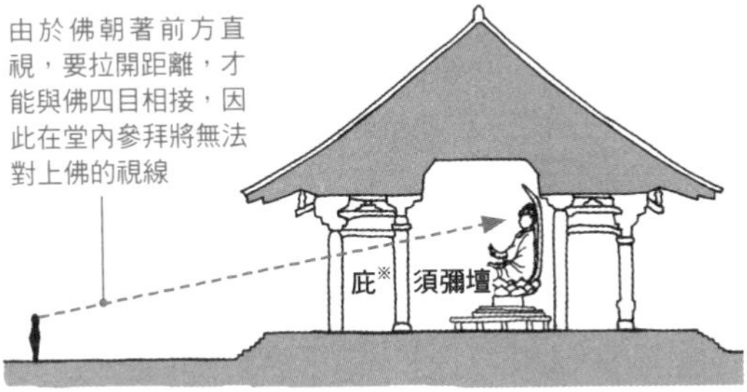

※編註：主空間外的屋簷下區域

剖面圖

站在燈籠附近禮拜時，便可從中央柱條間看見盧舍那佛。遠望大大的佛頭時，會發現整體相對協調

有一說法認為，會出現如此特殊組合的三尊像，以及脇侍佛像龐大，是象徵將三戒壇[※1]的本尊集結為一

也可站在中門禮拜

金堂正面的整體協調表現可說相當完美，中央3間，每間的寬幅雖然一致，但愈往兩側延伸的同時，柱間距離就愈趨狹窄[※3]

站在中門禮拜時，便能從中央柱條間完整瞻仰三尊佛像，金堂看起來彷彿就是安奉佛像的佛龕

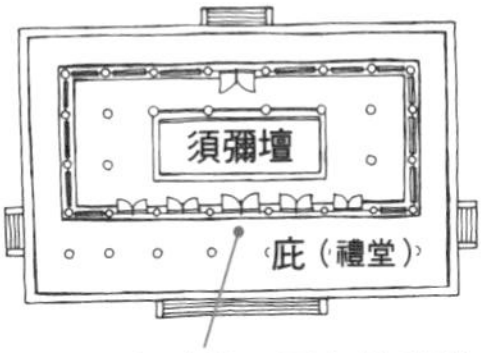

在平安時代，要在挑高的「庇」禮佛。開始在本堂內禮佛已是相當後期

國寶 金堂 立體、平面圖

MEMO：唐招提寺為律宗（南都六宗之一）的總本山，本堂的金堂中，安奉有本尊・盧舍那佛坐像，採脫活乾漆造，是奈良時代之作，像高304.5公分。藥師如來立像是以木芯乾漆造製成的平安時代作品，像高336.5公分。千手觀音立像則是以木芯乾漆造製成的奈良時代之作，像高536公分。三尊佛像皆為日本國寶

以數字5來解讀密教

大日如來／金剛三昧院

和歌山

印度五大思想認為，宇宙是由地、水、火、風、空5種元素所組成。同樣地，密教※1也將數字「5」視為神聖的數字。

在密教，大日如來不僅是眾佛之首，更是崇高的森羅萬象根本。身為太陽神的大日如來再加上據守東西南北各方位的四如來（四佛），合稱「五佛」（五智如來）。以大日如來為中心，四周圍繞四佛的「中央＋四方」的構成是基本形式，這樣的組合在曼荼羅※2也會出現。此外，在密教儀式及儀式所使用的道具中，也皆能發現「5」的存在。

「5」為密教根本

四佛
大日如來
以手來表示五佛，那麼能壓住其他四指（四佛）的拇指就是大日如來，扮演著負責整合其他四佛的角色
據守南方的是寶生如來。南方代表色為黃、黃色又代表白晝的太陽，以季節來看，會區分為夏季。炙熱夏天更象徵著嚴苛的修行。密教便是將代表各方位的顏色或季節用來詮釋太陽路徑與修行的過程
據守西方的是阿彌陀如來。西方代表色為紅、紅色又代表夕陽，以季節來看，會區分為秋季。收成之秋在修行過程中，象徵著菩提（悟道）
寶生如來（南）
阿彌陀如來（西）
大日如來
阿閦如來（東）
不空成就如來（北）
據守東方的是阿閦如來。東方代表色為藍、藍色又代表旭日，以季節來看，會區分為春季。季節起始之春象徵著邁向修行第一步的發心
據守北方的是不空成就如來。北方代表色為黑、黑色又代表日落，以季節來看，會區分為冬季。季節結束之冬象徵著悟道境界的涅槃

重要文化財
五智如來坐像（金剛界五佛）

※1：平安時代之際，西渡中國的最澄與空海將密教傳入日本

※2：密教認為佛界可分為二（金剛界與胎藏界），曼荼羅則分別將二界以視覺呈現。但世界終究只有一個，因此又稱作金胎不二

曼荼羅的根本同為中央＋四方的「5」

金剛界曼荼羅為套疊結構

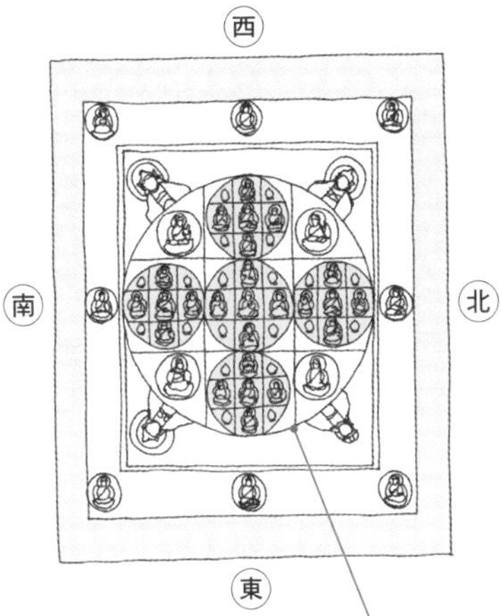
西
南
北
東

金剛界曼荼羅（僅成身會部分）

胎藏界曼荼羅為對角結構

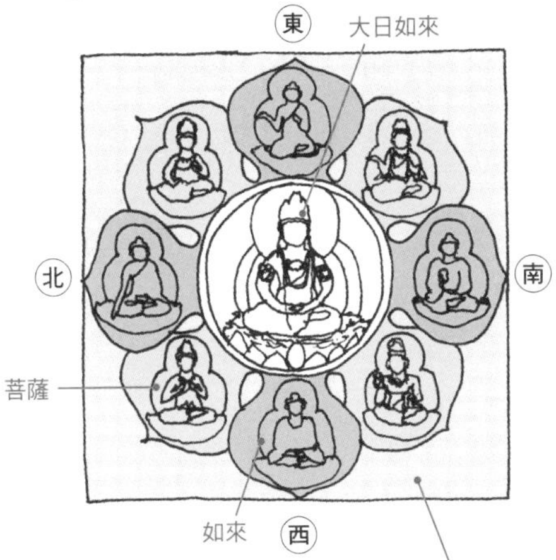
東
大日如來
北
南
菩薩
如來
西

胎藏界曼荼羅（僅中臺 八葉院部分）

四佛圍繞著大日如來，這四尊佛又被不同的四親近菩薩圍繞著

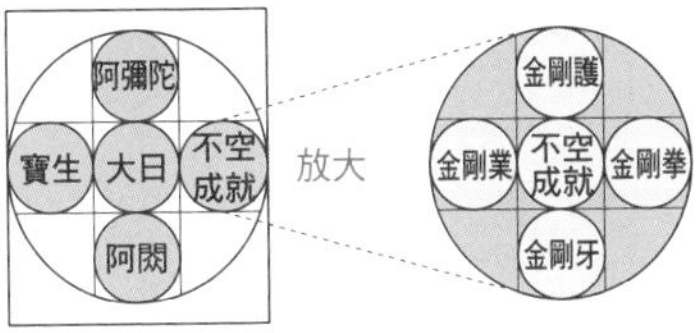
阿彌陀
寶生
大日
不空成就
阿閦
放大
金剛護
金剛業
不空成就
金剛拳
金剛牙

上圖中，「四佛＋四菩薩」圍繞著中間的大日如來，讓「5」的組合形成對角

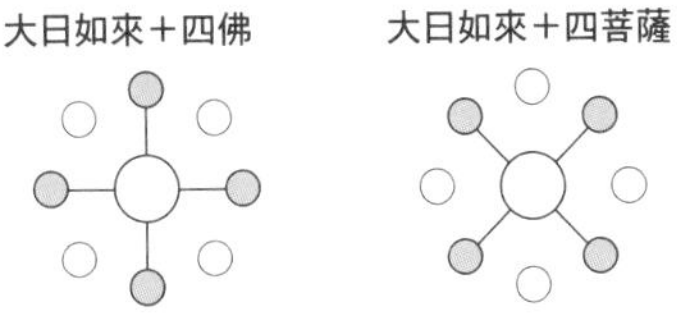
大日如來＋四佛
大日如來＋四菩薩

「5」的儀式，五山送火

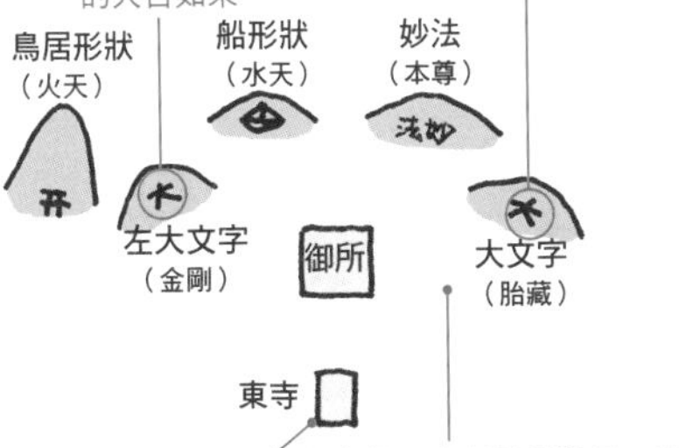
兩個「大」字分別代表著金剛界與胎藏界的大日如來
鳥居形狀
（火天）
船形狀
（水天）
妙法
（本尊）
左大文字
（金剛）
御所
大文字
（胎藏）
東寺

選定御所為護摩壇，弘法大師會於東寺進行加持祈禱

於京都五山山腰所舉行，以篝火描繪出「大」等文字是密教用來驅除傳染病的儀式

插畫引用：『密教入門』（新潮社）

「5」的法器，五鈷杵

使用於密教儀式的五鈷杵。兩端皆可分為5個部分，每一部分代表金剛界與胎藏界的五佛

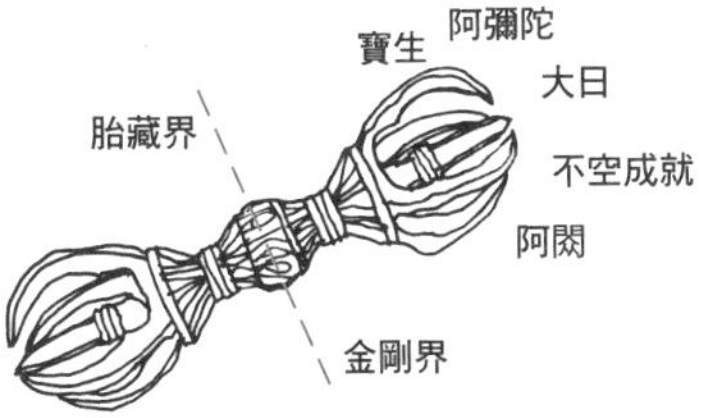
寶生
阿彌陀
大日
胎藏界
不空成就
阿閦
金剛界

手握中間，相傳就能掌控金剛界與胎藏界，與大日如來合而為一，是相當強大的法器

MEMO ：金剛三昧院是高野山真言宗總本山・金剛峯寺的塔頭寺院。安奉於多寶塔（國寶）的五智如來坐像（運慶作品）為鎌倉時代的木造作品

金剛界的大日如來形象

大日如來／圓成寺 奈良

圓成寺的大日如來像是佛師運慶[※1]的出道之作，於鎌倉幕府成立前不久的1176年完成，佛像特徵為十足的真實感與力道風格。佛像的表現似乎已預知日本將進入武家社會，與過去的文雅貴族風格可說大相逕庭。

大日如來是密教本尊。密教所言的佛界可分為金剛界與胎藏界（金胎）[※2]，兩界皆存在大日如來，而安奉於圓成寺的，則是金剛界的大日如來像。接下來就讓我們來尋找金剛界與胎藏界的相異之處，以及理解其中意涵吧。

運慶出道之作

與平安時代主流的小髻（指綁起的頭髮）相比，這時的佛像有著更高更顯眼的髮髻
雖是如來，卻像（在家）菩薩那樣穿戴著寶冠及裝飾品。藉以展現神聖如來的俗化形象，象徵如來降臨俗世，引導眾生
使用結合水晶的玉眼技法，讓眼部呈現相當真實（143頁）
豐腴的完美身軀是慶派常見的特徵
強調裙裳皺摺的力道表現。隨著日本從貴族社會轉變為武家社會的同時，佛像特徵也趨向強而有力
蓮蓬位置的壁板內側寫有運慶製作的文字

國寶

大日如來坐像

※1：慶派佛師中的代表人物（75頁）

※2：密教從印度傳至中國後，受到中國既有的陰陽道影響，因而分為金剛界與胎藏界

從陰陽角度檢視大日如來

當金剛界與胎藏界的大日如來合而為一後，就是佛界的盧舍那佛。盧舍那佛同時是為人類照亮宇宙真理，引領眾生悟道之佛

盧舍那佛

陰陽道認為，世界是由「陽」與「陰」合而為一（太極）所形成。萬物皆來自陰陽，男性、白晝、基數等為「陽」；女性、夜晚、偶數等為「陰」

陽與陰，結合後即代表盧舍那佛

陽
陰

太極圖

可以觀察到「陽」（較男性的形象）元素的金剛界大日如來

可以觀察到「陰」（較女性的形象）元素的胎藏界大日如來

威嚴肅穆的表情
倒三角形的緊實身軀

金剛界大日如來

臉頰豐腴，表情柔和
腰部較粗且紮實

胎藏界大日如來

智拳印是只有金剛界大日如來才會結的手印。以陰陽角度來看，豎起一隻左手食指代表陽具，象徵著充滿陽氣的男子

法界定印是胎藏界大日如來結的手印。手印所形成的間隙（孔洞）代表子宮，象徵陰柔的女子。根據手印形狀，就非常容易判斷究竟是金剛界之佛或是胎藏界之佛

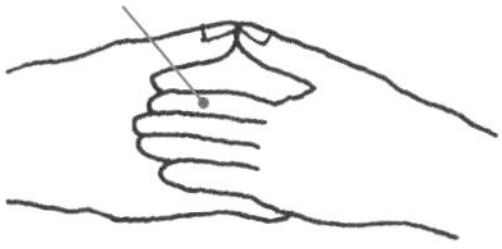

MEMO ： 圓成寺為真言宗寺院，安奉於多寶塔的大日如來坐像為平安時代的木造作品，像高98.8公分。然而，圓成寺的本尊其實是阿彌陀如來

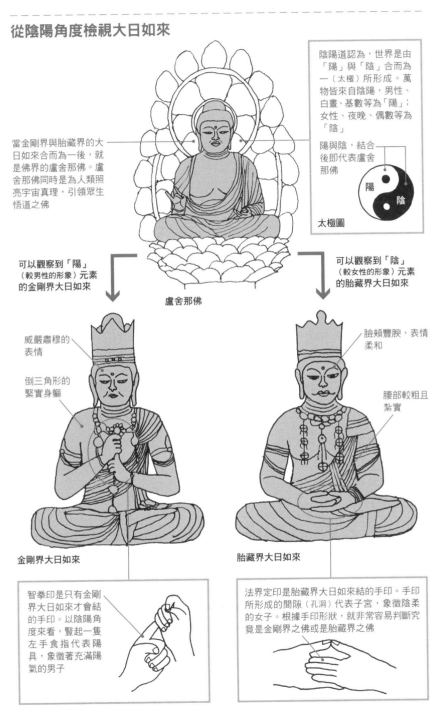

飄然降臨大塔的三次元胎藏界

大日如來／根來寺 和歌山

根來寺的大塔※1供奉著密教最崇高的大日如來。在須彌壇內，被八尊佛像圍繞的大日如來安奉於高出一截的位置，猶如漂浮在空中，更像是四如來與四菩薩恭迎著大日如來從天而降時的景象。

這樣的情景也可從大塔的形狀窺見一二。大塔外可以看見2個由白灰泥漆成，令人印象深刻的龜腹。以形狀來看，代表「天」與「地」※2。透過高聳直指天際的相輪，不難揣摩大日如來由上天降臨地面時的形象。

立體化後的胎藏界曼荼羅

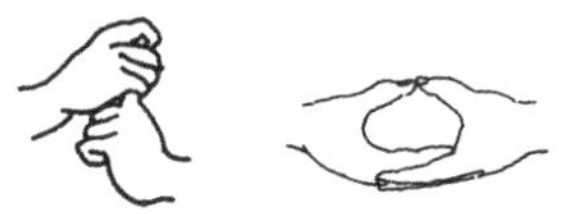
智拳印
法界定印
最高智慧
代表最高悟道

根來寺大塔的大日如來施「法界定印」，而非「智拳印」，代表著此尊大日如來來自胎藏界，而非金剛界

胎藏界大日如來
四如來、四菩薩據守八方，圍繞著中央的大日如來
僅位處中心的大日如來高度較高
文殊菩薩
普賢菩薩
開敷華王如來

胎藏界　中臺八葉院諸尊像

「胎藏界曼荼羅」中心的「中臺八葉院」裡，描繪著以大日如來為中心，再加上各四尊的如來及菩薩。將此配置以立體角度呈現，就形成了大塔的佛像群。由於大塔坐北朝南，因此大日如來前方安奉有開敷華王如來，正確完整地呈現曼荼羅世界

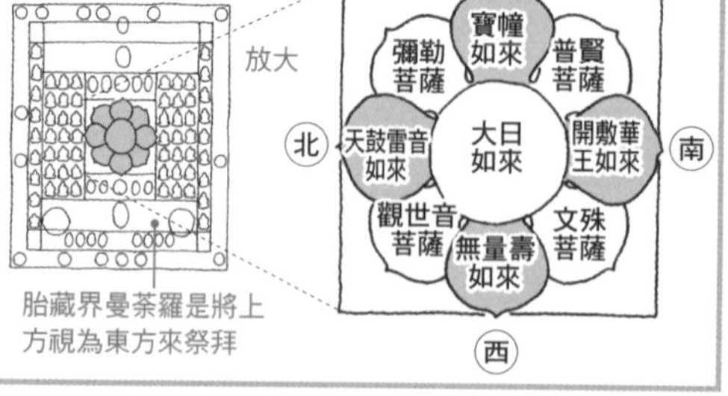
放大
東
北
南
西
寶幢如來
彌勒菩薩
普賢菩薩
天鼓雷音如來
大日如來
開敷華王如來
觀世音菩薩
文殊菩薩
無量壽如來
胎藏界曼荼羅是將上方視為東方來祭拜

※1：大塔是指規模較大的多寶塔。多寶塔則是指以方形或圓形構成平面的雙層佛塔
※2：根據古代中國的「天圓地方」思想，天是圓的，地是方的。根來寺的大塔則是以半球形的龜腹象徵天、方形的龜腹比擬地

佛降臨大塔

以建物形狀詮釋下生

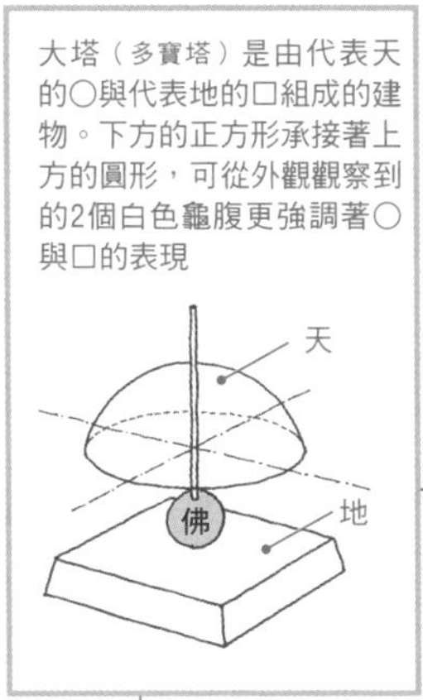
大塔（多寶塔）是由代表天的○與代表地的□組成的建物。下方的正方形承接著上方的圓形，可從外觀觀察到的2個白色龜腹更強調著○與□的表現
天
佛
地

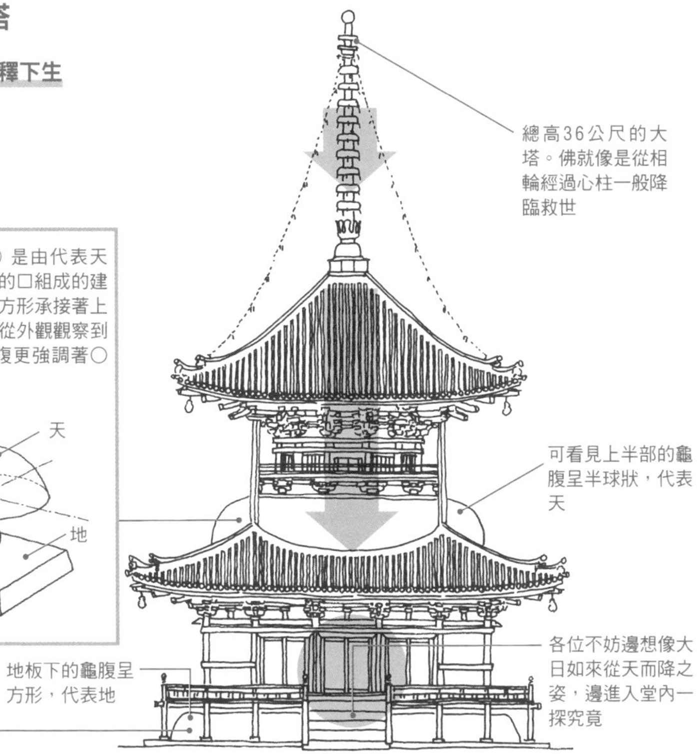
總高36公尺的大塔。佛就像是從相輪經過心柱一般降臨救世
可看見上半部的龜腹呈半球狀，代表天
各位不妨邊想像大日如來從天而降之姿，邊進入堂內一探究竟
地板下的龜腹呈方形，代表地

國寶 大塔

正降臨人間的大日如來

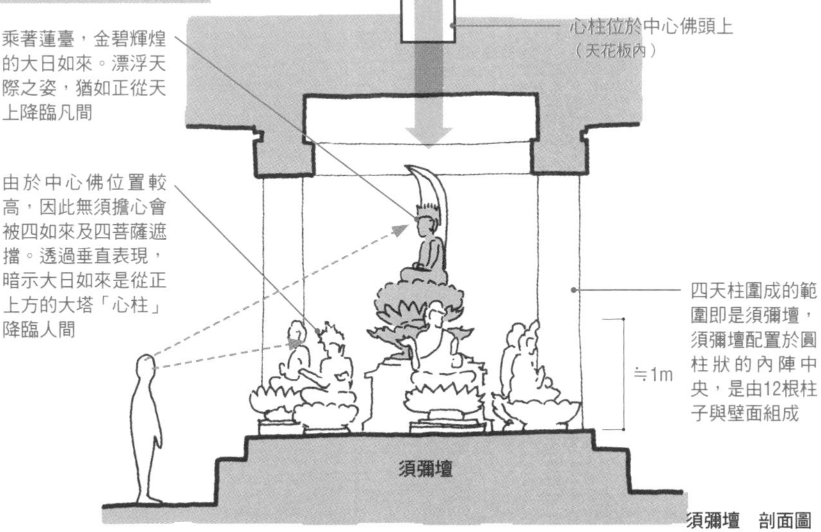
乘著蓮臺，金碧輝煌的大日如來。漂浮天際之姿，猶如正從天上降臨凡間
心柱位於中心佛頭上（天花板內）
由於中心佛位置較高，因此無須擔心會被四如來及四菩薩遮擋。透過垂直表現，暗示大日如來是從正上方的大塔「心柱」降臨人間
四天柱圍成的範圍即是須彌壇，須彌壇配置於圓柱狀的內陣中央，是由12根柱子與壁面組成
≒1m
須彌壇

須彌壇　剖面圖

MEMO ： 根來寺為真義真言宗的總本山。大塔為日本國寶。安奉於胎藏界・中臺八葉院諸尊像中央的大日如來坐像為大塔本尊

猶如身處密教世界的格局

兩界曼荼羅／室生寺 奈良

可見於密教寺院的曼荼羅※1是由「金剛界」與「胎藏界」成對組成，同時以「理」與「智」2個層面圖解佛界。進行灌頂※2等儀式場合以及修行的本堂便供奉著2幅面對面的曼荼羅※3。

密教修行的目的在於悟道（即身成佛）。透過在心中邊描繪本尊，邊感受曼荼羅（佛界）的方式，讓佛與「我」合而為一。在室生寺的灌頂堂中，以僧侶的座位為中心，金剛界與胎藏界分據兩側相望※3。相傳這樣的格局能讓人有種置身佛界的感覺。

僧侶身處曼荼羅之間

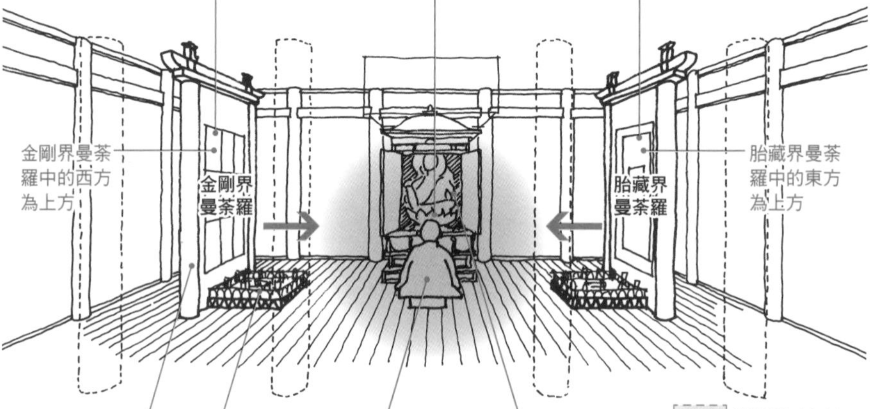
僧侶座位左（西）側供奉著金剛界曼荼羅，金剛界代表著佛的「智」世界
僧侶就坐在兩幅相對的曼荼羅中間
僧侶座位右（東）側供奉著胎藏界曼荼羅，胎藏界代表著佛的「理」世界
金剛界曼荼羅中的西方為上方
金剛界曼荼羅
胎藏界曼荼羅
胎藏界曼荼羅中的東方為上方
創寺當時就已存在用來供奉曼荼羅的牆面
曼荼羅前方有個祭壇，同時也是焚燒護摩木等儀式的焚燒臺。護摩為密教的祭法之一
坐於本尊前，以悟道之心（即身成佛）讓佛（本尊）進入體內。在左右曼荼羅的包圍下，佛與我得以合而為一，深切感受到「理」與「智」的世界不可分離
國寶 灌頂堂（本堂）

安奉於佛龕（春日廚子）的本尊（如意輪觀音）表面被護摩的煙燻得既黑又粗糙

重要文化財
如意輪觀音坐像

※1：意指兩界曼荼羅
※2：灌頂乃與佛或曼荼羅合為一體的儀式，同時也是密教最重要的教義，原指將水淋於頭上
※3：以相同格局供奉曼荼羅的寺院除了室生寺的灌頂堂外，還有觀心寺的金堂（大阪，84頁）與神護寺的本堂（京都）等

張開雙手，就可看見曼荼羅

佛的世界如球體

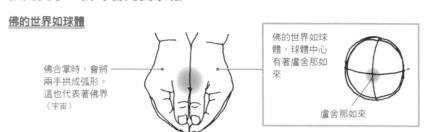

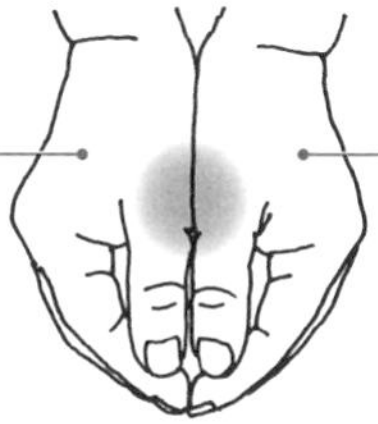

佛合掌時，會將兩手拱成弧形。這也代表著佛界（宇宙）

佛的世界如球體，球體中心有著盧舍那如來

若將如球體的佛界以二次元角度來解讀？

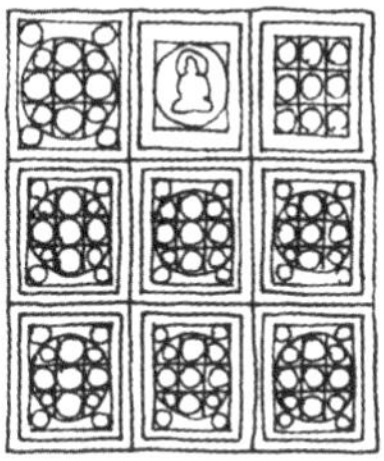

金剛界曼荼羅

曼荼羅是將球體佛界以平面來呈現。將佛界中所提到的「智」，也就是佛的作用（功能）進行圖解的，是金剛界曼荼羅，中心繪有大日如來

張開合掌的雙手後，每隻手心皆會出現大日如來。左手為胎藏界、右手為金剛界大日如來，結合兩手的大日如來，便會形成盧舍那如來（金胎不二）。藉由金剛界與胎藏界這兩個無法切割的世界，以二次元觀點呈現球體佛界

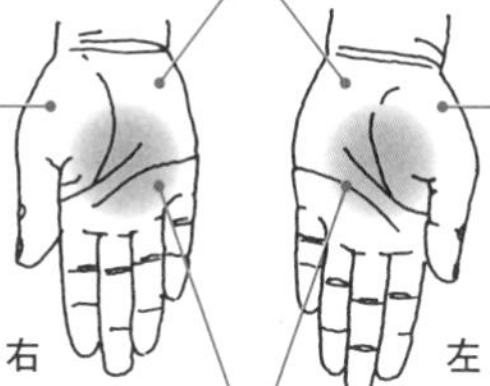

正如同左右手間存在的些微差異，兩界的大日如來也扮演著不同角色

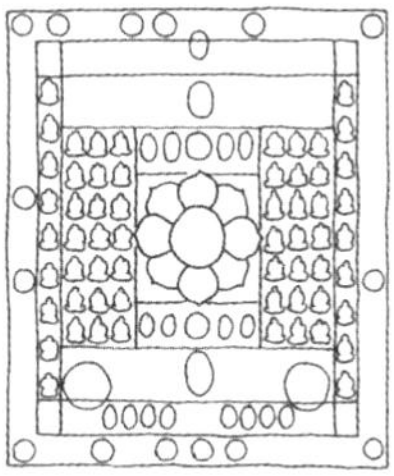

胎藏界曼荼羅

將佛界中所提到的「理」，也就是佛的形及位置進行圖解的，是胎藏界曼荼羅，而中心所繪製的當然還是大日如來

感受球體中心

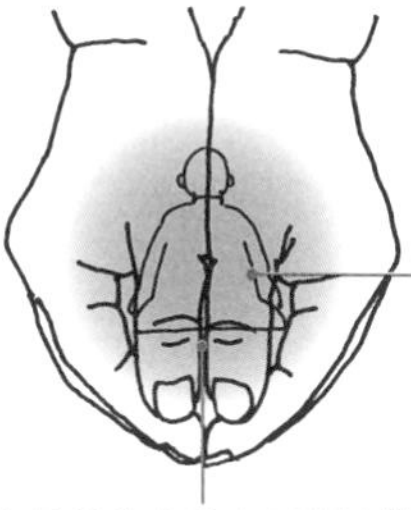

坐在被佛的右手（金剛界）與左手（胎藏界）包圍著的位置，感受身處於曼荼羅中心，如此一來將能與佛合而為一

室生寺灌頂堂的兩界曼荼羅以僧侶為中心相互對望。這是為了讓佛與僧侶能合而為一的格局配置

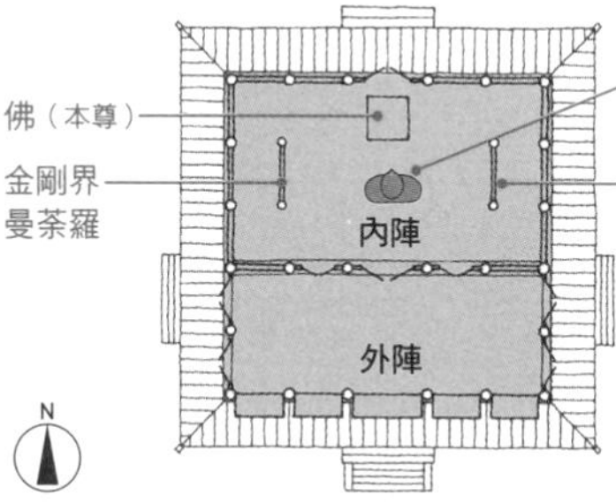

灌頂堂平面圖

MEMO：室生寺為真言宗寺院。灌頂堂（本堂、建於1308年）本尊・如意輪觀音坐像為平安中期的檜木作品，採一木造工法，像高78.7公分。與觀心寺、神咒寺（兵庫）的如意輪觀音像並稱為日本三如意輪

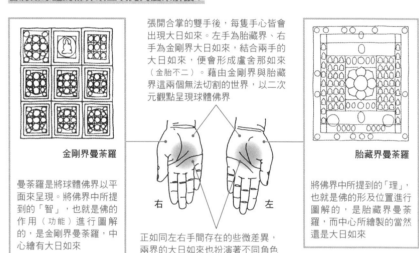

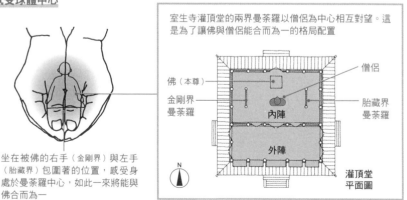

分組來看立體曼荼羅

立體曼荼羅／東寺 京都

東寺講堂安奉有名為「立體曼荼羅」的二十一尊佛像群※1。這些佛像看似複雜，但只要以配對方式來思考，就相對容易理解。

諸佛被安奉於寬度寬敞的須彌壇上，每尊佛像皆朝向正面，但唯獨中間的大日如來，以及分居兩側的不動明王與金剛波羅密多菩薩特別高大。這三尊皆為大日如來說法時的形象※2。若將此三尊佛像視為中尊，四周分別有其他佛像圍繞的話，那麼就能展現出五智如來、五大菩薩、五大明王的組合。此外，須彌壇周圍還安奉有天部，負責守護著佛※3。

大尊佛像是大日如來說法時的3種形象

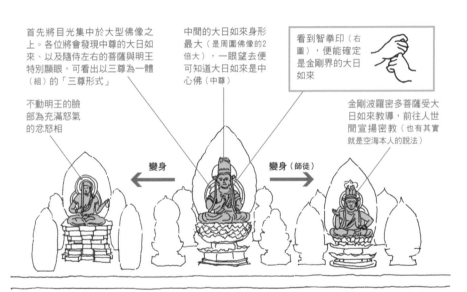

首先將目光集中於大型佛像之上。各位將會發現中尊的大日如來、以及隨侍左右的菩薩與明王特別顯眼，可看出以三尊為一體（組）的「三尊形式」

中間的大日如來身形最大（是周圍佛像的2倍大），一眼望去便可知道大日如來是中心佛（中尊）

看到智拳印（右圖），便能確定是金剛界的大日如來

不動明王的臉部為充滿怒氣的忿怒相

金剛波羅密多菩薩受大日如來教導，前往人世間宣揚密教（也有其實就是空海本人的說法）

不動明王	大日如來	金剛波羅密多菩薩
明王（佛）	如來（佛）	菩薩（界於人佛之間）
忿怒之姿	悟道之姿	修行之姿

大日如來為了對眾生說法，有時會化身「致力救贖眾人，滿懷慈悲的菩薩」之姿，有時則又以「面露忿怒相，救贖受慾望所苦之人的明王」形象現身（三輪身）

※1：密教以「曼荼羅」圖解佛教教義，而將教義以佛像的立體形式呈現，則稱為「立體曼荼羅」
※2：大日如來改變形象為世人說法的變化稱為「三輪身」
※3：天部（天）為古印度之神，進入佛教後就成為佛法的守護神

兩界曼荼羅即是根本

金剛界觀點—以組合型態來思考中間的諸佛

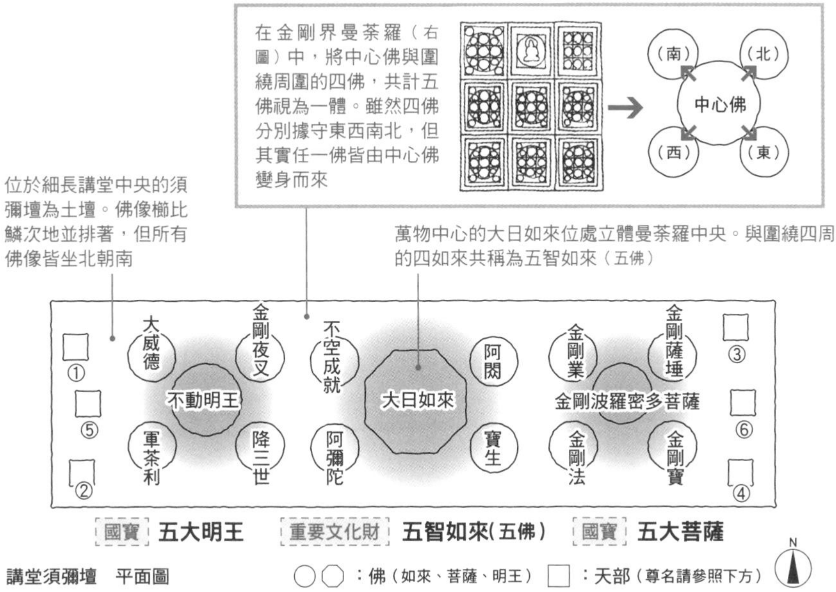
在金剛界曼荼羅（右圖）中，將中心佛與圍繞周圍的四佛，共計五佛視為一體。雖然四佛分別據守東西南北，但其實任一佛皆由中心佛變身而來
（南）
（北）
中心佛
（西）
（東）
位於細長講堂中央的須彌壇為土壇。佛像櫛比鱗次地並排著，但所有佛像皆坐北朝南
萬物中心的大日如來位處立體曼荼羅中央。與圍繞四周的四如來共稱為五智如來（五佛）
大威德
金剛夜叉
不動明王
軍荼利
降三世
不空成就
阿彌陀
大日如來
阿閦
寶生
金剛業
金剛薩埵
金剛波羅密多菩薩
金剛法
金剛寶
①
②
③
④
⑤
⑥
國寶 五大明王
重要文化財 五智如來(五佛)
國寶 五大菩薩
講堂須彌壇　平面圖
：佛（如來、菩薩、明王）
：天部（尊名請參照下方）
N

胎藏界觀點—守護四周的天部們

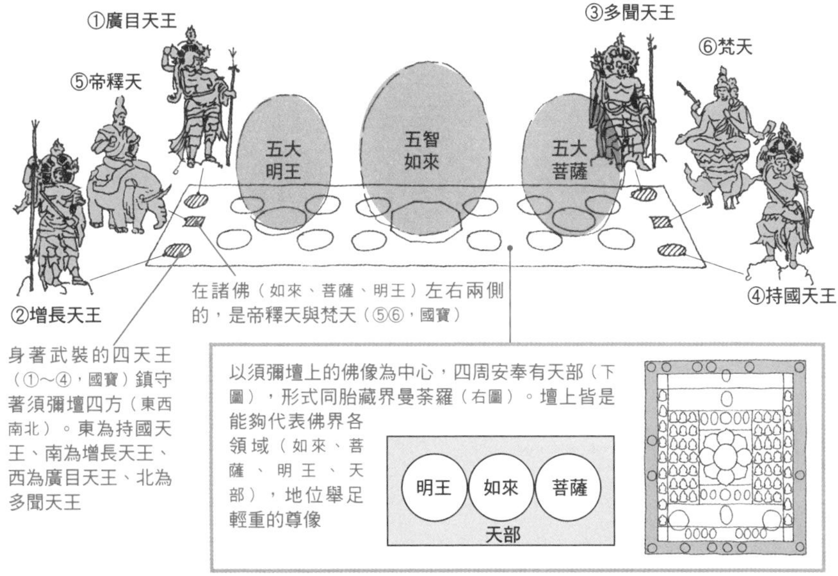
①廣目天王
⑤帝釋天
③多聞天王
⑥梵天
五大明王
五智如來
五大菩薩
②增長天王
④持國天王
在諸佛（如來、菩薩、明王）左右兩側的，是帝釋天與梵天（⑤⑥，國寶）
身著武裝的四天王（①～④，國寶）鎮守著須彌壇四方（東西南北）。東為持國天王、南為增長天王、西為廣目天王、北為多聞天王
以須彌壇上的佛像為中心，四周安奉有天部（下圖），形式同胎藏界曼荼羅（右圖）。壇上皆是能夠代表佛界各領域（如來、菩薩、明王、天部），地位舉足輕重的尊像
明王
如來
菩薩
天部

MEMO：東寺又稱為教王護國寺，為真言宗的總本山。講堂（重要文化財）內的立體曼荼羅出自真言宗創始者・空海之手，為平安時代的木造作品。其中，帝釋天半跏像更被認為是日本最帥的佛像，擁有著高人氣

第2章

菩薩，正在修行中

菩薩為尚未悟道之佛，在持續修行的過程中，也同時救濟眾生

觀世音菩薩

[變化觀音]
千手觀音／十一面觀音／不空羂索觀音／如意輪觀音／馬頭觀音等

居住在相傳存在於現世的普陀洛迦山（普陀淨土），是實現現世利益之佛。雖然會依救贖對象改變外觀，但基本形象為聖觀音

地藏王菩薩

釋迦牟尼入滅後到彌勒菩薩成為如來之前的這段無佛期間，將深受六道（地獄道、餓鬼道、畜生道、修羅道、人間道、天道）所苦眾生解救而出之佛。有時也扮演著阿彌陀如來或藥師如來的脇侍

文殊菩薩

居住在相傳存在於現世的五台山（五台山淨土），是負責掌管悟道所需的智慧之佛

彌勒菩薩

釋迦牟尼的弟子。約定要在釋迦入滅的56億7千萬年後，以如來之姿降臨現世。現在正於佛界中距離人間很近的淨土・兜率天修行

微笑之姿既是太子、也是觀音？

觀世音菩薩／法隆寺 奈良

為了緬懷聖德太子威德，高僧行信建立了法隆寺的東院伽藍※1，位於伽藍中央的建物即是「夢殿」。

在明治時期學者費諾羅薩（Fenollosa）打開夢殿門扉前，本尊的觀世音菩薩像※2可是歷經數百年皆未見天日的祕佛。由於佛像本身為聖德太子的等身像，因此也有一說認為，此乃太子自己的化身。夢殿更被視為祭祀太子之魂的靈廟。然而，將這般栩栩如生的佛像供大眾瞻仰實在令人不勝惶恐，因此哪天轉為祕佛似乎也不足為奇。

充滿死亡意象的觀音像

光背呈寶珠形狀。寶珠的原型為收藏佛舍利的佛塔（stupa），也就是墳墓。佛像更暗示著太子的墓碑
觀音像雙手手持帶有火焰的寶珠壺，實在少見。寶珠壺為存放佛舍利的容器，因此也可說是小型的佛塔
長年被白布捆繞，呈現如「木乃伊」密封狀態的觀世音像，至今仍不失其黃金光彩
此尊立像的五官表情及身高被認為與西院伽藍金堂的釋迦如來像（18頁）極為相似，兩尊佛像皆被認為是以聖德太子為參考範本

國寶 觀世音菩薩立像

※1：法隆寺是由7世紀時聖德太子建立的「西院伽藍」，以及太子死後於奈良時代建成的「東院伽藍」所組成
※2：此像又以救世觀音之名為人所熟知，救世觀音是聖觀音的別名。觀世音菩薩基本上可區分為原型的聖觀音以及千手觀音等變化觀音

夢殿為供養太子之魂的靈廟

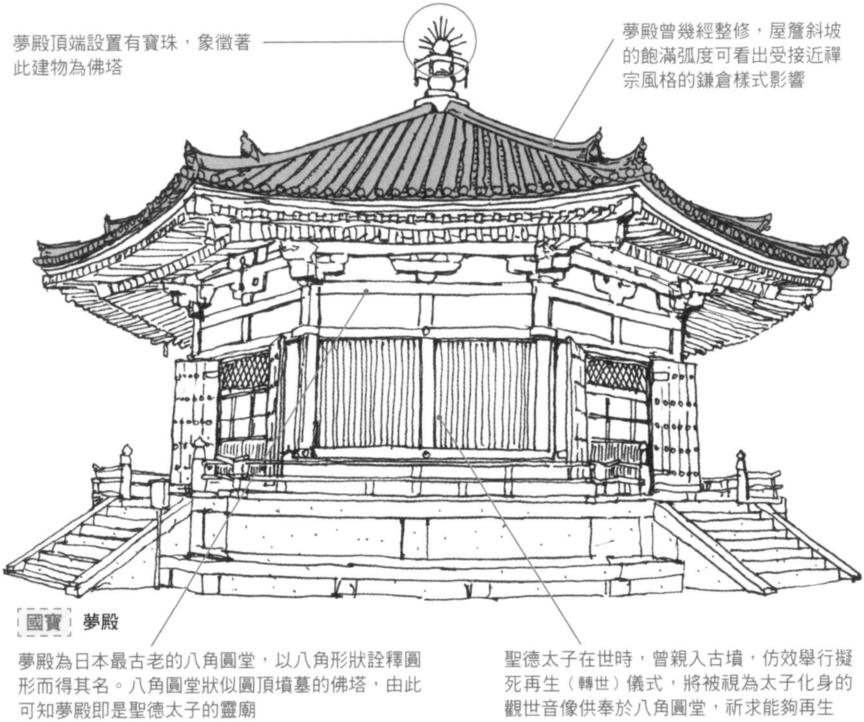
夢殿頂端設置有寶珠，象徵著此建物為佛塔
夢殿曾幾經整修，屋簷斜坡的飽滿弧度可看出受接近禪宗風格的鎌倉樣式影響
國寶 夢殿
夢殿為日本最古老的八角圓堂，以八角形狀詮釋圓形而得其名。八角圓堂狀似圓頂墳墓的佛塔，由此可知夢殿即是聖德太子的靈廟
聖德太子在世時，曾親入古墳，仿效舉行擬死再生（轉世）儀式，將被視為太子化身的觀世音像供奉於八角圓堂，祈求能夠再生

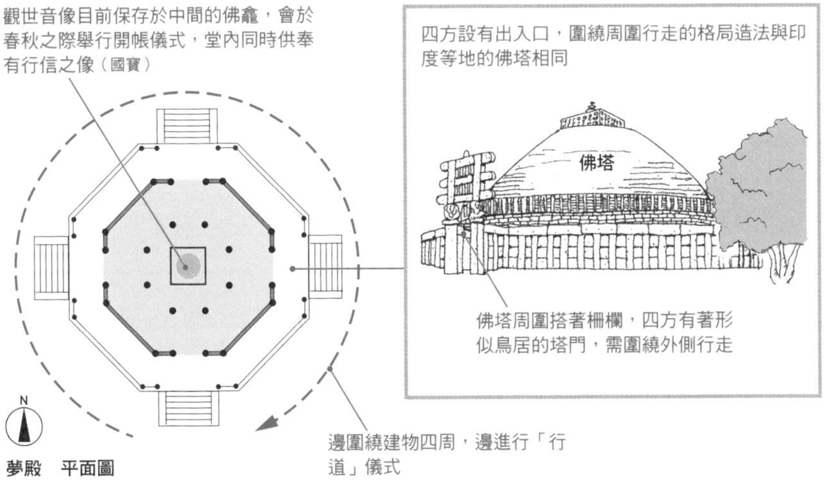
觀世音像目前保存於中間的佛龕，會於春秋之際舉行開帳儀式，堂內同時供奉有行信之像（國寶）
四方設有出入口，圍繞周圍行走的格局造法與印度等地的佛塔相同
佛塔
佛塔周圍搭著柵欄，四方有著形似鳥居的塔門，需圍繞外側行走
N
邊圍繞建物四周，邊進行「行道」儀式
夢殿　平面圖

MEMO：法隆寺為聖德宗總本山。夢殿本尊・觀世音菩薩立像（救世觀音）乃7世紀的樟木作品，採一木造工法，像高179.9公分，為飛鳥時代的左右對稱樣式

存在於鉈雕痕跡中的經文

觀世音菩薩／天台寺 岩手

代表著陸奧地區的佛像，桂泉觀音（聖觀音立像）有著「鉈雕佛」的別稱。它並非以揮動鑿子方式雕成，而是用圓鑿細心地加工，因此表面留有非常顯眼的波浪雕紋※1。

據寺傳記載，此觀世音像乃出自僧侶行基※2之手。相傳行基從一座名為八葉山的山脈採伐了巨大的連香樹木塊，每雕一刀就會行三拜，讓依附有當地神祇的靈樹轉變為佛。

東北地區存在著以樹果為糧食，歷史相當悠久的繩文文化，因此桂泉觀音帶有東北人「對樹木的尊敬之情」。

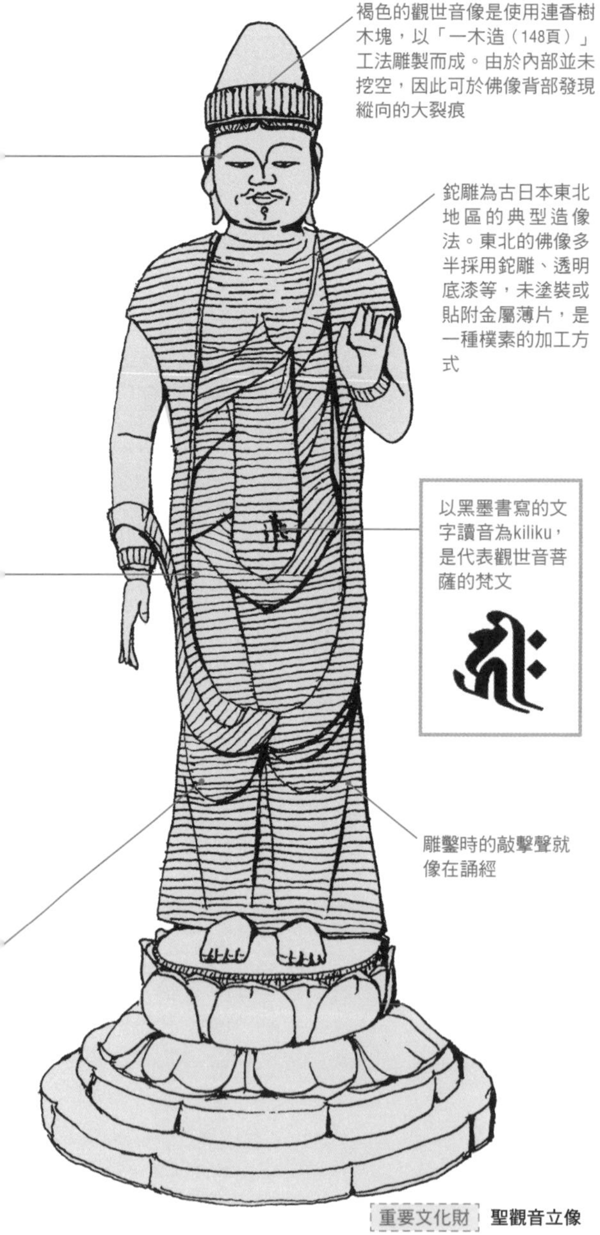
褐色的觀世音像是使用連香樹木塊，以「一木造（148頁）」工法雕製而成。由於內部並未挖空，因此可於佛像背部發現縱向的大裂痕
鉈雕為古日本東北地區的典型造像法。東北的佛像多半採用鉈雕、透明底漆等，未塗裝或貼附金屬薄片，是一種樸素的加工方式
以黑墨書寫的文字讀音為kiliku，是代表觀世音菩薩的梵文
雕鑿時的敲擊聲就像在誦經

重要文化財 聖觀音立像

※1：雕製時，於表面留下圓鑿痕跡的佛像稱為鉈雕佛
※2：行基（668～749年）為奈良時代的日本僧侶，同時以奈良大佛建造工程的負責人之名為世人所熟知

桂泉觀音之名的由來

參道入口處聳立著2顆巨木。清水會從連香樹樹根源源不絕地湧出（桂清水），因此人稱桂泉觀音

天台寺的參道上保留有神佛習合時所留下的鳥居及狛犬。別懷疑，天台寺百分之百是間「寺院」，各位不妨悠閒地登上參道。在盡頭即可看見仁王門及本堂（觀音堂）

天台寺所在之山自古即是聖地，時間演變後，佛教取代了既有的原生宗教

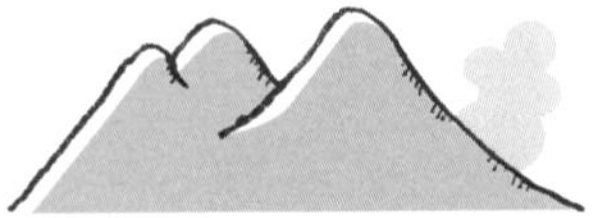

①能給予水及食物，但偶爾也會帶來災害的山成了信仰對象

②山中的巨木被認為是有神明寄宿的神木、靈木，因而受到相當的崇拜

③將木頭刻成佛像，神以佛之姿現形，桂泉觀音便是在這種形式下誕生的佛像

波浪狀雕紋代表著什麼？

未雕刻細節，而是改以墨描繪（紅色部分）

波浪狀雕紋除了呈現靈木的細小波紋，更展現出觀世音改變形象的瞬間（化現）

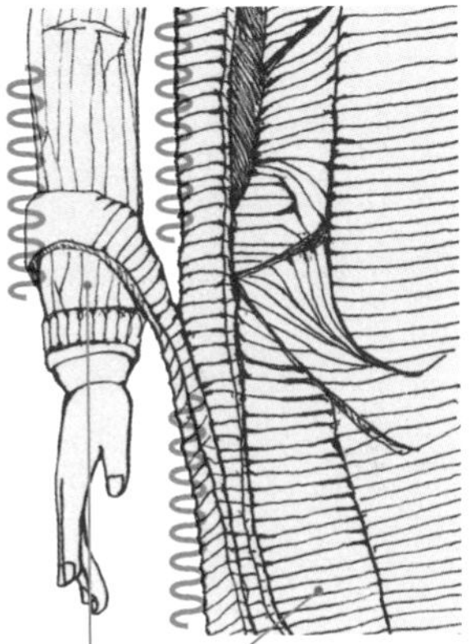

衣服及手臂分別留有極淺的圓鑿及平鑿痕跡

與木紋相反的橫向波紋猶如以視覺化表現呈現誦經時的節奏

MEMO：天台寺為天台宗寺院，人稱桂泉觀音的聖觀音立像為10世紀末～11世紀初，平安時代的連香木作品，採一木造工法，像高116.5公分。此外，天台寺本尊為十一面觀音（重要文化財），兩尊佛像皆被放置於收藏庫中

在千佛間飽覽佛師們的競演

千手觀音／三十三間堂 京都

累積行善，往生時將能前往極樂世界的思想在平安時代後期廣為流傳，當時的日本也開始建造許多寺院及佛像，三十三間堂便是那眾多寺院之一。廣闊的堂內擺滿一千零一尊千手觀音像，參觀者無不大感震撼。

千手觀音像除了本尊的丈六坐像外，還包含了安奉於本尊兩側的千尊等身立像。由於創建之初的作品與鎌倉時代重建時的作品相混※1，從中可看出時代差異。另一方面，鎌倉時代更是佛像雕刻的興盛時期，慶派、圓派、院派等門派的佛師極為活躍，三十三間堂便成了能一次飽覽各派佛像風情的最佳場所。

數字33背後的含意

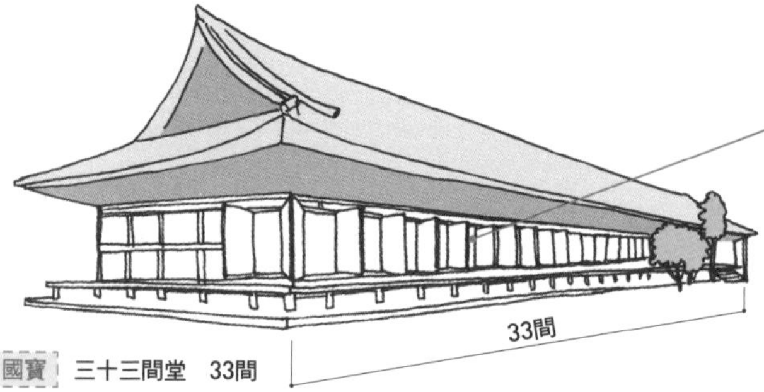
33間
格局呈南北狹長的本堂內陣共計33個柱間範圍（33間），因此稱為三十三間堂。相傳觀世音菩薩會變化成三十三身，解救眾生，因此為數字33

國寶 三十三間堂 33間

堂內供奉的一千零一尊千手觀音能變化三十三身，因此存在有三萬三千三十三尊佛，意指參拜三十三間堂後，將能獲得無限的救贖
千手觀音其實只有42隻手，會名為千手，是因為除了合掌的雙手外，剩餘40隻的每隻手都能解決25個煩惱，「40×25=1000」，因此人稱千手觀音※2
由運慶之子・湛慶所重建的中尊身軀滿是慶派特徵，極具分量且威勢十足。衣紋起伏充滿動感，厚沉有張力的容貌及溫和神情是湛慶作品常見的風格

國寶 千手觀音坐像

※1：創建於1165年的三十三間堂在1249年遭遇祝融，導致建物及大部分的佛像損毀，並於1266年重建

※2：千手觀音多為十一面四十二臂像。相傳千手觀音分掌過去、現在、未來的利益，而42手觀世音負責實現現在的利益

找尋時代及佛師間的差異

在鎌倉時代初期的復興時期，以大佛師・湛慶一族的慶派為首，許多佛師們開始投入千手觀音立像的造像活動。或許是為了與從火災中救出，平安時代後期的創建佛（又稱長寬佛）融合，整體風格溫和

可從佛耳旁有無捲毛區分時代

平安時代　鎌倉時代

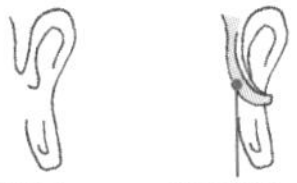

無捲毛（仍有例外）　有捲毛

雖然正好落在手的擺放位置，不是那麼容易觀察，但有無配戴石帶※也可用來區分時代

平安時代　鎌倉時代

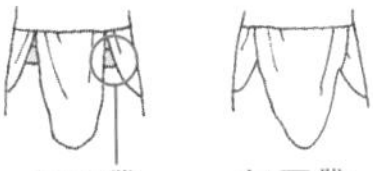

有石帶　無石帶

※譯註：穿著束帶時，繫於腰際的皮革腰帶

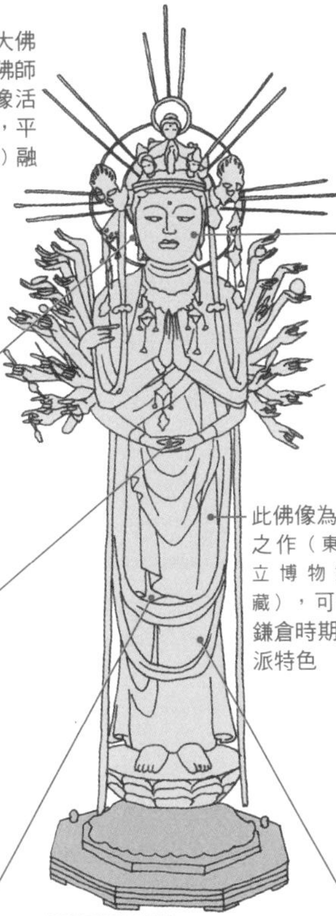

此佛像為湛慶之作（東京國立博物館館藏），可看見鎌倉時期的慶派特色

重要文化財　千手觀音立像

由於佛像的外型及大小相似，因此透過觀察臉部，將較容易區分出佛師的風格

平安時期

面容穩重且富含品德，五官尺寸較大

鎌倉時期

慶派佛像為大臉搭配有彈性的雙頰，整體充滿肉感

院派佛像為細長小臉，雙頰有彈力

圓派佛像風格與院派類似，雖然呈現小臉，但較為豐腴

衣紋除了能夠用來分辨時代外，還可區分復興佛的系統。創建之初，長寬佛表面的衣紋多半呈左右對稱。復興佛中，慶派的雕刻力道較深，充滿變化的衣紋紋路為佛像身軀賦予動感，而院派、圓派佛像的雕刻力道則較淺

從身軀也可看出差異。長寬佛的肩寬較寬，帶圓弧感。復興佛中，慶派的肩寬較寬，且整體分量十足，但院派及圓派的佛像身形就相對纖細

column

佛師系譜

著手製作平等院鳳凰堂（32頁）內的阿彌陀如來像，奠定「和式佛像」風格的，是平安時代中期的佛師定朝。始於定朝的佛師系譜可分為京都佛所（雕刻佛像之處）的院派、圓派，以及奈良佛所的慶派三大勢力。慶派風格寫實充滿力道，也曾於鎌倉製作佛像。圓派則是在定朝風格的基礎上增添柔而有力的表現。而院派致力發揚定朝的既有風格，作法相對保守。

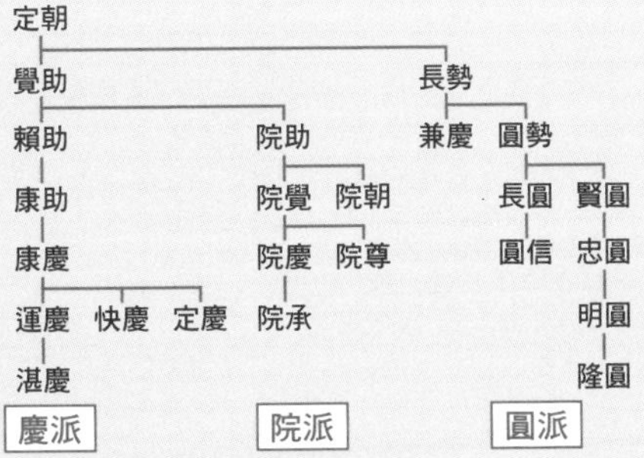

MEMO：三十三間堂為天台宗寺院，是蓮華王院本堂的俗稱。本尊・千手觀音坐像為湛慶之作，採寄木造工法，像高約335公分。千手觀音立像中，出自湛慶、院承及隆圓之手的三尊佛像寄存於東京國立博物館，另有2尊湛慶之作分別寄存於奈良國立博物館與京都國立博物館

救贖戰死之人的淡海觀世音

十一面觀音／向源寺 滋賀

在歷經壬申之亂※1、戰國時期的織田與淺井之爭等戰事，琵琶湖周遭區域自古便是紛爭不斷之處，也因此出現許多因戰事身亡之人。其中，無法獲得安葬的亡者很有可能就這樣直接被投入琵琶湖內。各位在造訪琵琶湖時，或許會察覺到湖附近有許多十一面觀音。十一面觀音是在地獄等六個世界（六道）解救眾生的六觀音之一※2，同時也是修羅道※3的救濟者。琵琶湖附近會供奉如此大量的十一面觀音，或許都是為了解救抵達修羅道的戰死者，並淨化因戰爭導致湖水污穢的琵琶湖。

最美的國寶，十一面觀音

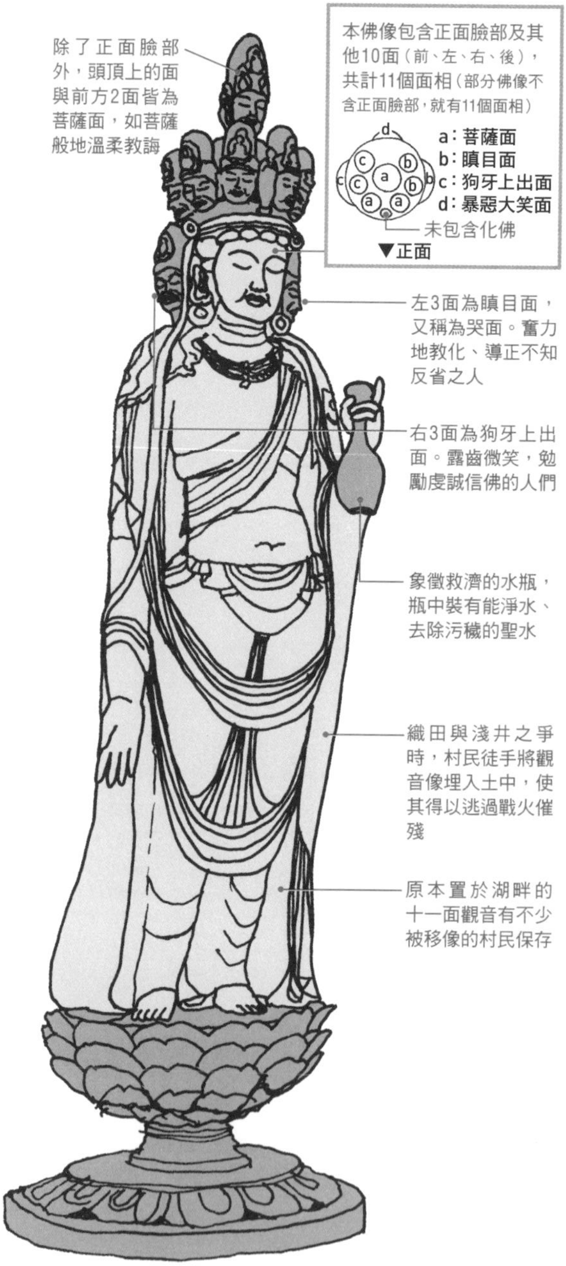
除了正面臉部外，頭頂上的面與前方2面皆為菩薩面，如菩薩般地溫柔教誨
本佛像包含正面臉部及其他10面（前、左、右、後），共計11個面相（部分佛像不含正面臉部，就有11個面相）
a：菩薩面
b：瞋目面
c：狗牙上出面
d：暴惡大笑面
未包含化佛
▼正面
左3面為瞋目面，又稱為哭面。奮力地教化、導正不知反省之人
右3面為狗牙上出面。露齒微笑，勉勵虔誠信佛的人們
象徵救濟的水瓶，瓶中裝有能淨水、去除污穢的聖水
織田與淺井之爭時，村民徒手將觀音像埋入土中，使其得以逃過戰火摧殘
原本置於湖畔的十一面觀音有不少被移像的村民保存

國寶 十一面觀音立像

※1：天智天皇死後的皇位繼承爭奪戰（672年）　※2：六觀音是指眾生輪迴「六道」時，位於地獄道、餓鬼道、畜生道、修羅道、人間道、天道的觀世音，分別為聖觀音、千手觀音、馬頭觀音、十一面觀音、準提觀音（或不空羂索觀音）及如意輪觀音　※3：修羅道係指紛擾不斷的世界

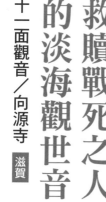

供奉於戰場上的諸佛

紛擾未曾停歇的琵琶湖

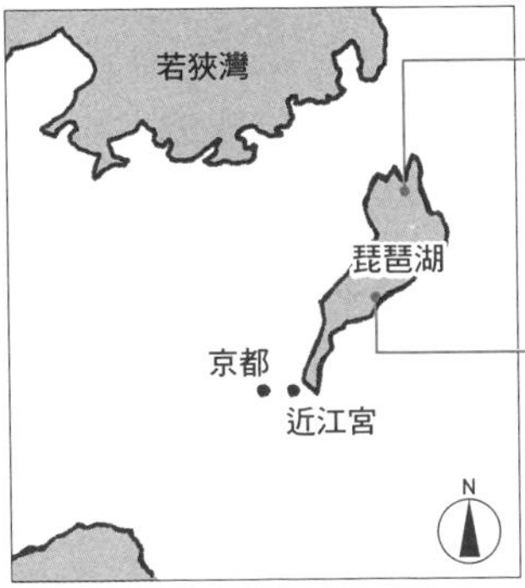
若狹灣
琵琶湖
京都
近江宮
N
琵琶湖鄰近都城，為交通及運輸要塞，因此琵琶湖周邊自古便紛爭不斷
琵琶湖為都城的重要水源，同時也是鬼門所在。避免琵琶湖水受戰爭紛擾玷汙更是重要

（向源寺）
琵琶湖
湖畔供奉著許多十一面觀音（地圖中●記號處），藉以祭奠戰死之人，讓污穢的湖水得以變清澈
十一面觀音除了可以說是修羅道的救濟者外，也是主宰水的菩薩

想盡快解救戰死者的形象

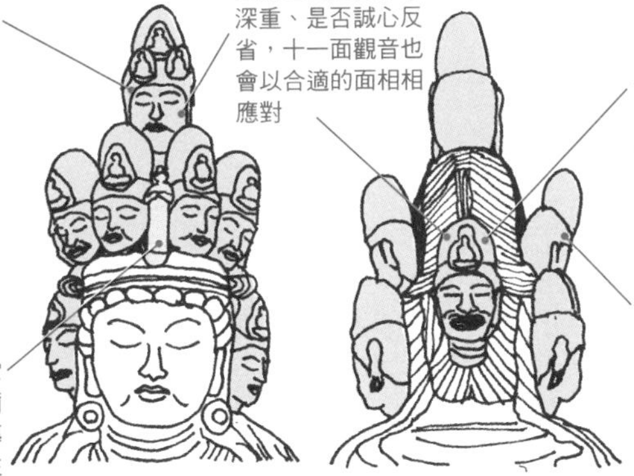
戰爭時，會出現許多戰死者。十一面觀音想盡辦法，希望能夠盡快解救各方尋求救濟之人。因此會以11個面相確認所有方位，迅速找出應被救濟者
因應亡者是否罪孽深重、是否誠心反省，十一面觀音也會以合適的面相相應對
背面的面相稱為暴惡大笑面，能以大笑吹散煩惱與邪惡
正面的化佛為阿彌陀如來。觀世音為阿彌陀如來的脇侍，引導身處修羅道之人前往極樂世界
十一面觀音佛頭的面相上方 分別有著身軀，全部乍看似乎只有一尊，但其實存在著十一尊的佛力，對於出現許多亡者的戰場而言，十一面觀音有足夠的能力展開救濟

手臂長如釋迦牟尼（三十二相，44頁），或許這樣才能一伸手，就立刻解救身在遠方的亡者
右腳向前踏出一步，就像是馬上就要前往眾生身邊救援一樣

MEMO：向源寺（真宗）的十一面觀音立像為平安時代的木造作品，目前存放於慈雲閣（收藏庫）。此外，本堂另安奉有本尊・木造阿彌陀如來坐像

在若狹淨化奈良之水的菩薩

十一面觀音／羽賀寺

福井

在福井縣西部的若狹地區有著許多的十一面觀音。觀察其分布後可以發現，十一面觀音多被供奉於海岸或河川沿岸的水邊。這究竟是為什麼？解開謎團的關鍵在於若狹與奈良的地理位置。面向日本海的若狹幾乎位處奈良的正北方，自古便是將中國文化帶入都城的入口。另一方面，若狹的水路也被認為與奈良相通。東大寺舉行「汲水節※1」時，供奉於佛前的聖水便有可能是從若狹送來的水。

十一面觀音手持水瓶，為主宰水的菩薩。若狹的十一面觀音今日仍佇立水邊，持續淨化著通往南方之水。

淨水的十一面觀音

若狹這個地名中，帶有「若水※」的含意。由於若狹為聖水的水源之處，因此這裡供奉著許多的十一面觀音（地圖中●記號處）

※譯註：元旦早晨汲取之水，相傳可驅邪

在若狹，十一面觀音分別被安奉於海岸或河川沿岸，相傳聖水便是由此輸送至奈良

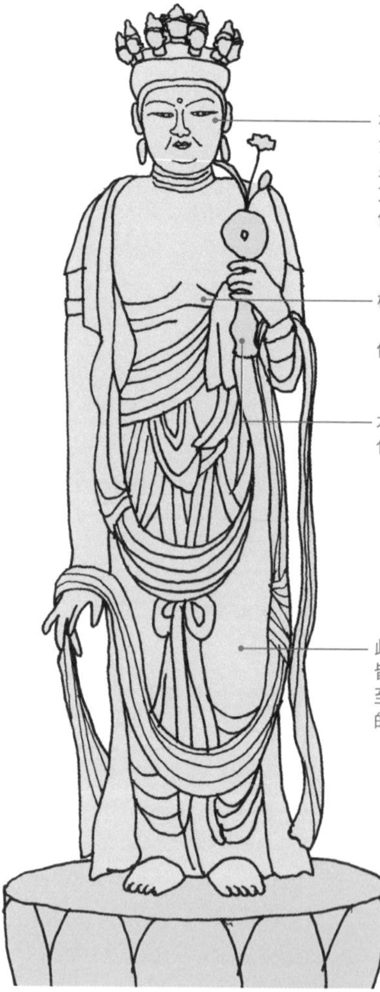

相傳此立像酷似女帝・元正天皇，是尊充滿溫文優雅氣質的佛像

檜木的一木造（148頁）佛像，像高146公分

水瓶裝有具備淨化功用的聖水

此立像長久以來皆為祕佛，因此至今仍保有當年的色彩

重要文化財　十一面觀音立像

※1：東大寺二月堂的修二會儀式之一，從境內一座名為若狹的井取出井水，貢獻給本尊。負責修二會儀式的僧侶們為了照亮廊道，會手持燃燒的火炬（日文為「松明（たいまつ）」），因此又有「御松明」之稱

※2：下根來八幡宮的「山八神事」是送水儀式的第一站

若狹與奈良的深遠關係

其中存在相互暗示之物

若狹位處日本歷代都城的奈良與京都之北

若狹不僅是負責向天皇家族進貢食材的「御食國」，更是將中國文化帶入都城的重要入口

五行思想（89頁）中，北代表「水」，南代表「火」

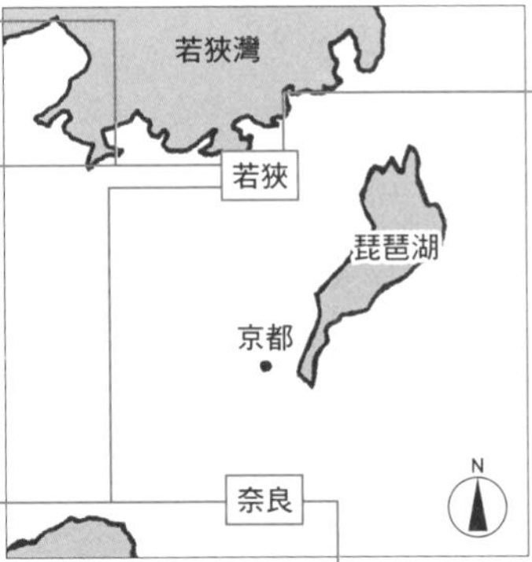
若狹灣
若狹
琵琶湖
京都
奈良
N

下根來八幡宮

位於鵜之瀨上游，同時也是聖水出發處的下根來八幡宮，相傳是為了鎮護東大寺而建立※2

東大寺二月堂周圍的遠敷神社、興成神社（鵜之宮）及若狹井皆供奉著若狹的神祇

二月堂（國寶）的本尊雖然也是十一面觀音，但卻是完全未公開的祕佛，因此任誰也無法知道佛像樣貌

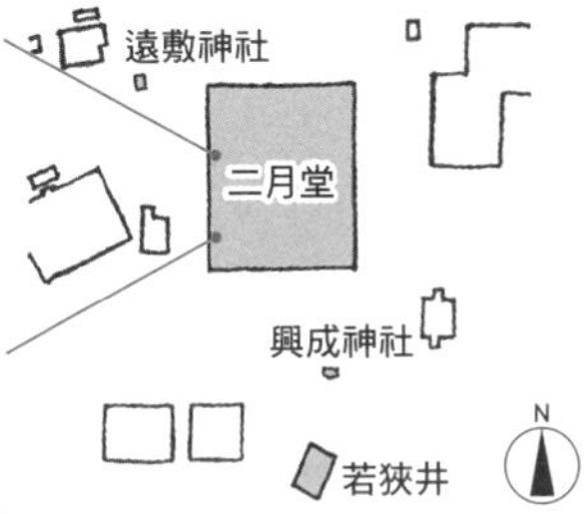
遠敷神社
二月堂
興成神社
若狹井
N

若狹井的屋簷供奉著鸕鶿（鵜）

鸕鶿代表黑。五行中，黑又象徵著北方

以水與火祈求豐收

若狹的送水儀式

從若狹將水「送出」的儀式

遠敷川

每年3月2日，會在若狹的「鵜之瀨」將聖水倒入遠敷川中，相傳聖水會從地底以十天左右的時間流抵奈良

奈良的汲水儀式

於奈良將水「汲起」的儀式。過程中會使用到水與火，祈求五穀豐收。北方（若狹）之水象徵雨水，南方（奈良）之火則象徵太陽

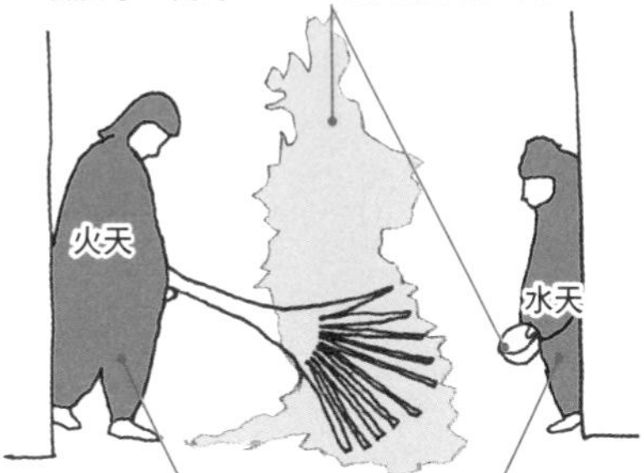
火天
水天

名為達陀的儀式。「火天」會揮舞火炬，「水天」會潑灑水（在若狹也會舉行）

MEMO：羽賀寺為高野山真言宗寺院。本尊・十一面觀音立像為平安時代的木造作品，像高146公分，安奉於本堂（重要文化財）內。由於羽賀寺是受元正天皇聖旨之命所建的佛寺，因此一般認為佛像結合了天皇的尊容

坐落於樹海的廣闊觀音淨土

十一面觀音／長谷寺 奈良

長谷寺位於三面環山的山谷中，伽藍※1就坐落在廣闊的山腰。穿越仁王門，登爬了399層階梯的登廊後，首先映入眼簾的，會是本堂前方的外舞台。其所散發出的魅力，可是會讓你不自覺地步趨上前。站上外舞台後，廣闊的樹海風情排山倒海而來。目光的盡頭，就是位於遙遠南方的觀音淨土。外舞台可說是感受強大佛力及淨土的重要存在。

本尊的十一面觀音像高超過10公尺，身形之巨大，彷彿展現出觀世音菩薩的強大佛力。此尊佛像除了手持水瓶外，另外也持有地藏王菩薩的錫杖，因此特別被稱為長谷式觀音。

背負重任的大舞台

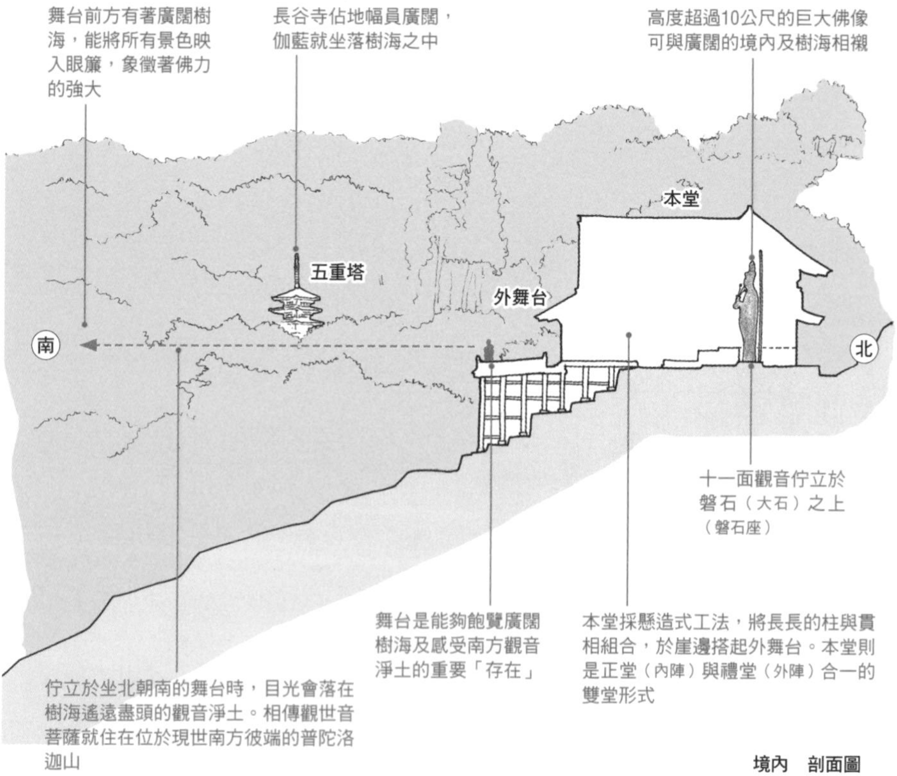

舞台前方有著廣闊樹海，能將所有景色映入眼簾，象徵著佛力的強大
長谷寺佔地幅員廣闊，伽藍就坐落樹海之中
高度超過10公尺的巨大佛像可與廣闊的境內及樹海相襯
本堂
五重塔
外舞台
南
北
十一面觀音佇立於磐石（大石）之上（磐石座）
舞台是能夠飽覽廣闊樹海及感受南方觀音淨土的重要「存在」
本堂採懸造式工法，將長長的柱與貫相組合，於崖邊搭起外舞台。本堂則是正堂（內陣）與禮堂（外陣）合一的雙堂形式
佇立於坐北朝南的舞台時，目光會落在樹海遙遠盡頭的觀音淨土。相傳觀世音菩薩就住在位於現世南方彼端的普陀洛迦山

境內　剖面圖

※1：堂與塔等寺院建物
※2：十一面觀音專門救濟落入修羅道的亡者（76頁）

觀世音與地藏王合而為一的巨大菩薩像

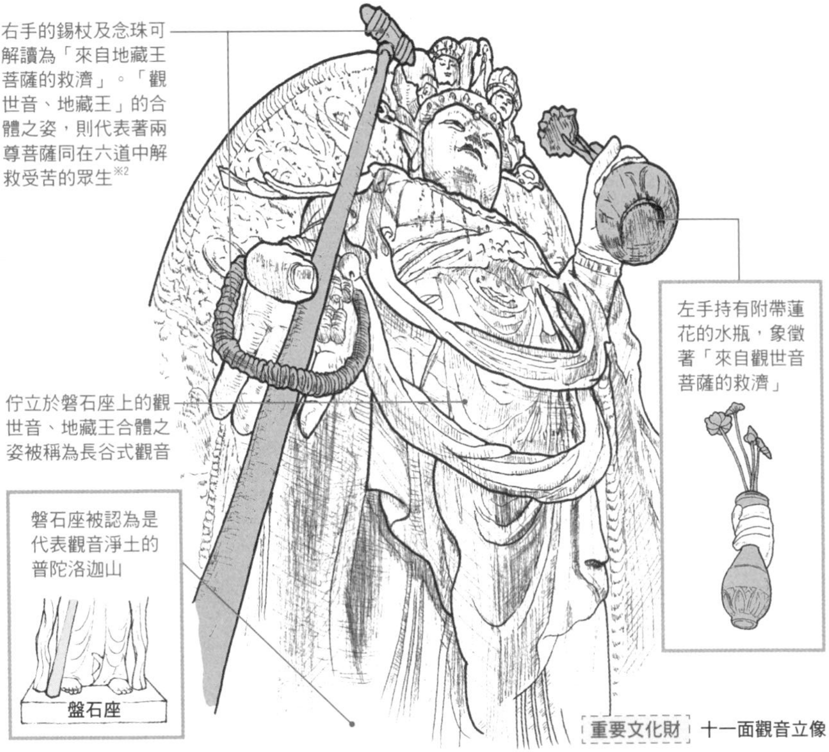
右手的錫杖及念珠可解讀為「來自地藏王菩薩的救濟」。「觀世音、地藏王」的合體之姿，則代表著兩尊菩薩同在六道中解救受苦的眾生※2
佇立於磐石座上的觀世音、地藏王合體之姿被稱為長谷式觀音
磐石座被認為是代表觀音淨土的普陀洛迦山
盤石座
左手持有附帶蓮花的水瓶，象徵著「來自觀世音菩薩的救濟」
重要文化財
十一面觀音立像

出現於十一面觀音中的阿彌陀佛

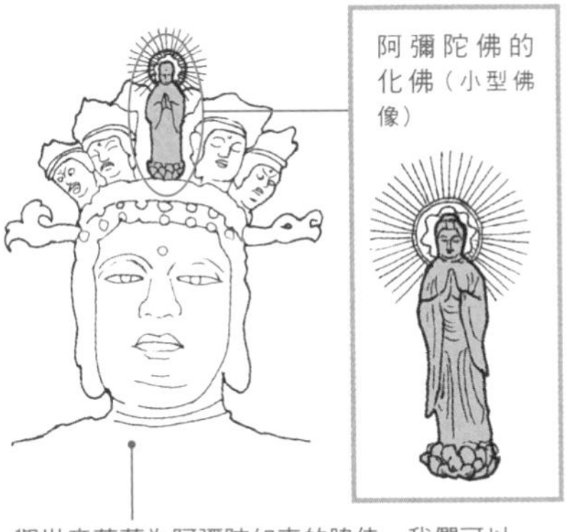
阿彌陀佛的化佛（小型佛像）

觀世音菩薩為阿彌陀如來的脇侍。我們可以從十一面觀音頭上除了有多個面相外，也有著阿彌陀佛的化佛，來得知這點

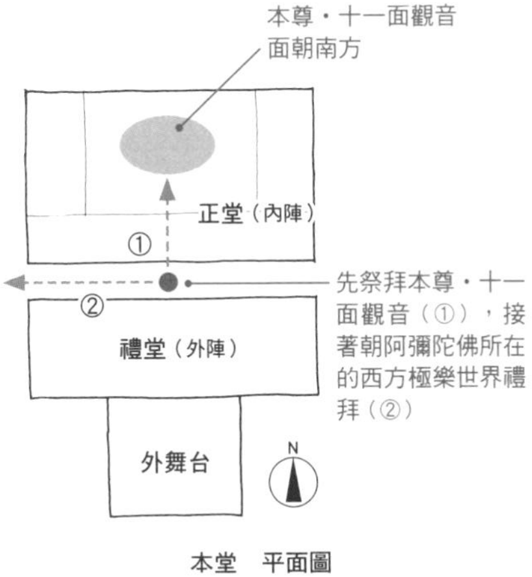
本尊・十一面觀音面朝南方
正堂（內陣）
①
②
禮堂（外陣）
外舞台
N
先祭拜本尊・十一面觀音（①），接著朝阿彌陀佛所在的西方極樂世界禮拜（②）

本堂　平面圖

MEMO：長谷寺為真言宗豐山派的總本山，現存的十一面觀音立像為室町時代的木造作品，安奉於被列為國寶的本堂之內

隱藏於觀音像內的聖武天皇心願

不空羂索觀音／東大寺 奈良

東大寺為聖武天皇發願興建的寺院。坐落於境內一隅的法華堂，其中的佛像更是滿載聖武天皇的心願。

其一為「死後前往佛界」。身著華麗寶冠、鹿皮衣裳的本尊不空羂索觀音佇立於八角形的須彌壇上，彷彿天皇本身成為仙人後，準備前往觀世音菩薩所在的普陀洛迦山。另一心願為「調伏朝敵[※1]（譯註：制伏與天皇及朝廷對抗之敵）」。

整個組合猶如特殊編排的團隊，觀世音左右有日光、月光菩薩隨侍於側，後方則有執金剛神，這樣的搭配可說是相當少見[※2]。

結合不空羂索觀音特徵的心願

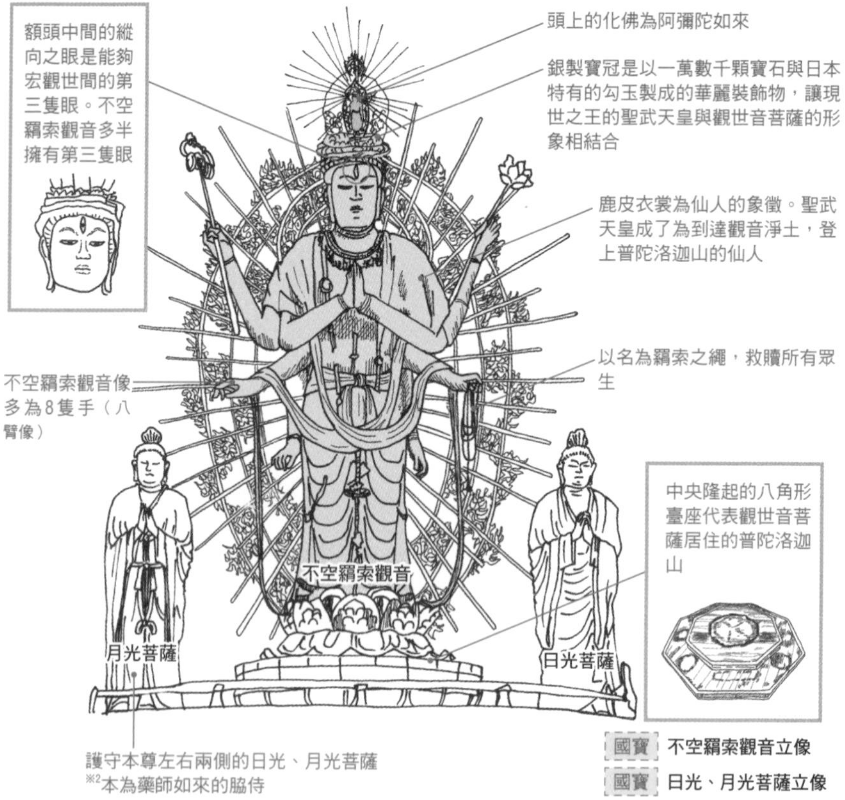
額頭中間的縱向之眼是能夠宏觀世間的第三隻眼。不空羂索觀音多半擁有第三隻眼
頭上的化佛為阿彌陀如來
銀製寶冠是以一萬數千顆寶石與日本特有的勾玉製成的華麗裝飾物，讓現世之王的聖武天皇與觀世音菩薩的形象相結合
鹿皮衣裳為仙人的象徵。聖武天皇成了為到達觀音淨土，登上普陀洛迦山的仙人
以名為羂索之繩，救贖所有眾生
不空羂索觀音像多為8隻手（八臂像）
不空羂索觀音
月光菩薩
日光菩薩
中央隆起的八角形臺座代表觀世音菩薩居住的普陀洛迦山
護守本尊左右兩側的日光、月光菩薩
※2本為藥師如來的脇侍
國寶 不空羂索觀音立像
國寶 日光、月光菩薩立像

※1：調伏意指以佛力制伏敵人　※2：日光、月光菩薩立像目前存放於東大寺博物館。根據開挖調查報告，放置有觀世音菩薩、日光月光兩菩薩，以及執金剛神立像的雙重八角須彌壇之上，其實還發現另外4個臺座痕跡，研判應是戒壇堂（120頁）的四天王像　※3：筆者的個人解讀

面對朝敵的諸佛

戰鬥的執金剛神

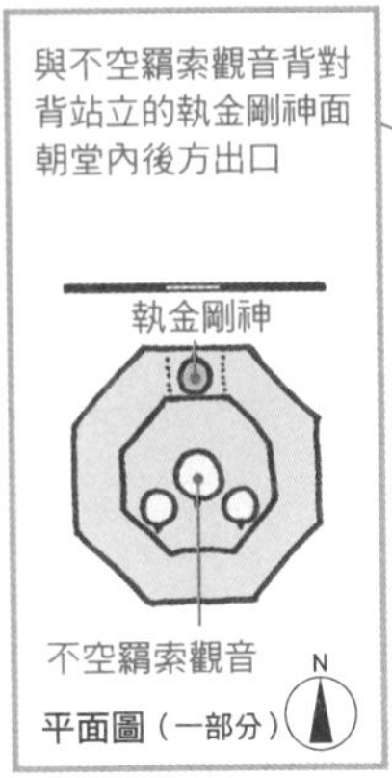
與不空羂索觀音背對背站立的執金剛神面朝堂內後方出口
執金剛神
不空羂索觀音
平面圖（一部分）
N

當發生叛亂時，執金剛神會從後方的出口現身，與潛伏於法華堂後側土堤的鬼神一同迎戰朝敵
揮舞著金剛杵（古印度的武器），威嚇對手
執金剛神被安奉於佛龕內，是尊祕佛

國寶 執金剛神立像

佛釋放的金銀光芒能量※3

銀光：阿彌陀佛＋月光菩薩
金光：觀世音菩薩＋日光菩薩
阿彌陀佛的化佛為銀製品，當朝敵現身時，便會射出銀光，展現能量
放射狀的銀光從化佛的銀色光背中射出
金光閃耀的鍍金觀世音像，以光芒能量傳遞調伏意念
金色的光背本體向四面八方射出金光（光背原先的位置正好以合掌為中心，但現在比左圖的位置還要低）
月光菩薩負責協助銀光的釋放
日光菩薩負責協助金光的釋放
月光菩薩
不空羂索觀音
日光菩薩

MEMO：除了此處介紹的佛像外，法華堂還安奉有許多其他的佛像。不空羂索觀音立像為奈良時代之作，採脫活乾漆造。執金剛神為同為奈良時代之作，採塑造工法，此像更被認為是東大寺的開山之祖・良弁的念持佛（譯註：安奉於私室或隨身攜帶之佛像）

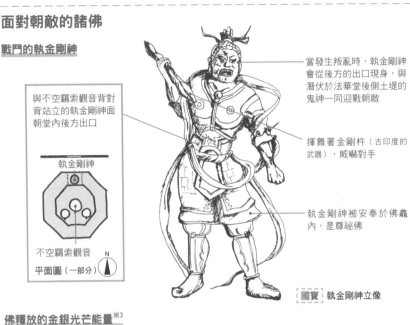

從細節也可看出的佛心

如意輪觀音／觀心寺 大阪

如意輪觀音手中所持的寶珠※1便能證明，如同字面之義，如意輪觀音是能實現「心裡所想」願望之佛。透過觀察每尊佛像手持物品及腳的擺放姿勢，其實我們就能知道該尊佛所擁有的法力及性格。

如意輪觀音佛像多半為擁有6隻手的六臂像※2。仔細端詳每隻手後，便會發現6隻手分別代表著在六道解救受苦者的六觀音※3。另一方面，若以左右為一對的方式觀察，又可察覺如意輪觀音既有的身分。

展現於每隻手的六觀音之心

以佛力強大的右手救濟下位道（地獄道、餓鬼道、畜生道）。左手則是救濟上位道（修羅道、人道、天道）
右側第一隻手為聖觀音，是極富思維之手，負責救濟「地獄道」
右側第二隻手為千手觀音，寶珠散發出的財寶能量，能夠壓制欲望強烈的「餓鬼道」
右側第三隻手為馬頭觀音，以智慧的念珠，解救因惡行落入「畜生道」的亡者
左側第三隻手為如意輪觀音，以法輪在「天道」粉碎沉溺享樂的意念
左側第二隻手為準提觀音，以蓮花淨化在「人道」遭慾望薰心的眾生
左側第一隻手為十一面觀音，手放置於觀世音菩薩所在的普陀洛迦山，壓制「修羅道」的忿怒
臺座代表著觀音淨土的普陀洛迦山

國寶 如意輪觀音坐像

※1：「寶珠」意指能實現願望的玉石　※2：在尚未進入平安時代，受密教影響之前，可見二臂的如意輪觀音像
※3：「六觀音」意指身處地獄道、餓鬼道、畜生道、修羅道、人間道、天道的「六道」觀音，分別為聖觀音、千手觀音、馬頭觀音、十一面觀音、準提觀音（或不空羂索觀音）及如意輪觀音

以左右為一對的方式觀察，將會有不同領悟

空手展現佛的本性

左右兩側的第一隻手皆未持物品，展現出佛的本性

右手掌靠著臉頰，思考著該如何救濟眾生

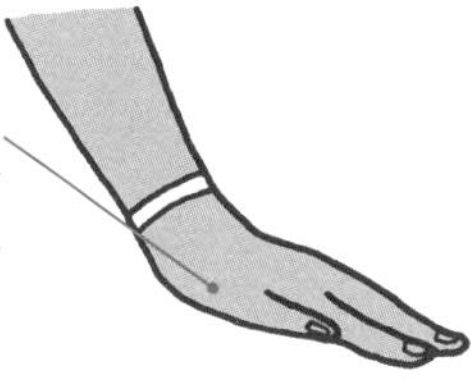

左手摸著臺座，指示著該如何前往觀音淨土所在的普陀洛迦山

代表著如意輪觀音的持物之手

左右手分別持有如意寶珠及法輪，便可知此佛為「如意輪觀音」

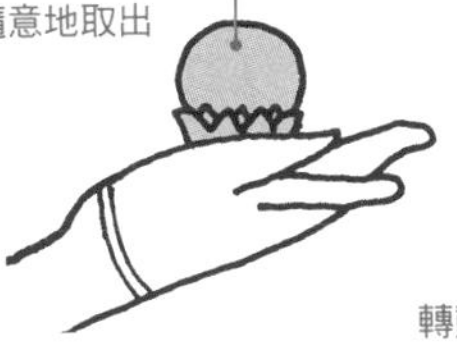

右手持有寶珠，能夠隨意地取出財寶

轉動左手法輪，破除煩惱

指引佛道的左右之手

以蓮花淨化被慾望薰染之心，以念珠倡導眾生入佛門

右手持有念珠，代表佛教世界的一百零八尊佛

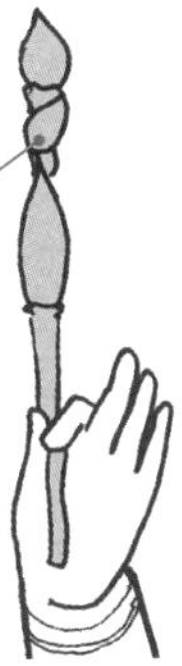

左手持有能淨化慾望的蓮花花蕾

從腳的擺放方式可看出禁慾及救濟

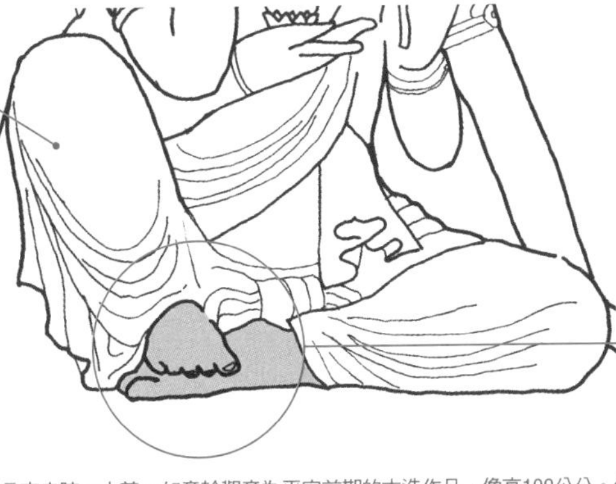

立起單腳膝蓋，左右腳掌相觸的坐法稱為輪王坐。右腳代表佛，左腳代表自己，因此右圖中，將右膝立起的輪王坐存在著以佛的智慧，壓制自我慾望之意

腳掌上下相觸被認為是要救濟天地間的萬物

MEMO ： 觀心寺為高野山真言宗寺院，本尊・如意輪觀音為平安前期的木造作品，像高109公分。佛像被安奉於金堂的佛龕中

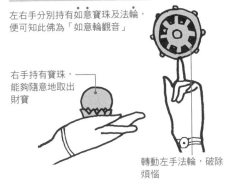

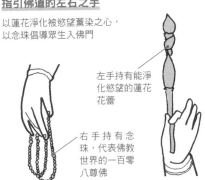

在岩盤上感受觀音淨土

如意輪觀音／石山寺 滋賀

石山寺如同其名，建於岩盤[※1]之上。本尊・如意輪觀音為勅封祕佛[※2]，直接坐鎮於裸露的岩石。本堂為了建於傾斜坡上，採懸造式工法，因此各位在參拜時，能夠從下方直接欣賞到美麗的岩石地形。那麼，這座岩山究竟為何會成為信仰對象？

觀世音菩薩降臨的普陀洛迦山是座突起於大海遙遠南方的岩山，相傳存在於人間（此岸）。而古人便認為，位於淡海（琵琶湖）南端的石山之地，就是觀世音菩薩所在的岩山聖地。

以身在淨土之姿，降臨下界的救世佛

雙手一上一下，從淨土前來迎接眾生的手印（來迎印）。在眾生臨終時，引導亡者前往阿彌陀如來的極樂淨土，讓眾生獲得救濟（①）
坐姿悠閒，是在極樂淨土冥想時的姿態（②）
如意輪觀音像是直接坐在天然矽灰石上，代表著觀世音菩薩自淨土降生下界（③）
石山寺的如意輪觀音形像與祂在極樂淨土時的形像相同（②），意指如意輪觀音降臨下界（③），實現前來迎接眾生的約定（①），是尊令人敬崇的救世佛
呈半跏趺坐，表示想積極救贖眾生之心情

琵琶湖
N
石山寺
建於岩山的石山寺位處琵琶湖之南

重要文化財 如意輪觀音半跏像

※1：被稱為石山寺矽灰石，同時也是日本天然紀念物
※2：勅封係指受天皇尊命而封存。石山寺的如意輪觀音半跏像是唯一一尊勅封祕佛，每33年開帳一次

眺望岩石，或是寄宿等待—與佛接觸的2種方法

石山寺的本尊為祕佛。平安時代非常流行一種靈驗信仰，據說信徒為了與祕佛相遇，會隱居寺院，洗滌身心，透過夢境獲得啟示。隱居寺院者會睡在禮堂或舞台，祈求佛祖給予提點或顯靈

本堂建於美麗的白色矽灰石岩盤上。內陣（正堂）最深處有安奉著本尊的佛龕，與外陣（禮堂）以相之間相連

坐鎮於岩石之上的本尊・如意輪觀音。當初為了遮蓋住觀音像，只建造了正堂的部分，但開始信仰岩山後，便以懸造式工法進行增改建工程

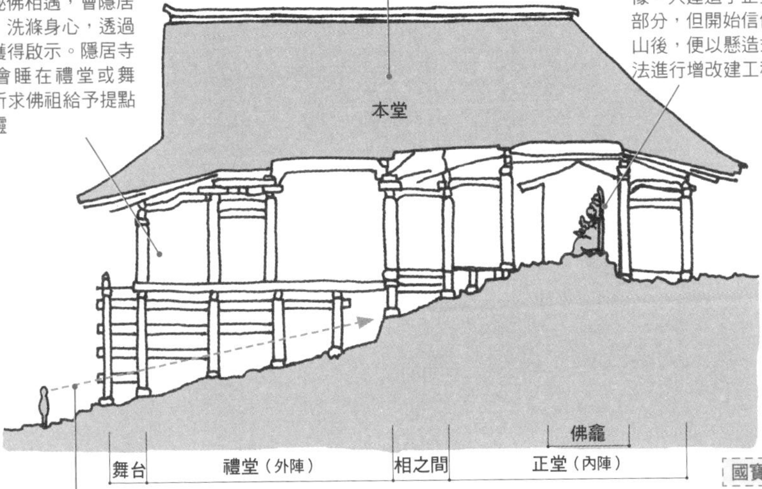
本堂
佛龕
舞台
禮堂（外陣）
相之間
正堂（內陣）

國寶

本堂　剖面圖

從懸造基座的縫隙祭拜岩山（普陀洛迦山）的「岩場禮拜」儀式，祭拜對象為整座岩山

為能飽覽本堂下廣闊的岩山風情，禮堂及舞台採懸造式工法

祕佛本尊被以佛龕、正堂、相之間施予3層結界，完全地與禮堂隔離

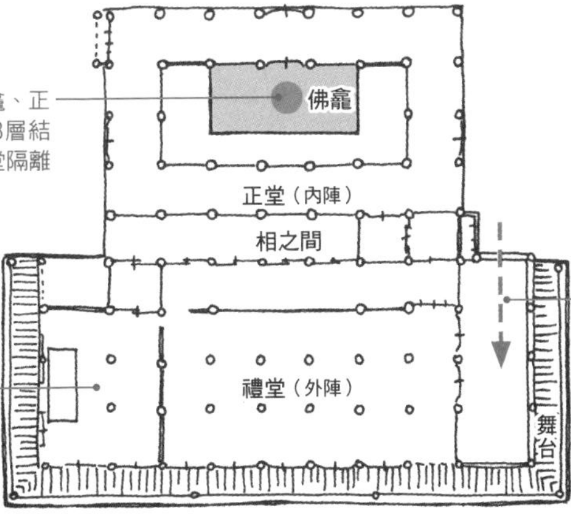
佛龕
正堂（內陣）
相之間
禮堂（外陣）
舞台

登上岩山，從本堂側邊進入禮堂

禮堂寬廣，不難想像當年寄宿者的人數眾多

本堂　平面圖

MEMO：石山寺為真言宗寺院。安奉於本堂的本尊・如意輪觀音半跏像為平安後期的檜木作品（第二代），採寄木造工法，像高約500公分。據寺院沿革記載，相傳將如意輪觀音安奉於岩石之上，經誠心供奉後，竟在陸奧國挖掘出黃金，也讓東大寺得以將大佛鍍金

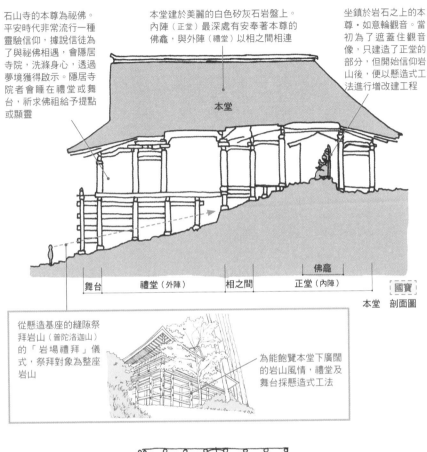

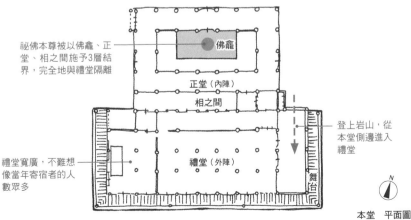

聚首若狹的馬頭觀音菩薩

馬頭觀音／中山寺 福井

觀世音菩薩最大的特徵就在於那柔和的表情（慈悲相）。但在眾多觀音之中，馬頭觀音實屬特異，有著如明王般的忿怒表情（忿怒相）。換言之，馬頭觀音是同時擁有「觀音心與明王力」之佛。

進入近代後，頭上頂著「馬頭」的馬頭觀音，更化身為家畜守護神，被供奉於道路旁，但在這之前，馬頭觀音其實鮮少為世人供奉。話雖如此，位於日本海沿岸，特別是以福井縣若狹地區為中心的區域卻相當獨樹一格。就讓我們來解開謎團，探索這個區域為何會這般獨特吧。

以特徵與持物區分菩薩及明王

明王的特徵與持物

①～⑦為明王風格的特徵與持物，多出現於右半身。大部分是用來破除魔物及煩惱的武器

菩薩的特徵與持物

ⓐ～ⓕ為菩薩風格的特徵與持物，多出現於左半身。以慈悲之心救濟眾生

①利劍

②焰髮

③鉞斧

④第三隻眼

⑤忿怒相

⑥紅膚色
充滿能夠壓制敵人力量的顏色

⑦瑟瑟座
不動明王的臺座

ⓐ輪寶
能夠隨處轉動，普及佛法，為如意輪觀音等佛的持物

ⓑ如來化佛
左右面的上方皆有菩薩之師・如來佛祖的化佛

ⓒ寶冠
菩薩賜予的頭冠

ⓓ水瓶
觀世音菩薩的持物，能夠淨化水

ⓔ念珠
藉由誦經※1，以生功德

ⓕ蓮花座
大多數菩薩的臺座

重要文化財 馬頭觀音坐像

※1： 以唸誦經文或佛的名號來感受佛的存在
※2： 『西遊記』中，三藏法師在前往「西方」取經時，也是騎乘著馬

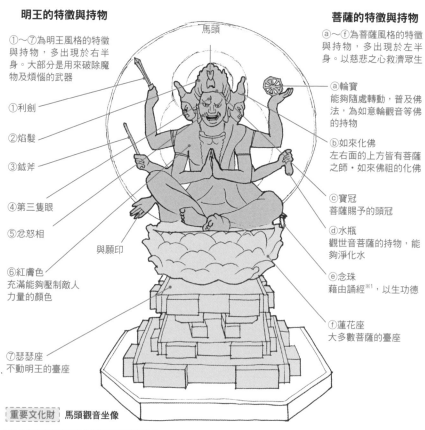

日本海沿岸可見許多馬頭觀音

能感受來自西方壓力之地

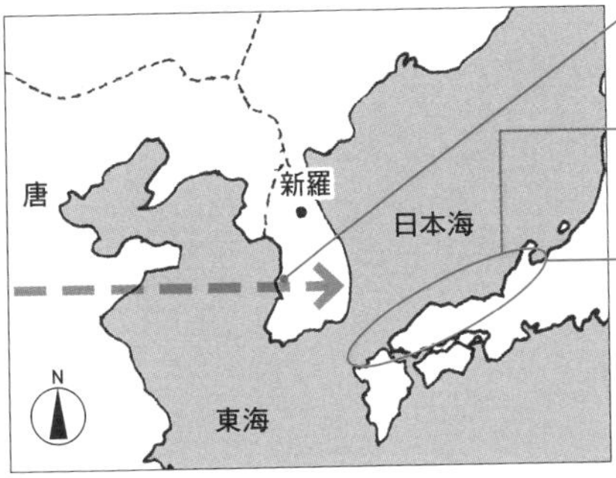

自古以來，日本跨越日本海及東海，與對岸大陸進行交流，卻也同時感受到來自外部的壓力

日本海沿岸經常可見許多來自對岸大陸的漂流物，沿岸的寺院有時還會將飄洋過海的佛像安奉祭拜（134頁）

供奉有馬頭觀音的寺院集中分布於日本海沿岸

- 豐財院（石川）
- 中山寺、馬居寺（福井）
- 松尾寺（京都）
- 金剛寺（島根）
- 觀世音寺（福岡）等

能壓制來自西方勢力的，就是馬

想要壓制西方勢力，究竟需要哪尊佛？以五行說（請參照column）而論，西方屬「金」，能戰勝「金」的是「火」。火在十二地支裡對應到午（馬）。這也是為何在日本海沿岸有著許多頭上頂著馬頭的馬頭觀音※2

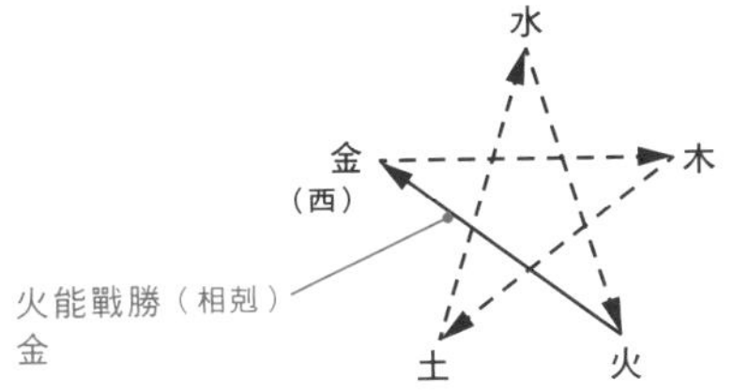

五行相剋圖

馬頭觀音坐像（放大）

column

五行說小知識

寺院的格局配置其實與古代中國的五行思想有極深的關係。

五行說是以木、火、土、金、水五個元素來解釋自然現象。木、火、土、金、水的順序裡，前者形成後者的循環關係稱為相生，水、火、金、木、土的順序中，前者能戰勝後者的循環關係稱為相剋。五行還能與方位、顏色、十二地支等相對應（五行對應表）。

■五行對應表

	五行				
	木	火	土	金	水
方位	東	南	中央	西	北
顏色	青	紅	黃	白	黑
十二地支	寅卯辰	巳午未		申酉戌	亥子丑

■五行的關係

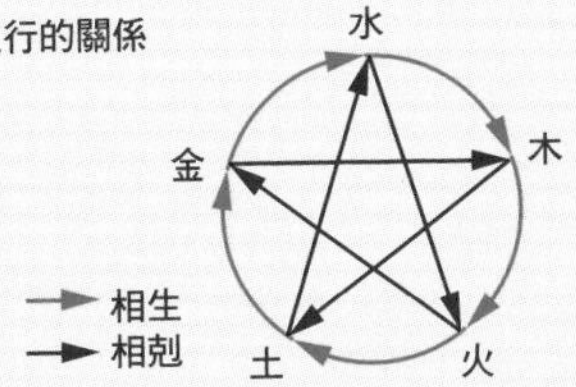

MEMO：中山寺為真言宗寺院，安奉於本堂（重要文化財）的本尊為馬頭觀音坐像。佛像為鎌倉時代的檜木作品，採寄木造工法，像高79.3公分

守護著江戸入口的六地藏

地藏王菩薩／真性寺 東京

人稱「巢鴨地藏王」的地藏菩薩坐像為江戸六地藏之一。六地藏菩薩指的是在死後世界（六道※1）救濟眾生的六尊地藏王菩薩。江戸六地藏是1706年（寶永3年），一位名為地藏坊正元之人發願，並接受各方捐款製作而成。

這六尊地藏皆坐落於江戸城外，位於前往城中心的街道※2旁。為何江戸的入口要供奉地藏王菩薩守護？這是因為地藏王菩薩扮演著「境之神（譯註：被供奉於邊界的神祇）」的角色。與道祖神信仰※3結合的地藏王菩薩便擔負起避免外來災害入侵的任務。

就在你我身旁的地藏王菩薩

與你我最為親近的佛就是地藏王菩薩。與一般身披很多裝飾的菩薩不同，地藏王菩薩為頂著光頭，身著袈裟的「修行僧」裝扮
地藏王菩薩多半手持錫杖與寶珠。錫杖象徵救濟行腳，寶珠則是能夠實現心願之物
江戸六地藏尊皆為坐姿的丈六佛（8尺高佛像，39頁），由於使用同一副木製模具進行鑄造，因此六尊地藏王菩薩的形狀相同
人們「無論如何，死後都不想下地獄」的心願，讓地藏信仰在庶民間廣為普及。臺座上刻有一萬兩千多人的名字，由此可知在建造之初，有著來自各方的捐獻
從刻印的捐獻者列表來看，除了出現匯兌商之名外，還有刀鞘師傅、箔屋※、廢棄物業者、遊女※等，不難想像當年才有的「江戸經濟模式」
※譯註：金箔、銀箔等金屬箔製造銷售者
※譯註：古代妓女之稱
都重宝
銅造地蔵菩薩
陰

地藏菩薩坐像

※1：佛教認為，人會輪迴轉世於地獄道、餓鬼道、畜生道、修羅道、人間道、天道等6個世界，並提倡若要從中解脫，就必須注重平日信仰。解脫後便可前往佛所在的淨土　※2：東海道、中山道、甲州街道、日光街道、水戸街道、上總道（現在的千葉街道）　※3：也稱作塞之神，為掌管邊境，主宰旅行安全之神

在六道救贖眾生的六地藏

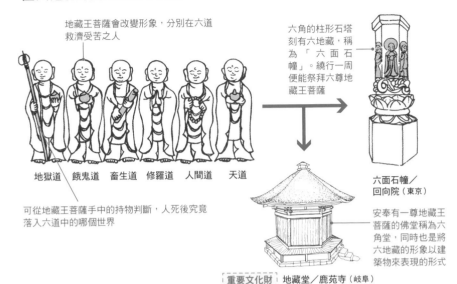

地藏王菩薩會改變形象，分別在六道救濟受苦之人

地獄道
餓鬼道
畜生道
修羅道
人間道
天道

可從地藏王菩薩手中的持物判斷，人死後究竟落入六道中的哪個世界

六角的柱形石塔刻有六地藏，稱為「六面石幢」。繞行一周便能祭拜六尊地藏王菩薩

六面石幢／回向院（東京）

安奉有一尊地藏王菩薩的佛堂稱為六角堂，同時也是將六地藏的形象以建築物來表現的形式

重要文化財　地藏堂／鹿苑寺（岐阜）

佇立於邊境的地藏王菩薩

斜坡之上的地藏王

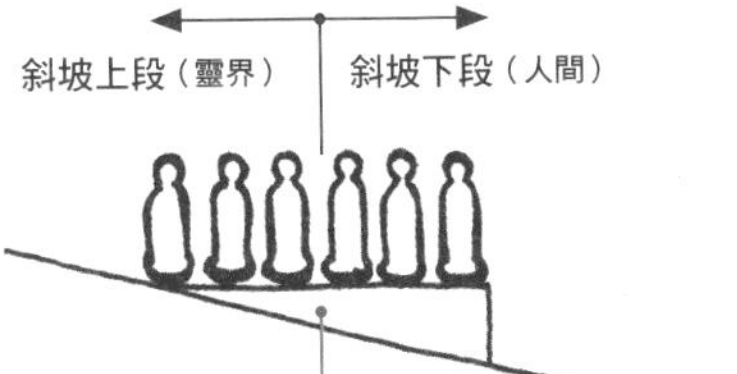
斜坡上段（靈界）
斜坡下段（人間）

斜坡為人間與靈界的邊界，六地藏則負責連接兩個世界（部分說法認為斜坡下段才是靈界）

佇立於寺院門前的地藏王

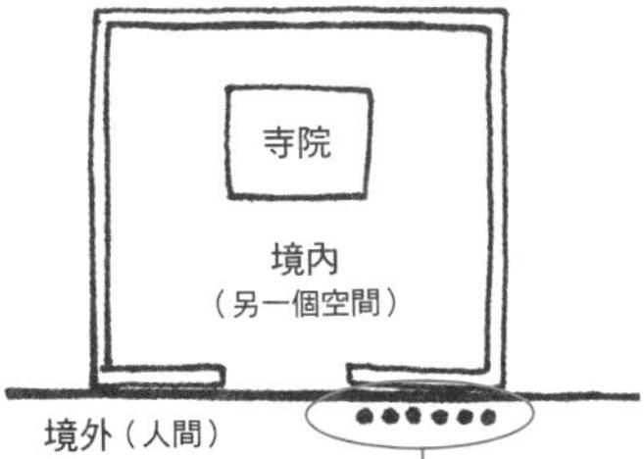
寺院
境內
（另一個空間）
境外（人間）

寺院可說是城鎮中的另一個空間，佇立於入口處的六地藏代表著此處為「邊境」

處於村落交界的地藏王

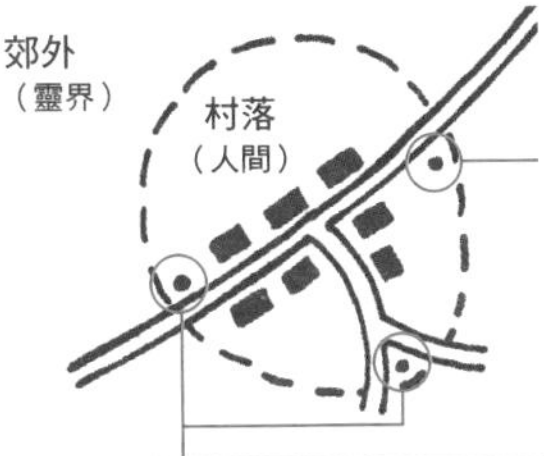
郊外
（靈界）
村落
（人間）

地藏王菩薩被供奉於村落交界的街道旁，負責防止災害或魔物從村落之外的「靈界」入侵

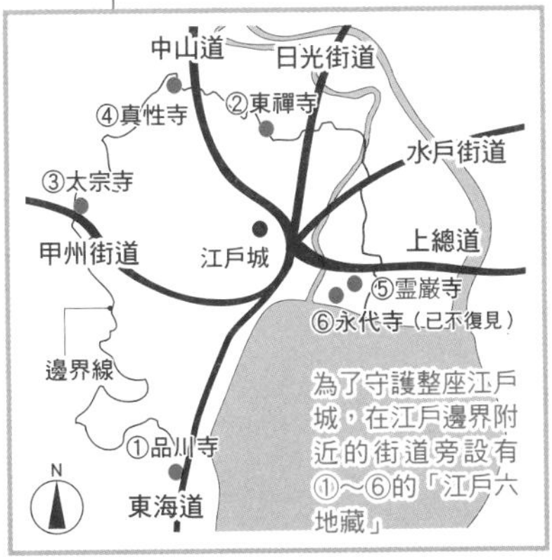
中山道
日光街道
④真性寺
②東禪寺
水戶街道
③太宗寺
上總道
甲州街道
江戶城
⑤靈巖寺
⑥永代寺（已不復見）
邊界線
①品川寺
N
東海道
為了守護整座江戶城，在江戶邊界附近的街道旁設有①～⑥的「江戶六地藏」

MEMO：真性寺為真言宗寺院，地藏菩薩坐像為江戶時代（1714年）的銅造作品，像高268公分，為江戶六地藏尊中，第四尊建立的佛像

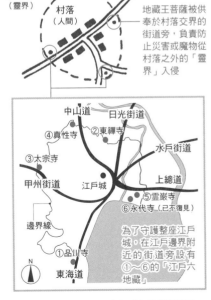

地藏王菩薩不為人知的一面

地藏王菩薩／建長寺 神奈川

位於鎌倉的建長寺是日本最古老的禪宗寺院※1，但供奉的並非一般常見的釋迦如來，而是地藏王菩薩。

建長寺所建之處名為「地獄谷」，原本是墓地與刑場的所在地。想要鎮壓住在地獄徘徊的鬼靈，就必須借助地藏王菩薩之力※2。相傳建長寺的建寺與現今已廢棄的地藏堂（譯註：心平寺的原有建物，已廢寺）有關。

各位不妨從鎌倉市區出發，親身步上斜坡街道，造訪建長寺。過程中或許能窺見中世紀百姓※3對「死」的思維。

鎌倉五山排名第一的本尊，是人人熟悉的地藏王菩薩

地藏王菩薩會以和尚頭搭配僧衣（又名為糞掃衣）形象現身，與眾生近距離接觸
佛殿中的格天井等結構為和式而非禪宗樣式，這是由於原本位在東京增上寺的崇源院（德川秀忠之妻）的靈廟（1628年建立）移建至此。祭祀亡者的「靈廟」搭配上救贖亡者的「地藏王」，無疑是最佳組合
右手持錫杖、左手持寶珠是標準的地藏王菩薩裝配
在彌勒菩薩尚未成為如來，現身救世之前，是由地藏王菩薩代為解救深陷苦難的眾生

地藏菩薩坐像

※1：禪宗為臨濟宗、曹洞宗、黃檗宗總稱，始於鎌倉初期，臨濟宗與曹洞宗開始傳入日本之際
※2：地藏王菩薩負責解救深陷地獄道等六道所苦的眾生　※3：平安後期至鎌倉期間開始流傳末法思想，貴族們會藉由捐獻等行為祈求前往極樂世界，無法累積功德的平民百姓，則選擇信仰會在地獄解救眾生的地藏王菩薩

親身體會中世紀對「死」的思維

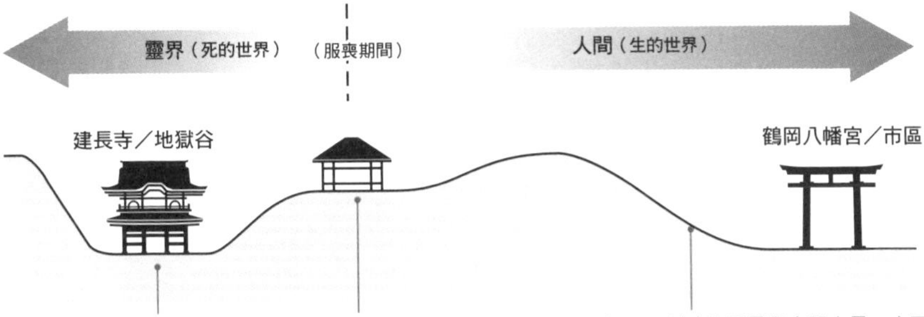
靈界（死的世界）
（服喪期間）
人間（生的世界）
建長寺／地獄谷
鶴岡八幡宮／市區

從鎌倉市區跨越斜坡後，建長寺位於最低窪處，就像是迎接亡者到來的靈界。建長寺的本尊為地藏王菩薩

斜坡半途有供奉著閻羅王的圓應寺（建長寺派），亡者會在這裡審判生前之罪，接著前往靈界

斜坡為靈界與人間交界，市區的亡者必須跨越巨福呂坂，與人間道別

建長寺的山門、佛殿、法堂、方丈等伽藍格局幾乎成一直線排列，非常符合禪宗寺院的風格

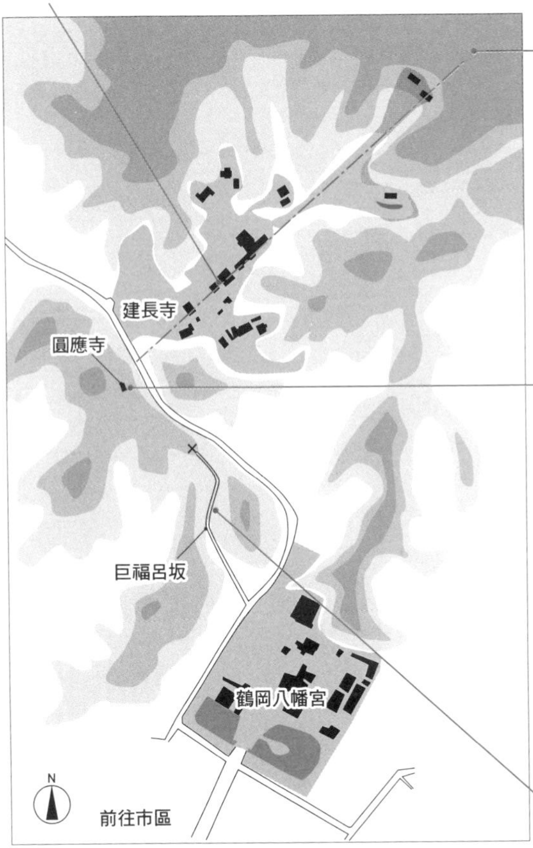
建長寺
圓應寺
巨福呂坂
鶴岡八幡宮
N
前往市區

建長寺後山的健走路線途中，仍留有刻著閻羅王等十王的「十王岩」，十王是指10位的冥界審判者

圓應寺位於鐮倉市區的結界處。目前仍保留有以本尊閻羅王像（重要文化財）為首的十王像。閻羅王在十王中排序第五。根據鎌倉時代的『地藏十王經』記載，地藏王菩薩被認為是閻羅王的本地佛，閻羅王即是地藏王菩薩的化身

亡者在經過十王審判後，才知道會前往何處（十王信仰）

過去，鐮倉市區與建長寺有條名為巨福呂坂的開鑿道路相連接

MEMO：創建於1253年的建長寺為臨濟宗建長寺派的本山。安奉於佛殿的本尊・地藏菩薩坐像為室町時代的木造作品，像高240公分

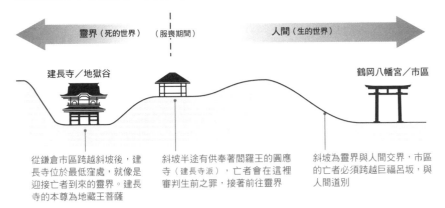

聚集亡魂的靈山是地藏王菩薩乘坐之船

地藏王菩薩／岩船山高勝寺

栃木縣

你我死後究竟是如何前往另一個世界？

佛教認為，佛祖會指引亡者前往位在西方或北方的淨土※。日本人更深信所謂的「山中他界觀」，認為亡者靈魂會聚集於山頂。

關東靈山．岩船山被認為就是靈魂聚集之地，受到廣大信眾尊崇。整座山的形狀有如一艘船，船頭朝向西方。供奉著位處靈界及人間交界的地藏王菩薩。相傳在岩船山可以找出3條前往靈界的路線。

前往位於上方「靈界」的縱向路線

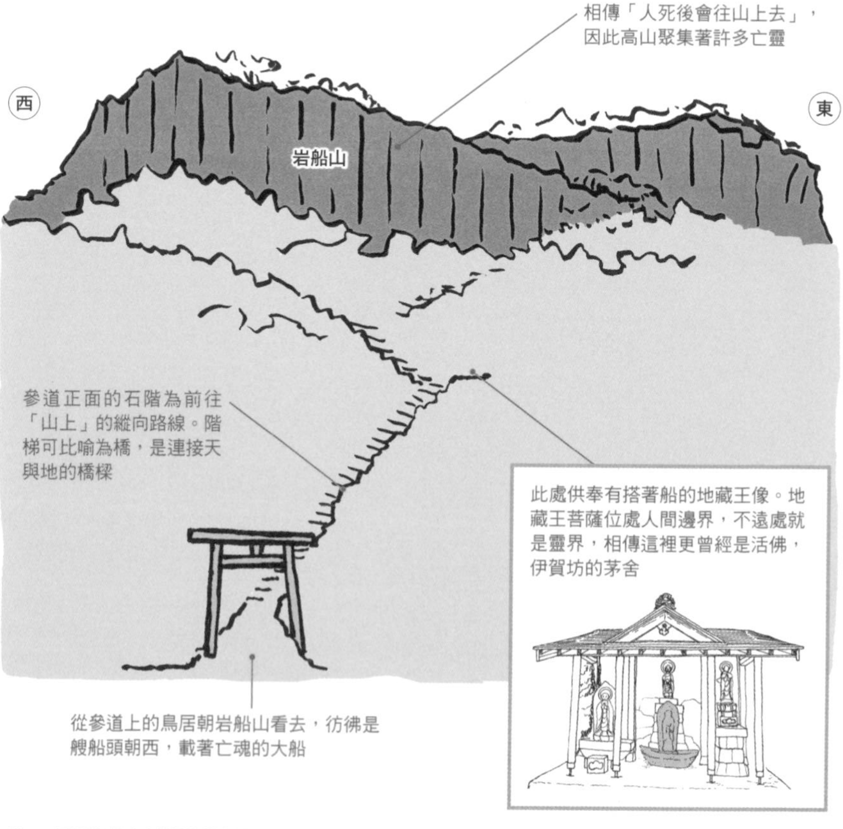
相傳「人死後會往山上去」，因此高山聚集著許多亡靈
西
東
岩船山
參道正面的石階為前往「山上」的縱向路線。階梯可比喻為橋，是連接天與地的橋樑
此處供奉有搭著船的地藏王像。地藏王菩薩位處人間邊界，不遠處就是靈界，相傳這裡更曾經是活佛，伊賀坊的茅舍
從參道上的鳥居朝岩船山看去，彷彿是艘船頭朝西，載著亡魂的大船

※：太陽升起的東方被認為是人間，下沉的西方則是淨土。此外，太陽日光照射的南方也被認為是人間，形成陰影的北方則是淨土

從山頂前往「淨土」的2條路線

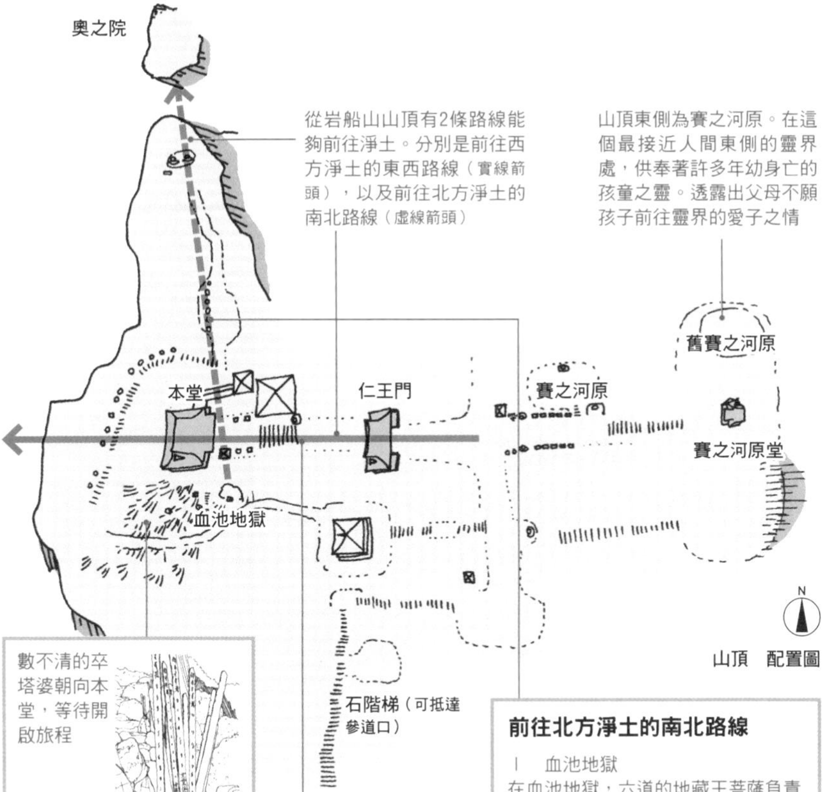

奧之院
從岩船山山頂有2條路線能夠前往淨土。分別是前往西方淨土的東西路線（實線箭頭），以及前往北方淨土的南北路線（虛線箭頭）
山頂東側為賽之河原。在這個最接近人間東側的靈界處，供奉著許多年幼身亡的孩童之靈。透露出父母不願孩子前往靈界的愛子之情
舊賽之河原
本堂
仁王門
賽之河原
賽之河原堂
血池地獄
N
山頂　配置圖
數不清的卒塔婆朝向本堂，等待開啟旅程
石階梯（可抵達參道口）

前往北方淨土的南北路線

Ⅰ　血池地獄
在血池地獄，六道的地藏王菩薩負責救贖亡魂

↓

Ⅱ　本堂
在本尊・地藏王菩薩的指引下，亡者之靈會朝北方前進

↓

Ⅲ　奧之院
渡橋（在東日本大地震時震垮）後，乘坐著載有奧之院地藏王菩薩（目前移至橋的前方）的小船，前往位於北方的淨土

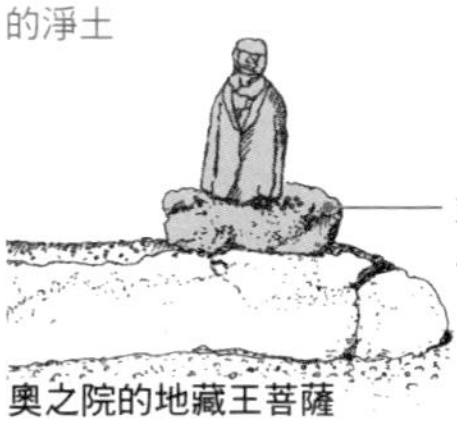

乘坐岩石小船

奧之院的地藏王菩薩

前往西方淨土的東西路線

①仁王門
仁王門代表著佛界入口，同時也是須彌山山頂（仁王是居住於須彌山頂的帝釋天化身）

↓

②本堂
彼岸之日，在本尊・地藏王菩薩的指引下，乘載著許多靈魂的船（岩船山）會啟程前往西方天際。本堂旁立有卒塔婆，等待啟程之日的到來

前立本尊

MEMO：岩船山高勝寺為天台宗寺院，本尊是祕佛（會於每年彼岸期間開帳），為人稱「生身地藏」的地藏王菩薩，為江戶時代的木造作品

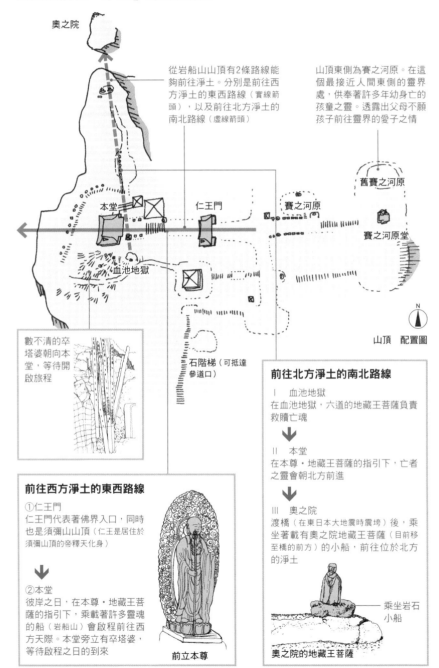

指引眾生的智慧之佛

文殊菩薩／安倍文殊院 奈良

文殊菩薩是擁有優秀智慧的菩薩。時而與他佛共行、時而單獨現身，向芸芸眾生傳遞知識。

供奉文殊菩薩時，大致上會出現五尊組合、三尊組合以及獨尊之姿。依照各種搭配，文殊菩薩扮演著不同的角色，展現的形象也有所差異。五尊組合時，文殊菩薩以領導者之姿帶領成員※1。然而，出現在三尊組合時，卻又扮演著稱職脇侍，輔佐中尊的釋迦如來。獨尊現身的文殊菩薩則會根據引導對象的情況，以各種姿態現身世人眼前。

「釋迦牟尼弟子五人組」中的領導者

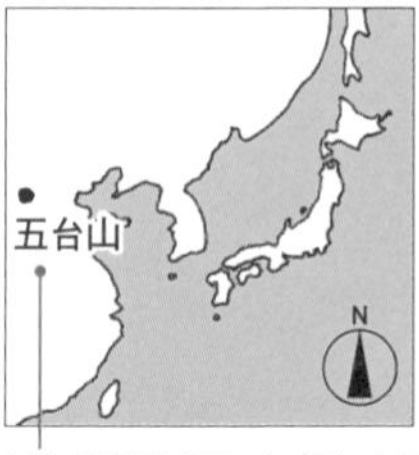
五台山
N

文殊菩薩的所在之處為中國山西省五台山（清涼山）。相傳文殊菩薩就是在此對著一萬尊菩薩弘法

「領頭」的文殊菩薩
右手持劍，代表意志堅定，能夠斷除妨礙修行的煩惱，而非用來戰鬥的武器
左手持代表慈悲的蓮花，有時也會改持象徵智慧的經典
「支援者」優填王
釋迦牟尼還在世時的印度國王，負責牽著文殊菩薩乘坐的獅子
「在家代表」維摩居士
「直系弟子代表」須菩提
「菩薩修行體現者」善財童子

即便在家修佛，維摩居士對追尋佛教奧秘的熱忱，可是連釋迦牟尼的直系弟子都難以望其項背

釋迦牟尼的十大弟子之一，能透徹了解「空」理

此像名作渡海文殊，為文殊菩薩伴同其他四佛，前來日本時的樣子。由於伴同的諸佛皆為釋迦牟尼在世時，親身教授、實際存在的弟子，因此這些佛皆為生身之姿。五尊組合更代表著釋迦如來的存在

印度長者之子。在文殊菩薩的建議下，歷訪53位善知識（良師）後成功悟道。東海道五十三次※2的數字53相傳也是來自善財童子悟道的故事

國寶 渡海文殊

※1：五尊皆為釋迦牟尼在世時的弟子。其中只有善財童子是在文殊菩薩之下修行，為釋迦牟尼的徒孫
※2 譯註：係指日本江戶時代，江戶到京都東海道驛道途中所經過的53個驛站

三尊組合時，扮演稱職脇侍

從釋迦牟尼生前直到臨死之際，
文殊菩薩及普賢菩薩皆以脇侍身
分一路陪伴於側
釋迦如來
普賢菩薩
文殊菩薩
在修行方面輔
佐釋迦如來
在智慧方面輔佐
釋迦如來
乘坐獅子，聰穎
的獅子能夠快速
抵達神聖的悟道
境界，象徵著偉
大智慧
乘坐大象，即便步伐緩慢，卻擁有堅忍耐性和
強大的頓悟能力，展現修行的重要性

重要文化財　釋迦三尊像／方廣寺（靜岡）

獨尊現身時也相當活躍

禪宗的僧形文殊

禪宗非常重視弘法，因
此供奉的文殊菩薩像為
生身修行的僧侶之姿，
致力宣揚佛法
多半被供奉於僧堂
或寺院食堂

重要文化財　聖僧文殊像／東寺（京都）

密教的文殊菩薩

密教寺院供奉
有菩薩形象的
文殊菩薩
髻。依照髻的
數量，會有不
同的持物

多面多臂，直接將佛力視覺化呈現的密教佛像。密教會以髻的數量表示文殊菩薩擁有的能力

	利益
一髻	增益
五髻	敬愛
六髻	調伏
八髻	消災

重要文化財　八字文殊菩薩騎獅像／般若寺（奈良）

MEMO：文部文殊院為華嚴宗東大寺的別格本山。本尊為渡海文殊的中尊・騎獅文殊菩薩像，此像同時也是日本最大（高7公尺）的文殊菩薩像，為1203年的木造作品，出自快慶之手。渡海文殊目前收藏於境內的大收藏庫

隱藏於浮御堂的母愛

彌勒菩薩／中宮寺 奈良

中宮寺與聖德太子淵源極深，本尊是被尊譽為飛鳥時代佛像傑作的菩薩半跏思惟像※1。菩薩右手中指靠在臉頰，如文字般的「思惟（思考）」姿勢讓人印象深刻。

相傳本尊是以聖德太子母后・間人皇后為原型製成。昭和時期的知名建築師・吉田五十八在建構新本堂時，也延續相同概念進行設計。比鄰新本堂的，是被視為太子靈廟的法隆寺夢殿（70頁）※2。在這座以鋼筋水泥建成，乍看非常樸實的本堂內，各位不妨試著找尋隱藏在其中的「母子之情」。

半跏思惟像在思考著什麼？

半跏思惟像是尊彌勒菩薩，此像原本是用以展現釋迦牟尼的年輕之姿（思考該如何從「生、老、病、死」中解脫時的形象），但其後轉變為年紀輕輕便不幸過世的釋迦牟尼弟子・彌勒的形象
2個髮髻是7世紀的佛像特徵，一般認為當初頭頂上應戴有寶冠
佛的右手代表「佛」，左手代表世俗之「人」※3。由於右手中指代表釋迦如來（9頁），因此該手指微微靠在臉頰的姿勢，意味著「以釋迦牟尼的思維在思考」
綻放黑色光澤的觀音像原為彩色佛像，但色彩剝落後，現在僅剩黑色底漆
左腳垂下，右腳放在左膝之上的半跏趺坐。這也是「佛（右腳）」壓抑「人（左腳）」強大慾望的「降魔」坐姿
一般而言，半跏思惟像的臺座會描繪山岳風景，代表著彌勒菩薩居住的淨土，兜率天（103頁）

國寶 菩薩半跏像

※1：此像被認為是彌勒菩薩（但根據寺傳記載為如意輪觀音）。平安時代過後，中宮寺將佛名改為救世觀音（聖德太子的轉世）、如意輪觀音（真言宗所言的救世觀音） ※2：中宮寺與法隆寺的東院伽藍比鄰，創建當時的位置比現在更靠近東邊
※3：印度認為左邊代表不潔

吉田五十八融入於新本堂的思維

為何殿堂四周有水？

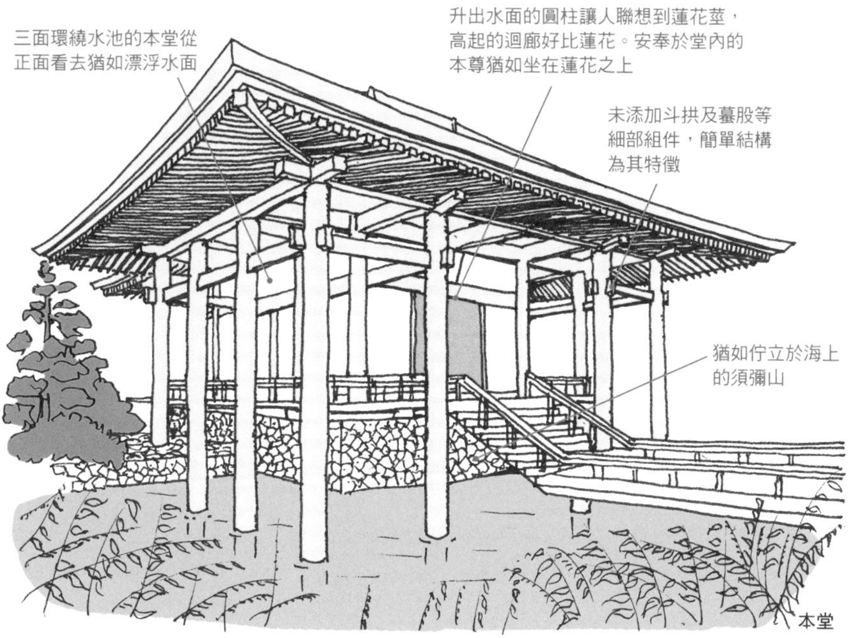
三面環繞水池的本堂從
正面看去猶如漂浮水面
升出水面的圓柱讓人聯想到蓮花莖，
高起的迴廊好比蓮花。安奉於堂內的
本尊猶如坐在蓮花之上
未添加斗拱及蟇股等
細部組件，簡單結構
為其特徵
猶如佇立於海上
的須彌山
本堂

母子兩人比鄰的殿堂配置

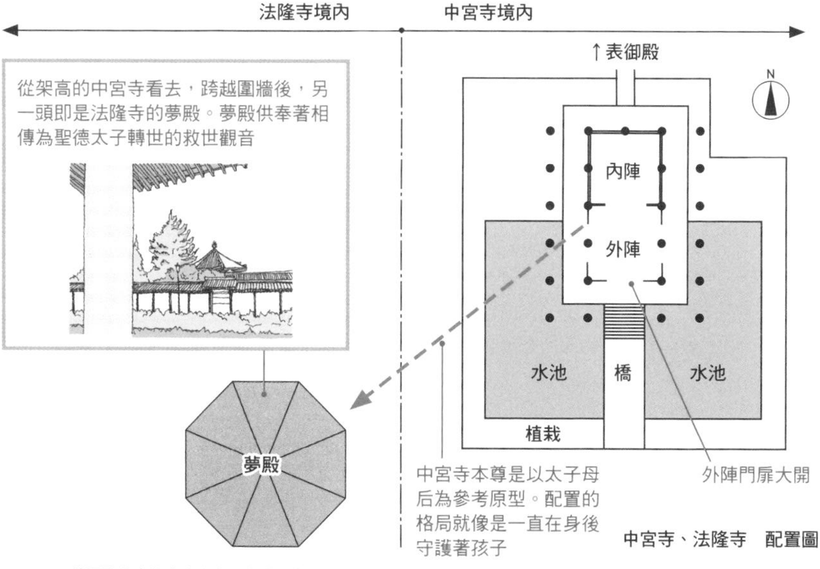
法隆寺境內
中宮寺境內
↑表御殿
N
從架高的中宮寺看去，跨越圍牆後，另
一頭即是法隆寺的夢殿。夢殿供奉著相
傳為聖德太子轉世的救世觀音
內陣
外陣
水池
橋
水池
植栽
夢殿
中宮寺本尊是以太子母
后為參考原型。配置的
格局就像是一直在身後
守護著孩子
外陣門扉大開
中宮寺、法隆寺　配置圖

MEMO：隸屬聖德宗的中宮寺為日本最古老的比丘尼寺，同時也是歷代皇親國戚擔任住持的「門跡寺院」。本尊・菩薩半跏像為7世紀後半的樟木作品，採寄木造工法，像高87公分

像是布袋尊的彌勒菩薩

彌勒菩薩／聖福寺 長崎

黃

檗宗在江戶時代從禪宗內分派而出。其建築特徵融合明朝樣式，極具異國風情。

位於長崎的聖福寺就能看到明朝樣式的伽藍格局。天王殿等同其他宗派的中門，殿內供奉著彌勒菩薩，而非仁王。但這尊彌勒菩薩卻跟七福神中的布袋尊長得一模一樣。在中國，其實布袋尊就是彌勒菩薩的化身，同時也是唐末真實存在的僧侶，也因此聖福寺才會供奉著平常人外觀的彌勒佛。

如此笑臉迎人的彌勒菩薩著實降低了寺院和世人之間的距離。

和布袋尊一模一樣的風貌

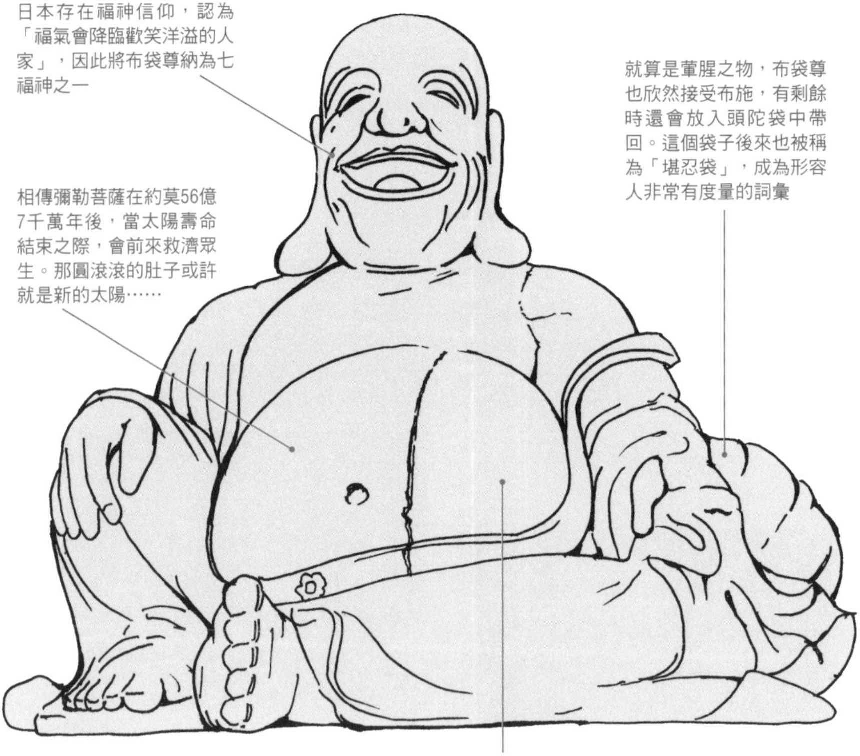
日本存在福神信仰，認為「福氣會降臨歡笑洋溢的人家」，因此將布袋尊納為七福神之一
就算是葷腥之物，布袋尊也欣然接受布施，有剩餘時還會放入頭陀袋中帶回。這個袋子後來也被稱為「堪忍袋」，成為形容人非常有度量的詞彙
相傳彌勒菩薩在約莫56億7千萬年後，當太陽壽命結束之際，會前來救濟眾生。那圓滾滾的肚子或許就是新的太陽……
布袋尊是彌勒菩薩在人間時的形象

彌勒菩薩坐像

既是門，也是佛殿的天王殿

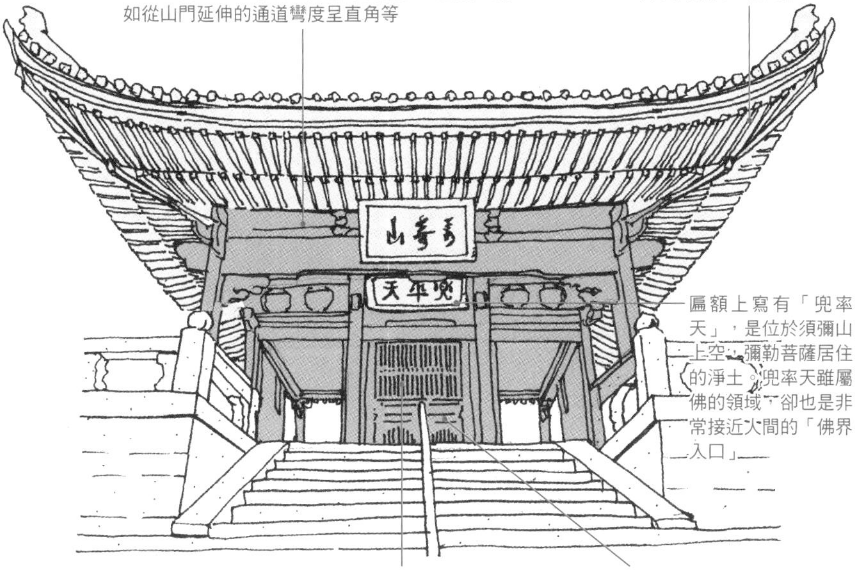
天王殿。後方有本堂・大雄寶殿。天王殿與大雄寶殿的位置呈一直線是明朝樣式的伽藍格局。聖福寺與黃檗宗大本山的萬福寺有諸多共通點，例如從山門延伸的通道彎度呈直角等
翹起的屋簷帶有中國風元素，也可以形容成是偏向日本風格的「唐寺」
匾額上寫有「兜率天」，是位於須彌山上空，彌勒菩薩居住的淨土。兜率天雖屬佛的領域，卻也是非常接近人間的「佛界入口」
正面中央處供奉著彌勒菩薩
兼具佛殿與門用途的明朝樣式建築

重要文化財　天王殿

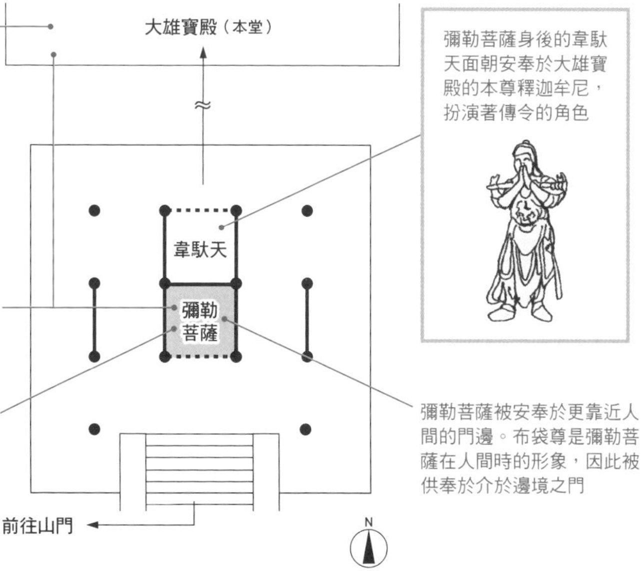
本堂供奉著釋迦如來。與現世利益之佛相比，禪宗反而更重視修行中的釋迦牟尼及弟子・彌勒菩薩
大雄寶殿（本堂）
彌勒菩薩身後的韋馱天面朝安奉於大雄寶殿的本尊釋迦牟尼，扮演著傳令的角色
韋馱天
彌勒菩薩
釋迦牟尼與彌勒菩薩分別安奉於本堂與門，代表兩者的師徒關係
天王殿的彌勒菩薩正面朝前，與後方的韋馱天相背對。有時也會出現四天王或十六羅漢圍繞彌勒菩薩的組合
彌勒菩薩被安奉於更靠近人間的門邊。布袋尊是彌勒菩薩在人間時的形象，因此被供奉於介於邊境之門
前往山門
N

天王殿　平面圖

MEMO：聖福寺由鐵心道胖開山，是根據修行之地的黃檗宗大本山，宇治的萬福寺為原型建成。安奉於大雄寶殿的本尊為釋迦牟尼。安奉於天王殿的彌勒菩薩坐像則是中國清朝，或江戶時代（17世紀）的木造作品。天王殿建於1705年，長寬皆為3間、一重格局、歇山式屋頂、採用本瓦葺

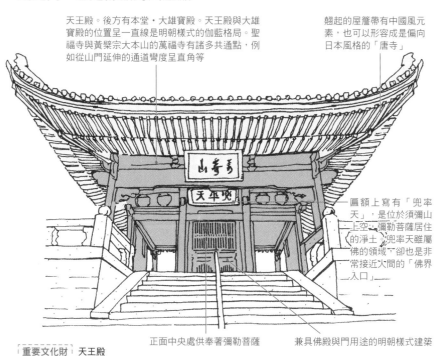

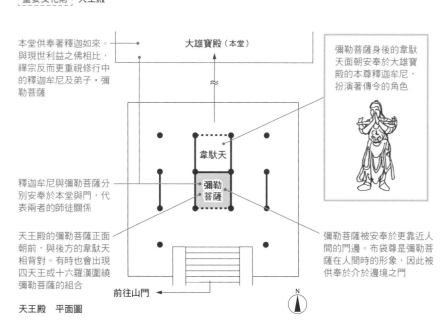

琉璃光淨土（藥師如來）

琉璃光淨土是將眾生從病痛中解救而出的藥師如來所在之處，位於東方，是個如琉璃般，閃耀著藍色明亮晨光的世界。立下12大願成為如來，並在東方擁有7塊佛之國土的藥師如來，與12及7這兩個數字相當有緣

藥師如來背著七佛光背。所謂的七佛，有時也可能是指光背的六尊佛再加上藥師如來本身
若有十二神將跟隨於側，那就是藥師如來
藥師如來身為主宰現世利益之佛，有時也會出現於國分寺等為了護持國家而在各地建造的大型寺院

藥師如來

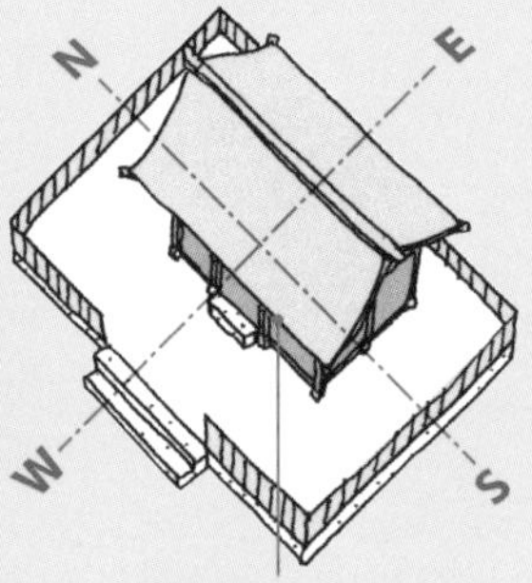
N
E
W
S
藥師堂多半位於境內東側，且坐東朝西

普陀淨土（觀世音菩薩）

從人間來看，觀世音居住的普陀洛迦山是位於南海遠方。所謂普陀洛迦山，也就是位於下界的淨土。這座山為八角形，山頂帶圓，因此會以八角形及蓮花花蕾（8片花瓣）設計的殿堂來呈現普陀淨土的意象

只要是八角堂，就很有可能是觀音堂

頂端的蓮花裝飾

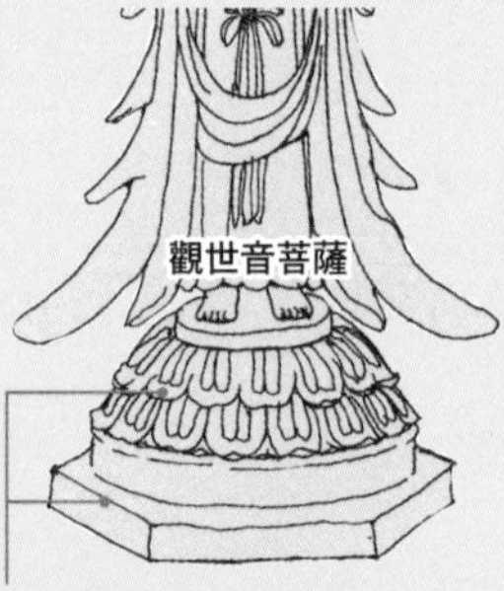
觀世音菩薩
八角形的臺子加上蓮花座，座上之佛為觀世音菩薩

其他的主要淨土

淨土	教主	特徵
靈鷲山淨土	釋迦如來	位於印度，釋迦如來曾經在此地宣揚佛法，因此靈鷲山被認為是淨土
密嚴淨土	大日如來	穢土（污穢的國土）本身即是淨土，是密教的淨土
蓮華藏世界	盧舍那如來	統合著眾佛的盧舍那如來所居住，位於宇宙中心的淨土

column | 在人間體驗淨土

淨土（清淨國土）係指佛居住的世界，也是相對於「人間」的另一處空間。死後能夠前往的淨土會依信仰的佛以及生前表現而異

寺院就是將佛國淨土重現於人間之地。無論是伽藍格局，或者是殿堂形狀、寫有山號※的匾額等等，境內一景一物都詮釋著本尊所在的淨土

極樂淨土（阿彌陀如來）

通常提到淨土多半是指極樂淨土。這個位於西方，充滿金色夕陽光輝的世界擁有比例No.1的信徒數量。只要山號或寺院名稱中出現「極樂」、「淨土」等字眼，本尊就很有可能是阿彌陀如來

阿彌陀如來
阿彌陀如來會從西方前來迎接，「來迎圖」中描繪的就是這個情景

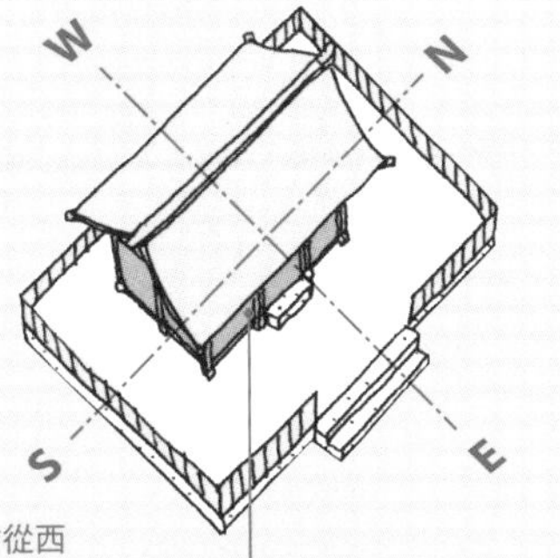
W
N
S
E
位於境內西側，坐西朝東的殿堂極有可能是阿彌陀堂

兜率天淨土（彌勒菩薩）

彌勒菩薩，是約定在日後要成為如來的未來佛，會在56億7千萬年後現身人間，解救全世界。在供奉有彌勒菩薩的殿堂內，往往可以看到堂內極為光明，彷彿能照亮全世界的格局裝飾

彌勒菩薩
在佛的世界中，彌勒菩薩所在的淨土位於最接近人間的兜率天，也是位於北方的夜晚世界

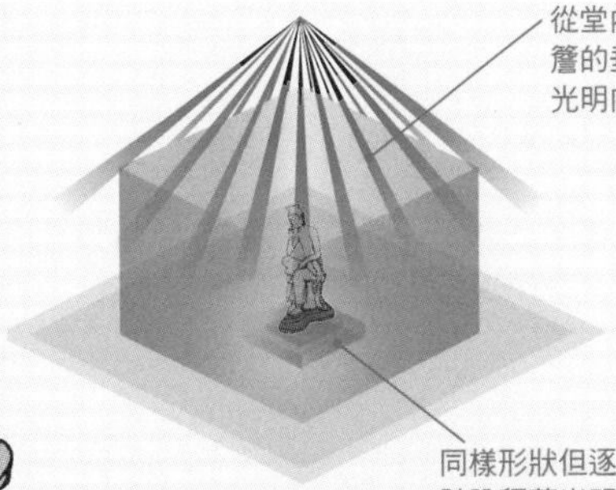
從堂內延伸至屋簷的垂木就像是光明向外射出
同樣形狀但逐漸變大的設計詮釋著光明四溢的表現

※：山號為大乘佛教中的寺院稱號。雖然大部分的寺院坐落於山上，但平地的寺院也同樣適用

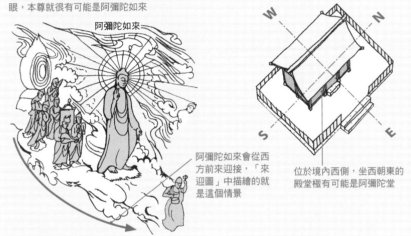

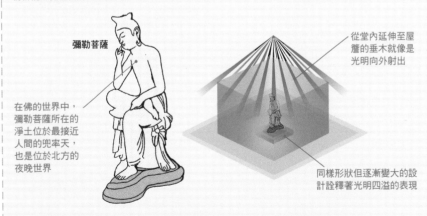

第3章

明王，忿怒的如來

所有的明王皆是如來的化身，明王會以忿怒之姿，出現在光靠柔性勸說仍無法獲得救濟之人面前。隨著密教的普及，明王像也開始被廣為製作。

不動明王

大日如來的化身，同時擁有最強大的威力及功德的明王。脇侍多為八大童子或其中2名的制吒迦及矜羯羅童子。同時也是五大明王、八大明王的中尊

愛染明王

將愛欲轉變為悟道之佛，在密教信仰中，與不動明王皆為護摩祈禱法會（愛染法）的本尊

烏樞沙摩明王

天台宗所言的五大明王之一。擁有燒盡世間污穢及邪惡的威力，是能夠去除不淨之佛。多半以獨尊形式被供奉

淺學常識

孔雀明王

去除凡人身上帶有的一切毒性，與其他明王不同，孔雀明王有著慈悲相，造像多半乘坐著孔雀

展現於全身的不動明王威德

不動明王／峰定寺 京都

對於以諄諄教誨方式，也無法使其信仰佛法，抱持糾結煩惱之人，「如來」就會化身為「明王」予以救贖。明王特徵在於強烈的忿怒表情，以充滿震撼的威勢善導眾生。

其中，大日如來的化身・不動明王，是人氣相當高的明王。單眼睜大的「天地眼」等忿怒特徵在9世紀時被喻為「十九觀」，到了10世紀末才開始被具體製成佛像※1。在十九觀中，可以發現不動明王的功德存在著一體兩面。除了訓斥之姿外，各位不妨也尋找看看不動明王諄諄教誨的形象。

不動明王的特徵皆在十九觀中

展現不動明王外顯特徵的「十九觀」※2。只要牢記這19個項目，就能清楚掌握不動明王的形象
不動明王
辮髮垂於左肩，頂上有七山髻（每個髻由7個山形組成）
額頭帶皺紋
火焰形狀的光背代表巨鳥迦樓羅噴出的火焰。這火焰不僅能將災難及迷惘燒盡，更是指引眾生悟道的智慧之火※3。不動明王也總是在火焰中冥想
左眼閉起，右眼睜開（天地眼）
嘴巴緊閉，右牙向上、左牙向下突出唇外
激動忿怒之姿
右手持劍
粗曠、體態圓胖的童子形象，全身為黯淡的藍黑色
制吒迦童子
矜羯羅童子
左手持羂索（繩子）
矜羯羅、制吒迦兩名童子隨侍於側
仿照天然石頭的岩座代表「大磐石」

重要文化財 不動明王二童子立像

※1：不動十九觀在玄朝（譯註：平安時代中期的繪佛師）之後才開始具體佛像化。10世紀末以前所製作的不動明王像，則歸類於「大師」樣式（譯註：也就是弘法大師・空海的樣式） ※2：十九觀中包含有上圖中未出現的特徵（如喫行者之殘食、本尊為大日如來化身等） ※3：這裡所指的智慧，並非你我從經驗中所得到的智慧，而是在悟道過程中，佛所授予之物

兼具明王與如來完全相反的功德

表情同時展現雙重性格

不動明王的特徵為天地眼，以閉起的左眼斷絕錯誤之路，以睜開的右眼引領正確方向

右牙朝上，左牙朝下（又稱作牙上下出），左牙（上齒）負責斬斷煩惱，右牙（下齒）負責引導悟道

10世紀以前的不動明王像（大師樣式），與十九觀的版本相比，頭部風格不同

頭髮向後梳理的服貼髮型

雙眼睜開，非天地眼，大多會瞪視正前方

上齒咬著下唇，而非牙上下出

存在雙重功效的持物

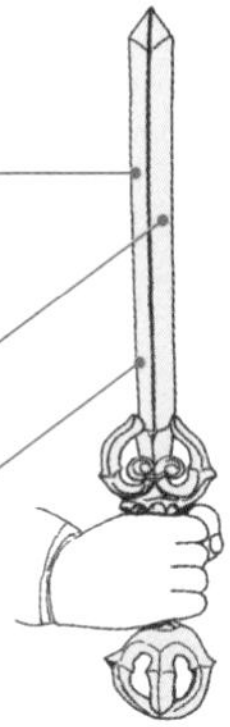

右手持雙刃劍。這是把能夠斬斷煩惱糾纏、授予智慧的利劍

斬斷外來的邪惡之物

斬斷內心煩惱，引領悟道

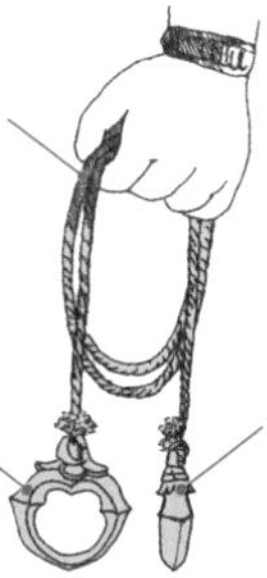

左手持羂索。是條由5色線綁成的繩索。不動明王會投出羂索，捕捉並束縛煩惱（惡魔）

解救眾生

打擊惡魔

脇侍的性格也呈強烈對比

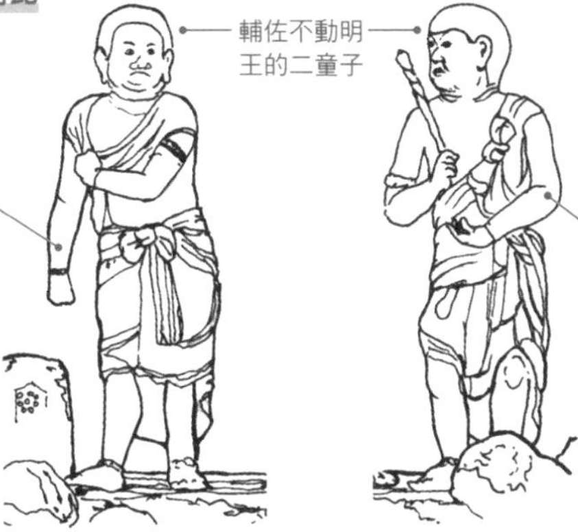

輔佐不動明王的二童子

制吒迦童子身體呈紅色，個性莽撞衝動

矜羯羅童子身體呈白色，個性成熟理智

MEMO： 修驗者會前往修行的峰定寺為本山修驗宗的寺院，安奉於本堂（重要文化財）的不動明王二童子立像為12世紀平安時代的木造作品，中尊像高52.7公分

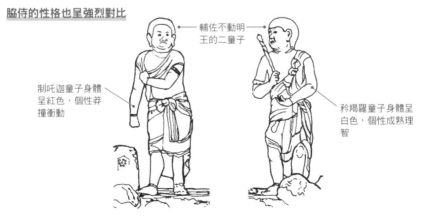

隨炙焰而動的不動明王

不動明王／成田山新勝寺 千葉

江戶時代最為普及的信仰是不動信仰。其中，對江戶近郊的居民而言，前往成田山新勝寺參拜更形成一股風潮※。這裡的本尊當然就是不動明王，是尊能夠實現現世利益之佛。

新勝寺深受歡迎的關鍵在於護摩祈禱儀式。在護摩壇燃燒護摩木，將供品丟入火中進行祈願，意指護摩之焰會將一切障礙燒滅殆盡。新勝寺的不動明王被安奉在熊熊烈焰及昇竄黑煙的對側。不動明王身後大紅色的光背，再加上藍黑色的身軀，與護摩之焰及黑煙重疊，讓人有種佛就現身在眼前的錯覺。

仔細觀察紅與黑

仿照烈焰製作的大紅色火焰光背，用來呈現不動明王身體散發的赤焰
火，是形容不動明王的關鍵字之一。除了能將人們心中煩惱及業障燃燒殆盡，往上竄升的火焰更是引領眾生順利悟道之火
成田山新勝寺中，平和大塔供奉的本尊・不動明王
藍黑色皮膚，充滿力的表現，象徵能夠完全壓制慾望
坐於名為磐石的岩石上（磐石座）

不動明王坐像（五大明王像之一）

※：有時也會前往江戶市區（深川的永代寺）舉行出開帳儀式，擁有眾多信徒

與護摩之焰及煙合而為一的不動明王

①紅色火焰會與後方不動明王的火焰光背結合

②黑色燻煙就像是與不動明王的藍黑色肌膚相重疊

③不動明王與護摩儀式所產生的紅及黑合而為一，讓周遭的人有種不動明王就在火焰之中的錯覺

④這裡的火焰被認為是連接不動明王與修行者間的媒介

護摩木代表煩惱及業障。寫入心願，並置於火爐之中燃燒

出現在『成田名所圖會（譯註：由中路定俊、中路定得等人接續完成的日本古代地理書籍）』中，護摩儀式的部分內容。護摩壇的火爐為三角形，依照不同心願，火爐的形狀也會改變，主要可大致分為下述4類爐型（4種護摩修法儀式）

・圓形「消災爐」
用來祈求消災，能夠化解災害、疾病等厄運

・三角形「調伏爐」
用來祈求調伏，希望能夠擊倒仇敵

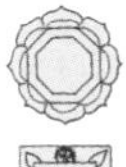
・蓮花形「敬愛爐」
用來祈求搭起人際橋梁

・四角形「增益爐」
用來祈求增添壽命或增加財富

根據護摩儀式的修法內容，火爐的顏色及安置方位會有所差異

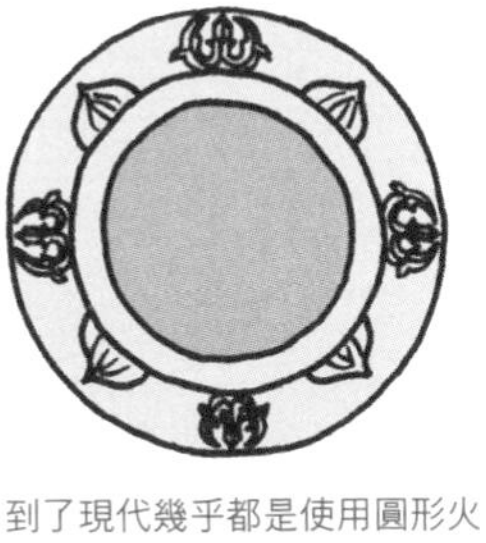

到了現代幾乎都是使用圓形火爐（消災爐）

MEMO：成田山新勝寺為真言宗智山派的大本山。平和大塔中安奉有以不動明王為中心的巨型五大明王像。護摩祈禱儀式會在大本堂進行，大本堂同樣安奉有本尊的不動明王像

剛柔並濟的愛染明王

愛染明王／西大寺 奈良

愛欲為最強烈的煩惱之一。愛染明王，就是選擇坦然接受難以斷離的愛欲，並將其轉變為悟道能量的可敬之佛。從第三隻眼及六隻手臂等特徵，也可察覺愛染明王不僅僅是尊明王，更同時擁有如來及菩薩般的心腸。

話雖如此，愛染明王的表情卻與「愛」完全沾不上邊，且身體呈赤紅色，帶著忿怒表情。其實，愛染明王與不動明王同樣都是護摩祈禱儀式中的本尊。焚燒護摩祈願除了能消災、增益外，還能調伏※仇敵。此外，愛染明王頭上戴的獅子冠更是能夠用來詛咒他人的道具。

三目六臂的愛染明王

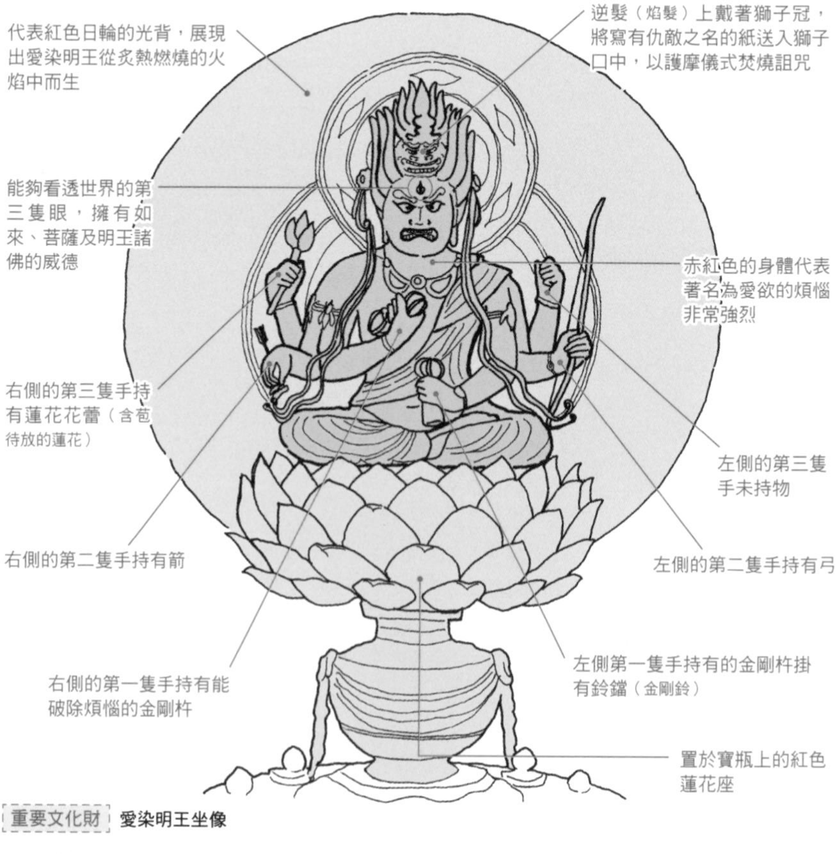
代表紅色日輪的光背，展現出愛染明王從炙熱燃燒的火焰中而生
逆髮（焰髮）上戴著獅子冠，將寫有仇敵之名的紙送入獅子口中，以護摩儀式焚燒詛咒
能夠看透世界的第三隻眼，擁有如來、菩薩及明王諸佛的威德
赤紅色的身體代表著名為愛欲的煩惱非常強烈
右側的第三隻手持有蓮花花蕾（含苞待放的蓮花）
左側的第三隻手未持物
右側的第二隻手持有箭
左側的第二隻手持有弓
右側的第一隻手持有能破除煩惱的金剛杵
左側第一隻手持有的金剛杵掛有鈴鐺（金剛鈴）
置於寶瓶上的紅色蓮花座

重要文化財 愛染明王坐像

※：壓制並咒殺仇敵或魔物，也可稱為降伏

有無持物所代表的含意

金剛薩埵菩薩的化身

愛染明王與大日如來的繼承者「金剛薩埵菩薩」一樣，都手持金剛杵與金剛鈴。空海的肖像中也出現相同的持物

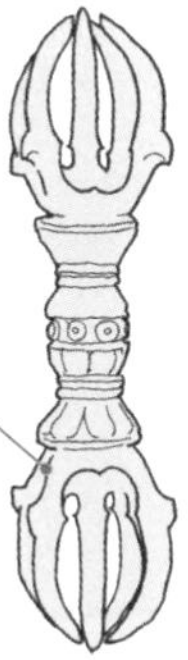

右側第一隻手持有的金剛杵是兩端各分為5個部份的五鈷杵，每一部分都代表金剛界與胎藏界的五佛之一，用來宣揚金胎不二之說（58頁）

左側第一隻手持有五鈷鈴，用來引領眾生步上佛道

也可看見金剛愛菩薩的影子

愛染明王與「金剛愛菩薩」同樣手持弓與箭，接受煩惱並將其轉變為悟道。以弓箭截斷代表煩惱的愛欲，並由弓箭的軌跡指引出悟道之路

第二隻手持有的弓箭也是武器。向愛染明王祈求戰勝的戰國武將・直江兼續將「愛」字裝飾於頭盔上更是極為出名

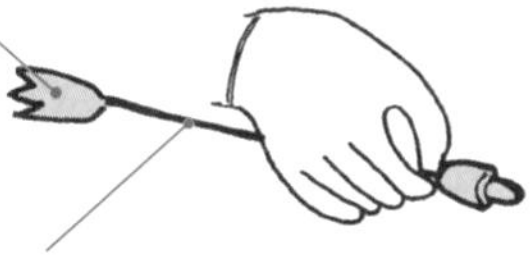

右側第二隻手持有方便之箭

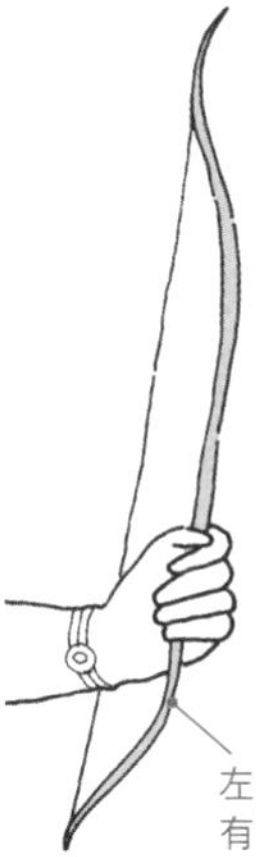

左側第二隻手持有智慧之弓

佛之於內在

右側第三隻手持有含苞待放的蓮花。花蕾代表佛之於內在，展現悟道的潛力

未持物所代表的含意

左側第三隻手未持物。根據護摩儀式的修法及祈願內容，有時會出現未持物之手

要鼓勵皇親國戚加入信仰時，愛染明王會手持王權象徵「日輪」。此外，若想要商人們加入信仰，則會手持象徵財富的「寶珠」

日輪

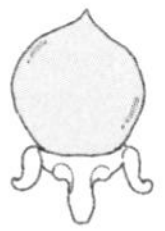

寶珠

MEMO：西大寺為真言律宗的總本山。安奉於愛染堂的祕佛・愛染明王坐像為鎌倉時代的木造作品，像高31.8公分。此外，西大寺本堂的本尊為釋迦如來立像

廁所也有佛

烏樞沙摩明王／瑞龍寺

富山

瑞龍寺為加賀藩主・前田利長的菩提寺※1。寺內的山門、佛殿及法堂不僅是江戶初期的禪宗樣式建築，更是富山縣內唯一的日本國寶。坐鎮於法堂的明王名叫烏樞沙摩，烏樞沙摩明王雖為五大明王※2之一，在密教及禪宗寺院卻被供奉於東司（廁所），是以火去除不淨之佛。但瑞龍寺的東司於250年前燒毀，烏樞沙摩明王就被暫時安奉於法堂內，陪伴於利長牌位之側直至今日，如今更被尊奉為求子之神。創建當初便規劃了七堂伽藍※3，其中也包含東司用地。有朝一日，烏樞沙摩明王終究還是會回歸自己的「家」吧。

日本最大的烏樞沙摩像

雖然瑞龍寺的烏樞沙摩明王右手高舉長矛，但因佛像置於佛龕中無法仔細觀察，建議各位可確認擺放於廁所的複製品
日本最大尊的烏樞沙摩明王立像，推測歷史也最悠久
光背之焰代表烏樞沙摩明王居住於烈焰世界
仍保留有部分的色彩及花紋
瑞龍寺的明王不僅是個精瘦猛男，更是座充滿人類智慧的一面雙臂像
這尊比寺院創建年份還要古老的明王像出處不詳，部分說法認為，會安奉烏樞沙摩明王，是為了祈求一舉得男；另也有說法認為，為了供養膝下無子的前田利長，因此祭拜起烏樞沙摩明王

烏樞沙摩明王立像

※1 譯註：在日本泛指安奉祖先牌位，以祈求冥福所建之寺院　※2：五大明王係指密教最主要的五尊明王，由不動明王以及位處四方的降三世明王、大威德明王、軍荼利明王、烏樞沙摩明王（真言密教系統則是金剛夜叉）組成　※3：佛教寺院所需具備的7棟主要建物，在禪寺一般分為佛殿、法堂、僧堂、庫房、山門、東司（西淨）、浴室

將一切不淨燒之殆盡的火神

身負熊熊火焰，就連平整頭髮也全成了逆髮。烏樞沙摩明王能燒滅不淨，因此也是尊人稱火頭金剛的火神
不同於不動明王的天地眼（106頁），烏樞沙摩明王是以忿怒表情直直睥睨著某處
烏樞沙摩明王

手被置於身後，有著豬頭外表的「亥子神」究竟是犯了怎樣的不淨之罪？
亥子神
將五行（89頁）與十二地支配對時，亥相當於水。將能夠戰勝火的亥子神之手制約於身後，似乎想藉此避免水強過火

禪宗認為「吃進」與「排出」也是修行的一環

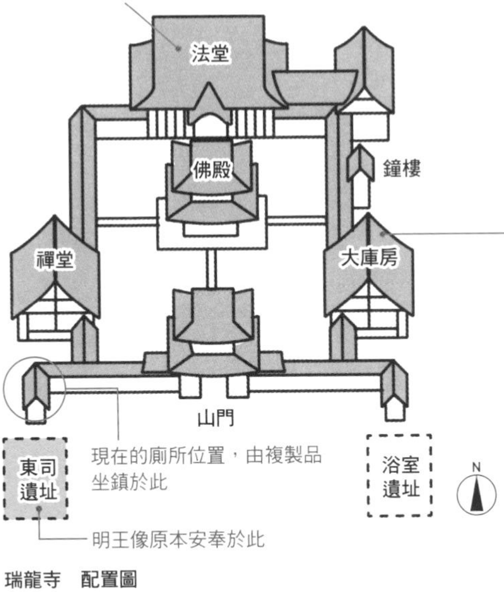
明王像安奉於法堂內
法堂
佛殿
鐘樓
禪堂
大庫房
山門
東司遺址
現在的廁所位置，由複製品坐鎮於此
浴室遺址
N
明王像原本安奉於此

瑞龍寺　配置圖

創建時七堂伽藍已配置完成。禪宗將伽藍配置比擬為人體，傳遞智慧之處相當於頭的位置，活動之處相當於雙手，排泄之處則配置於下半身

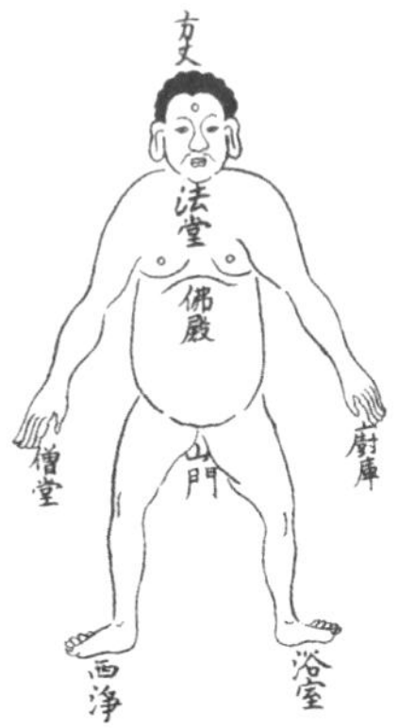
方丈
法堂
佛殿
僧堂
山門
廚庫
西淨
浴室

禪宗七堂伽藍人體表層圖
（引用自瑞龍寺看板）

MEMO：瑞龍寺為曹洞宗寺院。烏樞沙摩明王立像為鎌倉時代的檜木作品，像高141公分
製圖資料提供：富山縣民生涯學習學院

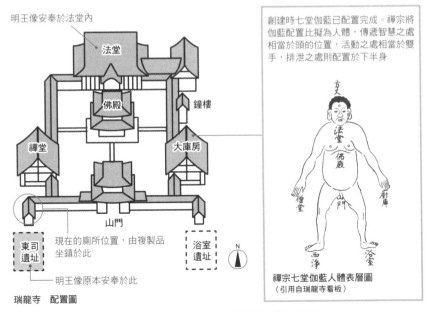

第4章

天部，佛界的保鑣

與如來、菩薩、明王相比，身為佛界守護神的天部數量及種類都來得更多，性別也有男有女，大多居住於須彌山及其周圍。

本章所提到的天部像

梵天／帝釋天

在天部中地位最高，有時會擔任釋迦如來的脇侍，同時也是千手觀音的眷屬（追隨者），「二十八部眾」中的成員

仁王

由阿形、吽形二神為一對所組成，是被尊稱為金剛力士的護法神。單獨被供奉時，則稱為執金剛神

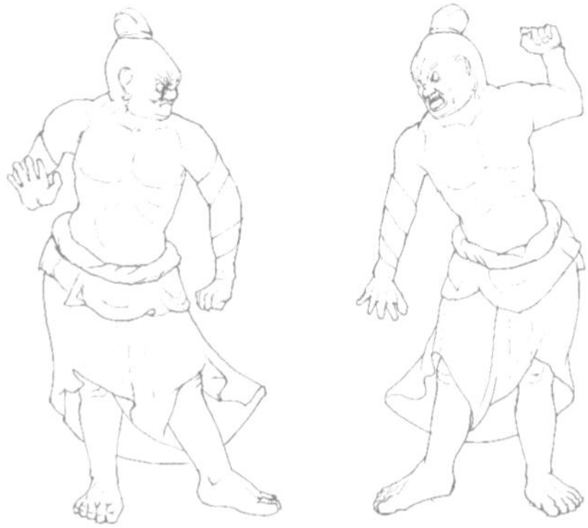

四天王

守護四方的4尊神，東為持國天王、南為增長天王、西為廣目天王、北為多聞天王。其中最強大的是多聞天王，單獨供奉時，則被尊稱為毘沙門天王

阿修羅

釋迦如來的眷屬中，8神「八部眾」的成員之一。八部眾本為古印度諸神，受釋迦如來教化後，成為護法神

十二神將

為藥師如來眷屬的十二尊神將，相傳每一位神將各擁有七千名部下

辯才天

能帶來福德、勝戰的女神。辯才天本為印度河神，在日本則是人人熟知的七福神成員

大黑天

戰鬥、福德之神。在日本更與大國主命相結合，成了眾人所知的七福神成員

近似但實異的一對神祇

梵天、帝釋天／興福寺 奈良

說到帝釋天，相信許多人都會聯想到阿寅電影（譯註：電影系列名為『男人真命苦』）中的柴又帝釋天※1。但其實鮮少有寺院像這樣單獨供奉帝釋天，一般都會與梵天成對現身。

帝釋天與梵天身為釋迦如來的脇侍，更是天部界的頂尖高手。這兩位神祇本為古印度之神，帝釋天本為雷神因陀羅（Indra），梵天則是宇宙創造之神婆羅賀摩（Brahma），其後皆成為佛教的守護神。這對被俗稱為梵釋的兩尊神祇外型相似，但仍存在差異之處。各位不妨先記住，帝釋天與梵天在佛界除了扮演著各自的角色外，地位高低也不同。

找尋梵天與帝釋天的差異

帝釋天
梵天
帝釋天為武人，中國風的服裝下配戴盔甲。由於佛教自西方大陸傳入日本，因此整體表現充滿中式元素
右手持有卷軸，看似正在接受報告
身為武人的帝釋天擁有緊實體態
充滿中國風的仿禮服衣著。梵天與帝釋天同為釋迦如來的守護神，但梵天完全是文人形象，身上多半不會穿著盔甲
正因是文人，體型也稍顯豐腴
兩尊立像本置於東金堂，梵天在本尊藥師如來的左側、帝釋天在右側

重要文化財 梵天、帝釋天立像

※1：柴又帝釋天係指題經寺，是間位於東京的日蓮宗寺院。本尊・帝釋天安奉於帝釋堂內 ※2：自古以來，中國便遵循「天子坐北朝南」法則，從北方看去時，日自東昇，因此左側地位比右側來的更崇高

兩神差異來自不同出身處

梵天地位較崇高

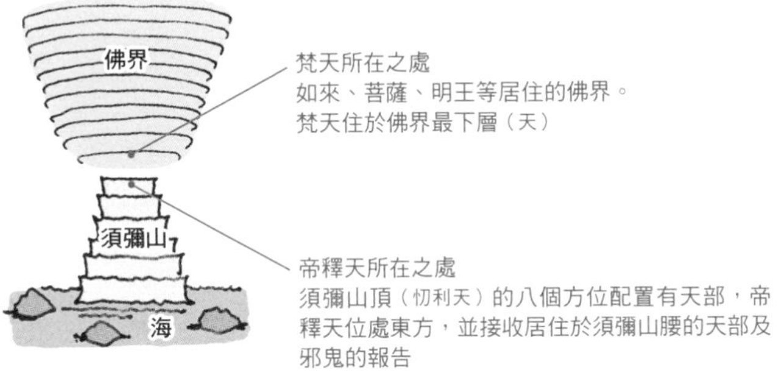
佛界
須彌山
海
梵天所在之處
如來、菩薩、明王等居住的佛界。
梵天住於佛界最下層（天）
帝釋天所在之處
須彌山頂（忉利天）的八個方位配置有天部，帝釋天位處東方，並接收居住於須彌山腰的天部及邪鬼的報告

接收四天王報告的帝釋天

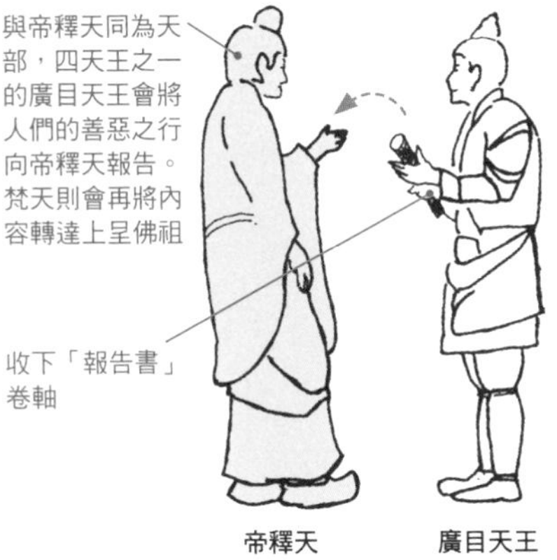
與帝釋天同為天部，四天王之一的廣目天王會將人們的善惡之行向帝釋天報告。梵天則會再將內容轉達上呈佛祖
收下「報告書」卷軸
帝釋天
廣目天王

左手邊地位較崇高

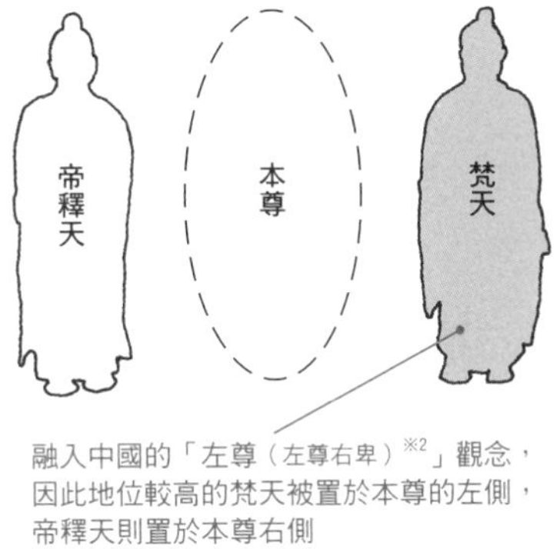
帝釋天
本尊
梵天
融入中國的「左尊（左尊右卑）※2」觀念，因此地位較高的梵天被置於本尊的左側，帝釋天則置於本尊右側

column

不太一樣的密教梵釋二神

與密教結合後，梵天與帝釋天的形象完全改變。除了帶有濃濃的古印度神話元素外，二神間的差異也更為明顯。
供奉於京都東寺講堂（44頁）的梵天像為宇宙創造之神的樣貌，擁有4面4臂，總是睥睨四方。另一方面，帝釋天身為武將之神，騎乘著馬車或大象，並手持金剛杵，呈武裝形象

騎乘著用來戰鬥的動物，遏止來自下界的攻擊
騎乘著能夠飛天的動物，看守著淨土
帝釋天
梵天

MEMO：興福寺為法相宗的大本山，安奉於境內國寶館的梵天、帝釋天立像為鎌倉時代的檜木作品，採寄木造工法。梵天像高171.5公分，帝釋天為166公分

由此瞻仰仁王像

仁王／財賀寺 愛知

在前往本堂的參道途中若有看到仁王門，不妨佇立於前方片刻。立於仁王門左右兩側的是仁王像（金剛力士）。面朝仁王，右手邊張著嘴的是阿形像，左手邊閉著嘴的是吽形像。

接下來，試著尋找這對仁王像的視線交會處，那會是參拜仁王像的最佳位置。除了觀察表情外，各位不妨仔細研究裹著四肢及腰際間的衣裳線條，將能看出仁王欲採取的行動。強風與氣勢像是從左右兩側夾擊而來，讓人不禁愕然呆立。我們這可佇立於佛界入口呢。

佛界入口・仁王門

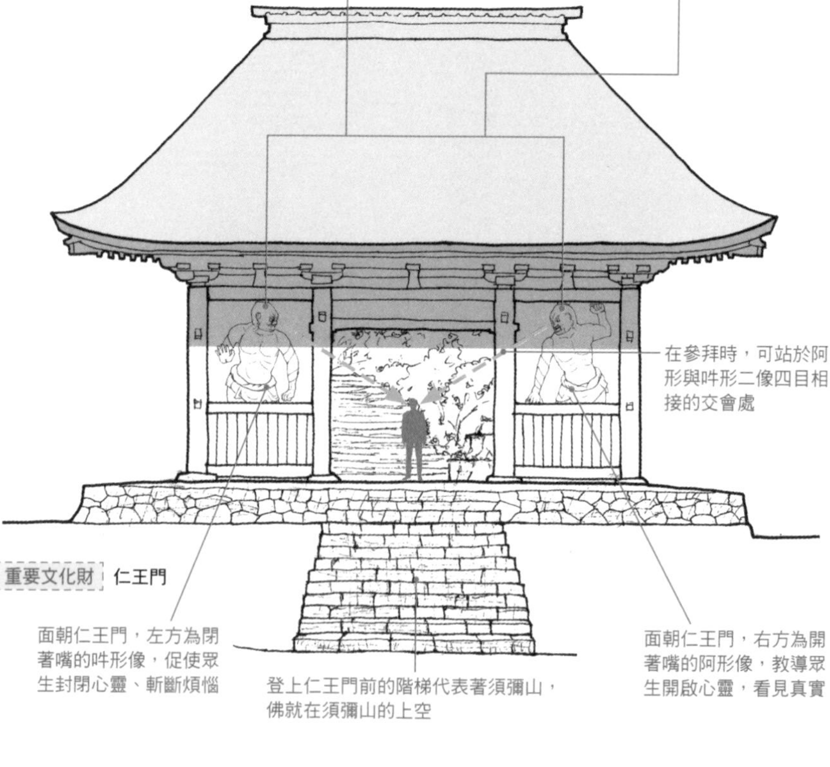
二神一體的仁王（金剛力士）為帝釋天（116頁）化身，二神皆為忿怒相。帝釋天為須彌山頂（忉利天），也就是佛界入口的守護神，代表仁王門即是佛界入口
兩尊仁王相當巨大，阿形像像高381公分、吽形像像高375公分
在參拜時，可站於阿形與吽形二像四目相接的交會處
重要文化財 仁王門
面朝仁王門，左方為閉著嘴的吽形像，促使眾生封閉心靈、斬斷煩惱
登上仁王門前的階梯代表著須彌山，佛就在須彌山的上空
面朝仁王門，右方為開著嘴的阿形像，教導眾生開啟心靈，看見真實

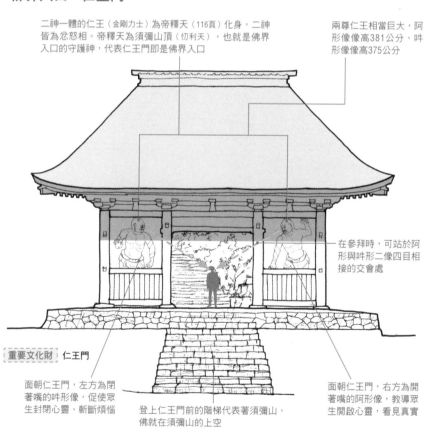

從仁王的四肢解讀氣勢，從服裝解讀風向

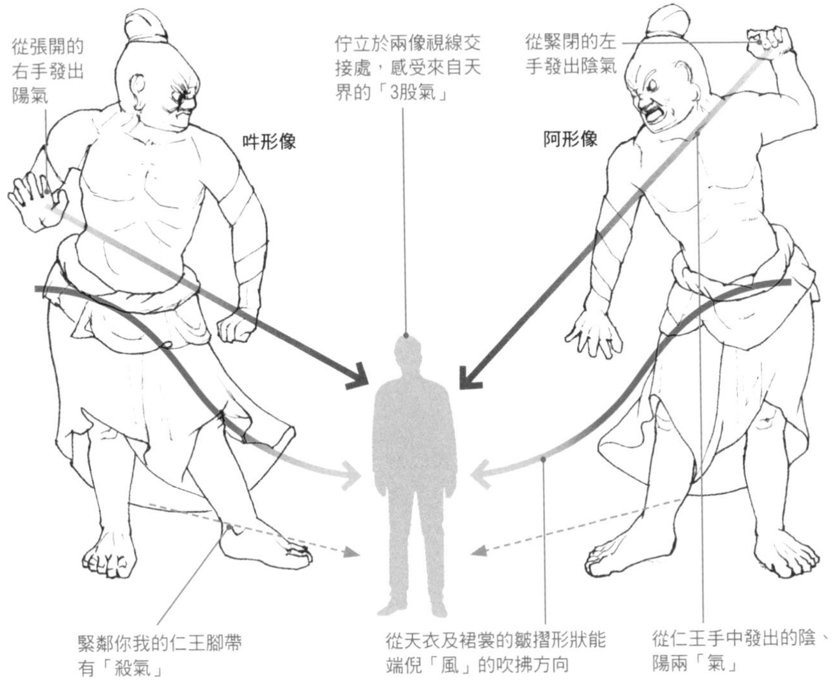
從張開的
右手發出
陽氣
佇立於兩像視線交
接處，感受來自天
界的「3股氣」
從緊閉的左
手發出陰氣
吽形像
阿形像
緊鄰你我的仁王腳帶
有「殺氣」
從天衣及裙裳的皺摺形狀能
端倪「風」的吹拂方向
從仁王手中發出的陰、
陽兩「氣」

重要文化財 金剛力士立像

寺院境內即是佛的宇宙

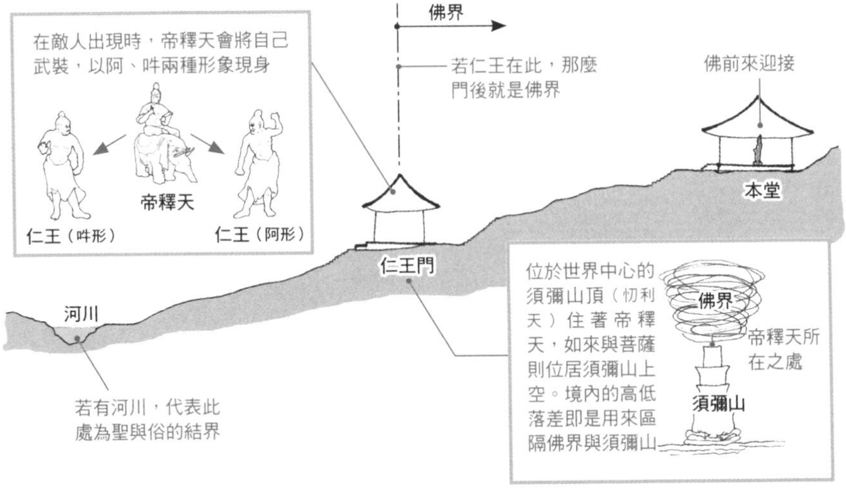
在敵人出現時，帝釋天會將自己
武裝，以阿、吽兩種形象現身
帝釋天
仁王（吽形）
仁王（阿形）
佛界
若仁王在此，那麼
門後就是佛界
佛前來迎接
本堂
仁王門
河川
若有河川，代表此
處為聖與俗的結界
位於世界中心的
須彌山頂（忉利
天）住著帝釋
天，如來與菩薩
則位居須彌山上
空。境內的高低
落差即是用來區
隔佛界與須彌山
佛界
帝釋天所
在之處
須彌山

MEMO ：財賀寺為高野山真言宗寺院。金剛力士立像為平安後期的檜木作品（寄木造工法），而財賀寺的本尊則為千手觀音菩薩

從眼睛區分四天王

四天王／東大寺 奈良

四天王是指東邊的持國天王、南邊的增長天王、西邊的廣目天王、北邊的多聞天王。四天王為了守護佛界，每月會下凡間6次，仔細觀察四方，監督著眾生的行為及善惡表現。若發現違逆佛法的敵人，就會加以懲罰。根據四天王各自扮演的角色，其表情與持物也會不同，因此可由此分辨哪尊天王為監督者，哪尊天王為懲罰者。

觀察四天王的腳下，基本上都會踩著邪鬼。此外，四天王的身邊大多會出現帝釋天的身影。我們可以從中看出須彌山守護神間的「階級關係」。想必不少人對那箇中道理也會心一笑吧。

四方守護神與五行的關係

西
廣目天王
西方守護神・廣目天王，肌膚為白色
堂內中央配置有多寶塔，塔的四方有四天王像看守。四天王的配置多半向右錯位45度，避免遮住多寶塔正面（多寶塔內安奉有釋迦牟尼佛與多寶佛）
北方守護神・多聞天王，肌膚為黑色
多聞天王被獨自供奉時，會稱為毘沙門天王
北
多聞天王
廣目天王
多聞天王
多寶塔
增長天王
持國天王
戒壇堂　平面圖
N
南方守護神・增長天王，肌膚為紅色
南
增長天王
東
持國天王
四天王的膚色源自於五行說（89頁）。將萬物以木、火、土、金、水5個元素解讀的五行說認為，北方代表「水」，相當於黑色；東方代表「木」，相當於青色；南方代表「火」，相當於紅色；西方代表「金」，相當於白色
東方守護神・持國天王，肌膚為青色

國寶　四天王立像

四天王形象依扮演的角色而異

監督者—西、北之神

廣目天王
多聞天王

即便四天王是土塑雕像，仍刻意使用黑曜石製作雙眼，突顯其重要性。廣目天王有對細長的雙眼，黑眼珠外擴，猶如魚眼鏡頭般，擁有廣角視野

有著細眼，黑眼珠內靠的多聞天王就像透過望遠鏡調整焦距，遙視遠方

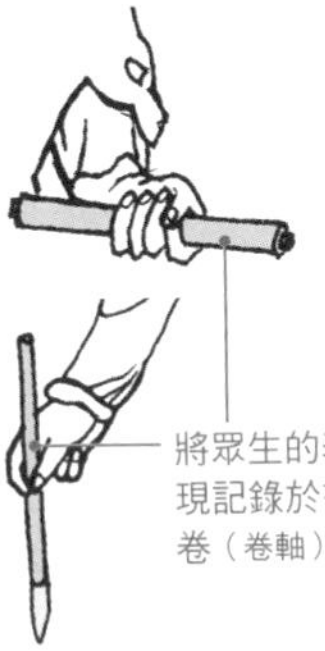

將眾生的表現記錄於書卷（卷軸）

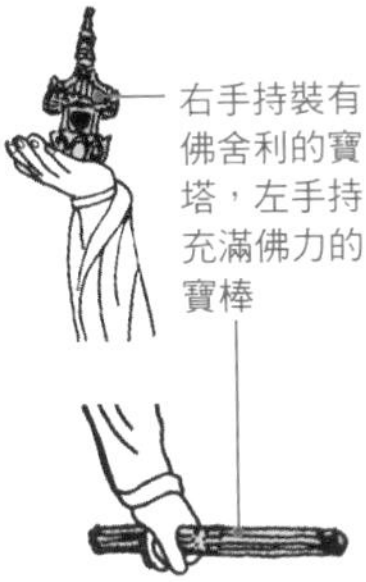

右手持裝有佛舍利的寶塔，左手持充滿佛力的寶棒

懲罰者—南、東之神

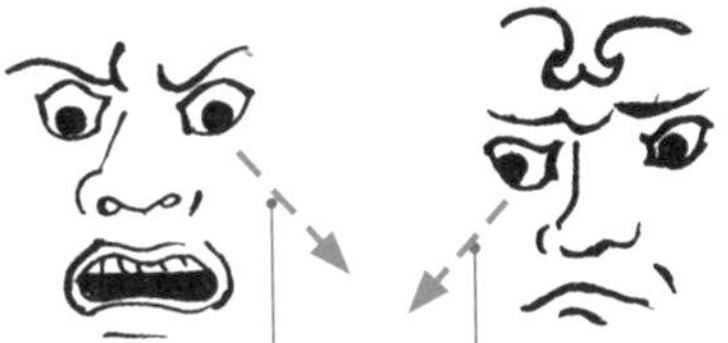
增長天王
持國天王

瞪著大大的雙眼，張開嘴巴（阿形），展現威嚇氣勢

瞪大眼睛，緊閉嘴巴（吽形），展現忿怒形象。在身為懲罰者的兩尊天王凝視下，心中的邪念彷彿無所遁形

懲罰者手持武器。增長天王手中的戟，是前端一分為三的矛

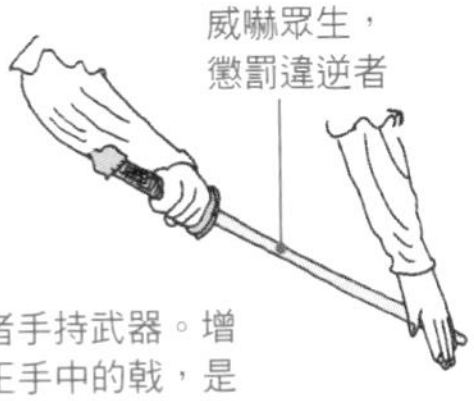

持國天王手持劍，負責威嚇眾生，懲罰違逆者

四天王、惡鬼與帝釋天之間的關係

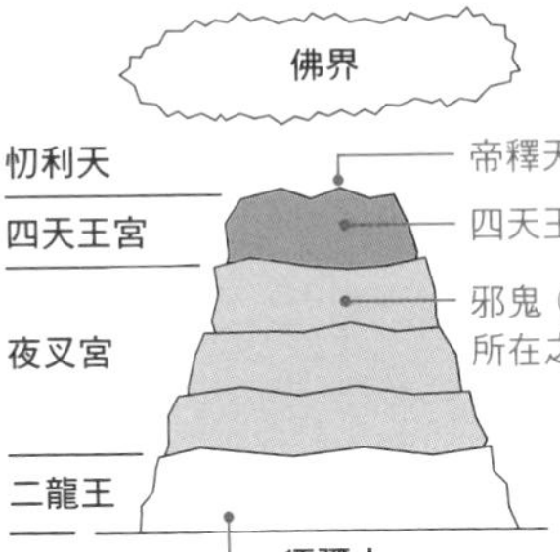
佛界
忉利天
四天王宮
夜叉宮
二龍王
帝釋天所在之處
四天王所在之處
邪鬼（夜叉神）所在之處
須彌山

須彌山從山腳的「二龍王」到山頂的「忉利天」可分為幾個部分，每一層皆有神存在。須彌山上空為佛界，從整體配置也可看出諸神的階級關係

帝釋天
四天王
邪鬼

帝釋天在接收報告後，將內容轉達佛界

四天王中，廣目天王會記錄眾生的行為，並呈報帝釋天

曾是暴徒的邪鬼被四天王踩在腳下，如今負責看守佛界

MEMO：東大寺為華嚴宗的大本山。四天王立像為天平時代的塑造之作，目前安奉於戒壇堂內，像高160.5～169.9公分，相傳是從其他殿堂移置於此（有說法認為，四天王像原本應該是安奉於境內法華堂本尊・不空羂索觀音的周圍，82頁）

跑龍套演員登上主角寶座

天燈鬼、龍燈鬼／興福寺

奈良

邪鬼在世人眼中，總是留下被四天王※踩在腳下的形象。邪鬼本為違犯佛法之鬼，其後改邪歸正，稱臣於佛，成了居住於須彌山腰的夜叉神。位於山頂附近的天部們中，階級地位最低的四天王無臺座，直接站立在堅硬的岩塊上。邪鬼認為四天王這樣太可憐，於是貢獻自我，讓自己的背部成為四天王的臺座，因此才會出現四天王腳踩邪鬼的佛像。

然而，興福寺的邪鬼卻獨自扛著燈籠。天燈鬼及龍燈鬼這對邪鬼或許正是因為捨身奉獻，才讓祂們有機會晉身為照亮佛祖的角色。

紅色肌膚意指「天（火）」，同時代表著「動」

天燈鬼站在須彌山的岩地上

肌肉發達的壯碩體魄展現出邪鬼應有的性格。阿形形象

國寶　天燈鬼立像

※：四方的護法神，東為持國天王、南為增長天王、西為廣目天王、北為多聞天王

堅忍不拔的惡鬼

被踩踏於腳下

東寺（京都）的邪鬼為了無臺座的持國天王，獻出了自己的背部供其踩踏。邪鬼用盡全力承受重量的表情，並非因敗給持國天王而不得不屈服

持國天王
邪鬼

須彌山（10頁）所展現的「序列」。身處山頂的天部（①）地位崇高，擁有動物臺座（禽獸座）。位居其下的四天王（②）無臺座，因此居住於山腰的邪鬼（③）捨身為座。而興福寺的邪鬼（③）則將龍（④）馴服

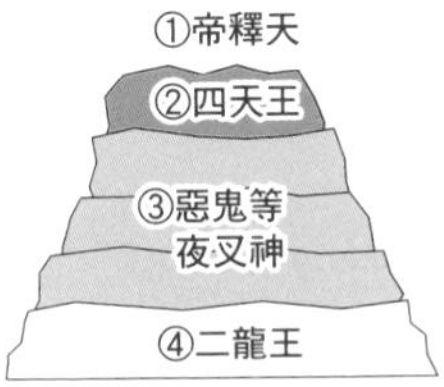
①帝釋天
②四天王
③惡鬼等
夜叉神
④二龍王

支撐著屋頂

尾垂木
邪鬼

法隆寺（奈良）五重塔的邪鬼支撐著一樓屋頂四邊的尾垂木（元祿時代之作）。若將尾垂木當成東西南北守護神的四天王，那麼就能清楚掌握其中的階級關係

紅色的天燈鬼與藍黑色的龍燈鬼

這裡的龍燈鬼搖身一變為不動之姿。哞形形象。詼諧表情出自運慶三男・庚弁之手

藍黑色肌膚意指「地（水）」，同時代表著「靜」

不只雙眼，就連牙齒也是以水晶製成。眉毛使用銅片等方式皆為鎌倉時代的造佛風格

手握龍尾，將龍馴服

國寶　龍燈鬼立像

MEMO：興福寺為法相宗的大本山，天燈鬼立像與龍燈鬼立像皆為鎌倉時代的檜木作品，採寄木造工法，為彩色作品。前者像高78.2公分，後者為77.8公分。兩像本安奉於西金堂的須彌堂內，現改收藏於境內的國寶館

名字與形象相異的北方守護神們

毘沙門天王／鞍馬寺 京都
成島毘沙門堂 岩手 **等**

守護四方的四天王※中，又以北方守護神的「多聞天王」最強。多聞天王常常被單獨供奉，此時會改稱為「毘沙門天王」，在日本，毘沙門天王更是讓人相當熟悉的七福神成員。

部分的毘沙門天像還是妻兒隨側的三尊像，另外還有較為特異的兜跋毘沙門天像。成島毘沙門堂供奉的雖然也是毘沙門天王，但腳下踩著的是地天女，另有邪鬼追隨於側。

多聞天王、毘沙門天王、兜跋毘沙門天王，就讓我們比較看看這些全都來自北方的守護神吧。

四天王之一，多聞天王

多聞天王與毘沙門天王的手中皆持有寶塔
面帶忿怒表情，身著盔甲也是多聞天王與毘沙門天王的共通之處
踩踏著作為臺座的邪鬼。邪鬼居住於靠近須彌山山腰的夜叉宮。夜叉宮上方的四天王宮住有四天王，可看出其中的階級關係
多聞天王會單手拿著寶棒或寶劍

國寶
多聞天立像（四天王像之一，東大寺／奈良）

多聞天王不會被獨自供奉。一般會以四天王或二天王組合，守護著位居中心的佛祖

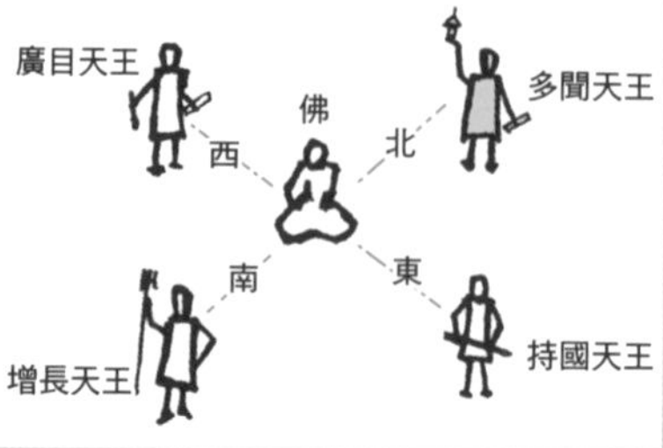
廣目天王
多聞天王
佛
西
北
南
東
增長天王
持國天王

※：除了北為多聞天王外，東為持國天王、南為增長天王、西為廣目天王（120頁）

北方守護神的三種變化——臺座、脇侍、持物

人人熟悉的七福神成員，毘沙門天王

安置此尊毘沙門天像的鞍馬寺坐落於京都北部，供奉著北方守護神的毘沙門天王，擔負起鎮守平安京的職責

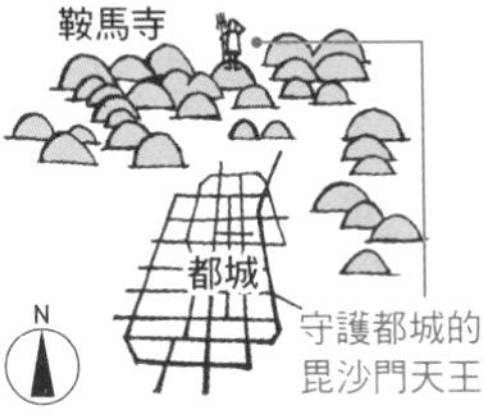
鞍馬寺
都城
N
守護都城的
毘沙門天王

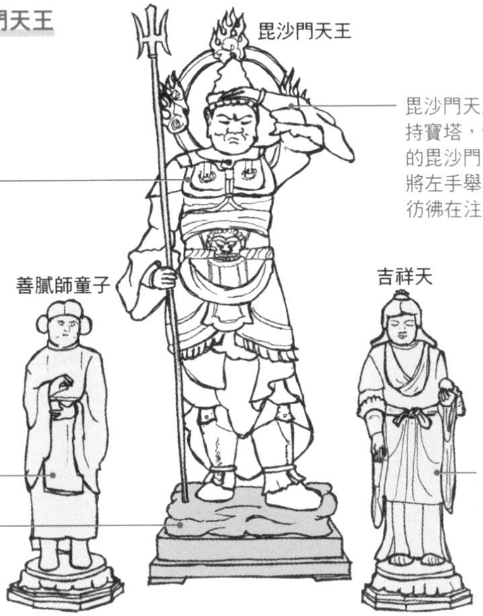
毘沙門天王
善膩師童子
吉祥天

毘沙門天王一般手持寶塔，但鞍馬寺的毘沙門天王則是將左手舉至頭部，彷彿在注目著都城

膝下五子之一

毘沙門天王佇立在象徵須彌山的岩座上，有時則是腳踩邪鬼

毘沙門天王之妻

國寶 毘沙門天、吉祥天及善膩師童子立像／鞍馬寺

由地天女支撐著的兜跋毘沙門天王

安奉於岩手成島毘沙門堂的兜跋毘沙門天立像。平安時代，坂上田村麻呂受桓武天皇之命，平定了東北（蝦夷）地區。相傳毘沙門天王也是因此被供奉於成島，成為鎮守日本北方的守護神

N

兜跋毘沙門天王負責守護北方大地，避免外敵入侵

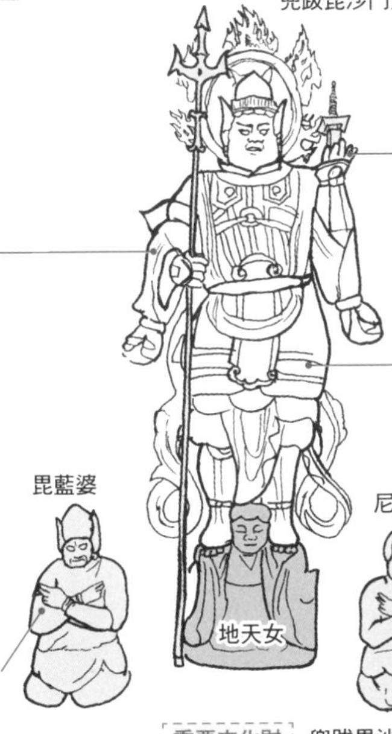
兜跋毘沙門天王
毘藍婆
尼藍婆
地天女

手持戟（三叉矛）與寶塔

地天女以雙手將兜跋毘沙門天王撐起，展現出兜跋毘沙門天王現身地表之姿

若在腳下看到地天女及二藍婆，那就可以確定尊像為兜跋毘沙門天王

重要文化財 兜跋毘沙門天立像／成島毘沙門堂

MEMO：安奉於鞍馬寺靈寶殿的毘沙門天立像為平安時代的木造作品，像高175.7公分。安奉於成島毘沙門堂的兜跋毘沙門天立像同為平安時代的木造作品，像高473公分。安奉於東大寺戒壇院的多聞天像（120頁）則是奈良時代的塑造之作，像高164.5公分

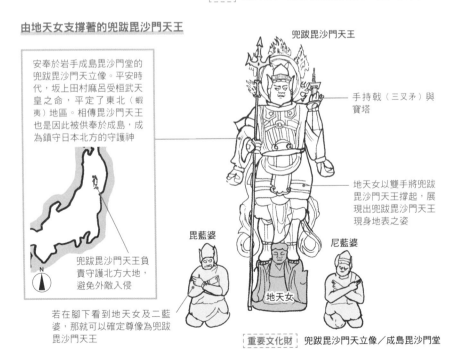

留在阿修羅身上的誕生秘密

阿修羅／興福寺 奈良

佛像界的頭號美少男，興福寺的阿修羅像有著眾人熟悉的三頭六臂。阿修羅本為鬼神，後來成了守護釋迦如來的8神「八部眾」※1成員。

除了阿修羅外，興福寺的八部眾像皆為一頭雙臂※2，身著盔甲。只有阿修羅身形相異，且裸露紅色肌膚。為何阿修羅會需要三個人的身體？祂為何又會擁有一張天真無邪的少年容顏？在探索解密的同時，我們將能發現阿修羅一路從修羅道轉世至人間道、之後進入天道的誕生歷程。

從阿修羅像發現古印度神祇

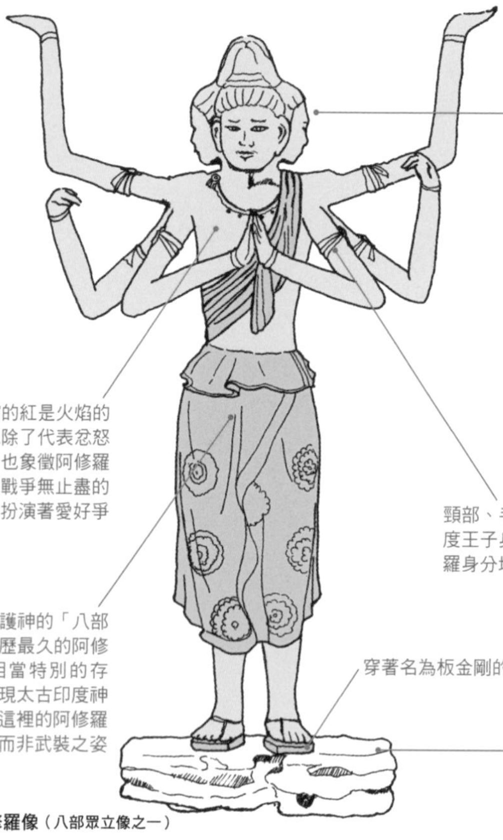
阿修羅的「修羅」係指六道※3中，人間道之下的世界。阿修羅與八部眾共同歷經六道中的「修羅道」與「人間道」後，轉世入「天道」，成為釋迦如來的守護神。阿修羅像的特徵也呈現出上述提及的三道
天道
人間道
修羅道
阿修羅肌膚的紅是火焰的顏色，紅色除了代表忿怒與戰鬥外，也象徵阿修羅為鬼神。在戰爭無止盡的修羅場中，扮演著愛好爭鬥的鬼神
頸部、手臂、手腕上的物品皆為古印度王子身上的裝飾物，這也代表阿修羅身分地位崇高
釋迦如來守護神的「八部眾」中，資歷最久的阿修羅可說是相當特別的存在。為了展現太古印度神祇的形象，這裡的阿修羅身體裸露，而非武裝之姿
穿著名為板金剛的草鞋
佇立於岩石狀的臺座・洲濱座。洲濱座為天部中，地位較低之神所使用

國寶 阿修羅像（八部眾立像之一）

※1：八部眾中，除了阿修羅外，還有天、龍、夜叉、乾闥婆、迦樓羅、緊那羅、摩睺羅伽　※2：一臉搭配雙手
※3：六道係指眾生輪迴的六個世界（地獄道、餓鬼道、畜生道、修羅道、人間道、天道）

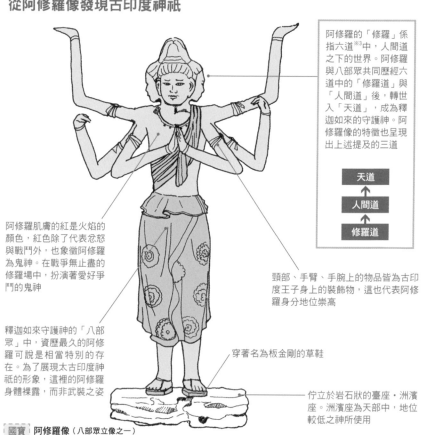

阿修羅的成長展現於三個表情中

①
②
③

佛教規定，繞佛行禮需順時針而行（右繞禮法）。在瞻仰阿修羅像的尊容時，可依①右面、②左面、③正面的順時針方向繞行，這麼一來將能了解，淪落鬼神的阿修羅是如何以守護神之姿領會悟道

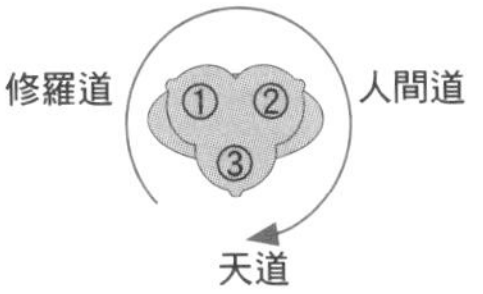
修羅道
①
②
③
人間道
天道

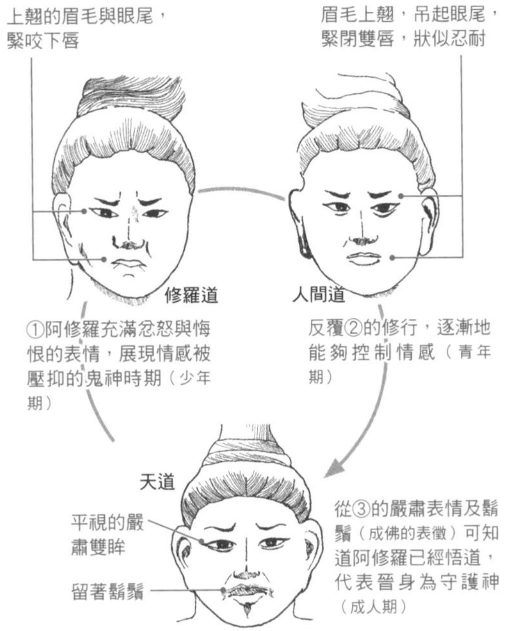
上翹的眉毛與眼尾，緊咬下唇
眉毛上翹，吊起眼尾，緊閉雙唇，狀似忍耐
修羅道
人間道
①阿修羅充滿忿怒與悔恨的表情，展現情感被壓抑的鬼神時期（少年期）
反覆②的修行，逐漸地能夠控制情感（青年期）
天道
平視的嚴肅雙眸
留著鬍鬚
從③的嚴肅表情及鬍鬚（成佛的表徵）可知道阿修羅已經悟道，代表晉身為守護神（成人期）

手臂需與臉部配對

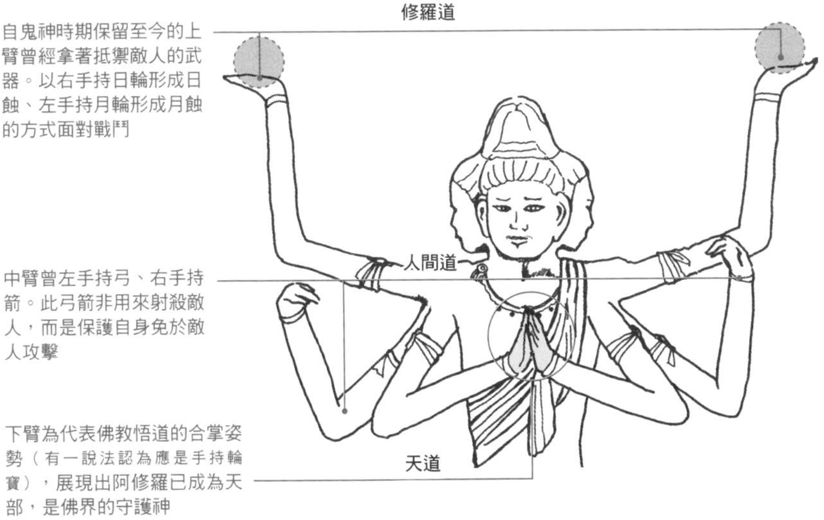
修羅道
自鬼神時期保留至今的上臂曾經拿著抵禦敵人的武器。以右手持日輪形成日蝕、左手持月輪形成月蝕的方式面對戰鬥
人間道
中臂曾左手持弓、右手持箭。此弓箭非用來射殺敵人，而是保護自身免於敵人攻擊
天道
下臂為代表佛教悟道的合掌姿勢（有一說法認為應是手持輪寶），展現出阿修羅已成為天部，是佛界的守護神

MEMO ： 興福寺為法相宗的大本山。阿修羅像為奈良時代之作，採乾漆造製成，像高153.4公分。包含阿修羅像的八部眾立像原本安奉於西金堂本尊・釋迦如來像的四周，但目前改存放於境內的國寶館

神，無所不在

十二神將／慈恩寺 山形

慈恩寺以奧州藤原氏※1的莊園寺院之名發展，境內有許多來自中央的佛像。這也是為何我們在慈恩寺，能看到與樸素的「陸奧佛」風格截然不同，相當具特色的十二神將像。

十二神將為專門將眾生從病痛中解救的藥師如來眷屬。雖本為印度之神，但與中國的十二地支結合後，成了守護時辰及方位的神祇※2。若將藥師如來比喻為「醫生」，那麼隨侍於側的日光、月光菩薩就是負責日夜輪班的「護理師」，而十二神將相當於負責管轄各區的「急救人員」。「藥師如來團隊」可說全天、全方位地提供完備支援。

守護卯時、卯位的卯神

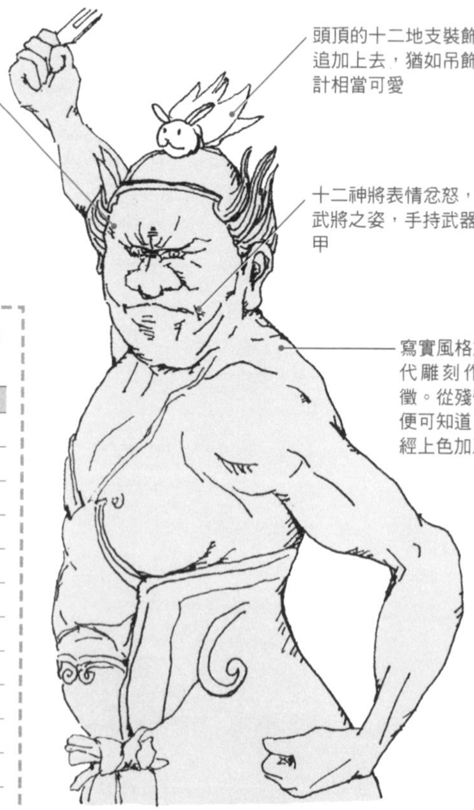
頭頂的十二地支裝飾是之後才追加上去，猶如吊飾造型的設計相當可愛
此神將為卯神。卯神形象雖被認為是來自十二神將的招杜羅（大日如來的化身），但招杜羅一般會與戌神畫上等號（參照下表）。十二神將雖沒有明確地與十二地支作配對，但慈恩寺的配對方式的確較為特異
十二神將表情忿怒，一般多為武將之姿，手持武器，身著盔甲
寫實風格為鎌倉時代雕刻作品的特徵。從殘留的塗料便可知道，神像曾經上色加工

重要文化財 兔神將（十二神將立像之一）

一般較常見的十二神將名、本地佛與十二地支組合

神將	本地佛	十二地支
宮毘羅	彌勒菩薩	子
伐折羅	大勢至菩薩	丑
迷企羅	阿彌陀如來	寅
安底羅	觀世音菩薩	卯
頞你羅	如意輪觀音	辰
珊底羅	虛空藏菩薩	巳
因達羅	地藏王菩薩	午
波夷羅	文殊菩薩	未
摩虎羅	大威德明王	申
真達羅	普賢菩薩	酉
招杜羅	大日如來	戌
毘羯羅	釋迦如來	亥

※1：奧州藤原氏歷經三代，為平安時代末期，以平泉（岩手）為中心發展興盛的氏族

※2：十二神將為每尊配對的本地佛化身而成的天部諸神，各有七千名夜叉神追隨於側，迎戰煩惱。其後更與十二地支接合，被尊稱為子神、丑神、寅神等（並無制式化的配對方式）

與天干地支配對的十二神將

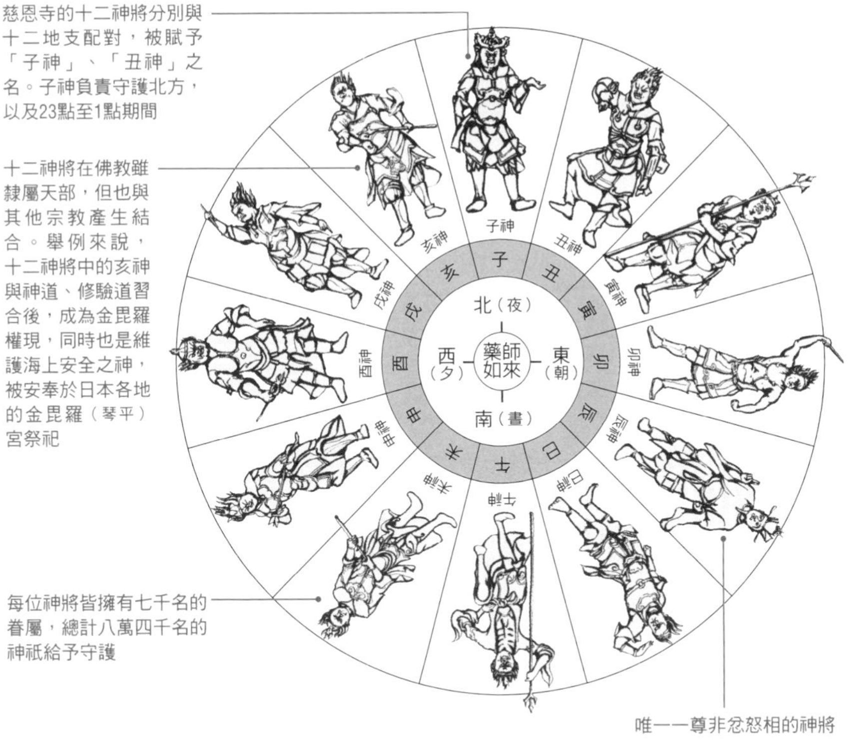
慈恩寺的十二神將分別與十二地支配對，被賦予「子神」、「丑神」之名。子神負責守護北方，以及23點至1點期間
十二神將在佛教雖隸屬天部，但也與其他宗教產生結合。舉例來說，十二神將中的亥神與神道、修驗道習合後，成為金毘羅權現，同時也是維護海上安全之神，被安奉於日本各地的金毘羅（琴平）宮祭祀
每位神將皆擁有七千名的眷屬，總計八萬四千名的神祇給予守護
唯一一尊非忿怒相的神將
子神
丑神
寅神
卯神
辰神
巳神
午神
未神
申神
酉神
戌神
亥神
子
丑
寅
卯
辰
巳
午
未
申
酉
戌
亥
北（夜）
東（朝）
南（晝）
西（夕）
藥師如來

十二神將的各種排列組合

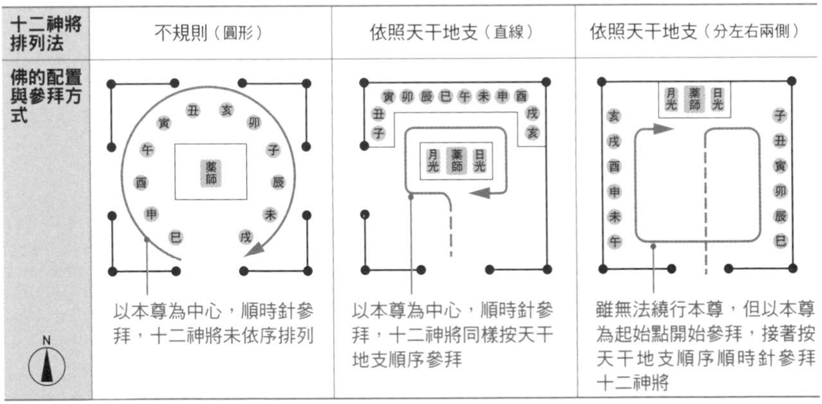
十二神將排列法
不規則（圓形）
依照天干地支（直線）
依照天干地支（分左右兩側）
佛的配置與參拜方式
以本尊為中心，順時針參拜，十二神將未依序排列
以本尊為中心，順時針參拜，十二神將同樣按天干地支順序參拜
雖無法繞行本尊，但以本尊為起始點開始參拜，接著按天干地支順序順時針參拜十二神將
藥師
月光
日光
N

MEMO：慈恩寺本為法相宗寺院，但其後合併了天台、真言、時宗等數個宗派，目前獨立成為慈恩宗總本山。本尊為彌勒菩薩，十二神將立像為檜木作品，除了四尊（辰、午、未、申神）為江戶時代之作外，其餘八尊皆為鎌倉時代中期之作（重要文化財）。像高介於85.2～96公分

居住在江之島的兩尊辯才天

辯才天／江島神社 神奈川

據『江島緣起繪卷』※1紀載，在烏雲籠罩之際，海中突然浮出砂岩，成為島嶼（江之島）。降臨島上的，即是龍王（蛇）之女的辯才天。

江之島供奉辯才天的歷史相當悠久。在江島神社的邊津宮※2更可欣賞到兩尊鎌倉時代製作的辯才天像。兩尊辯才天雖相互比鄰，但一尊為有著八隻手的八臂像，另一尊則是手抱琵琶的裸身像。有著天壤之別風貌的兩尊辯才天庇佑的內容也不盡相同，那麼究竟要先參拜哪尊辯才天呢？

載浮湘南海上的神之島

供奉辯才天之處皆離不開水，因此在神社境內可以看見辯天池。被譽為日本三大辯天的江島神社（江之島）、嚴島神社（安藝的宮島）及竹生神社（琵琶湖的竹生島）都是載浮於水面的小島

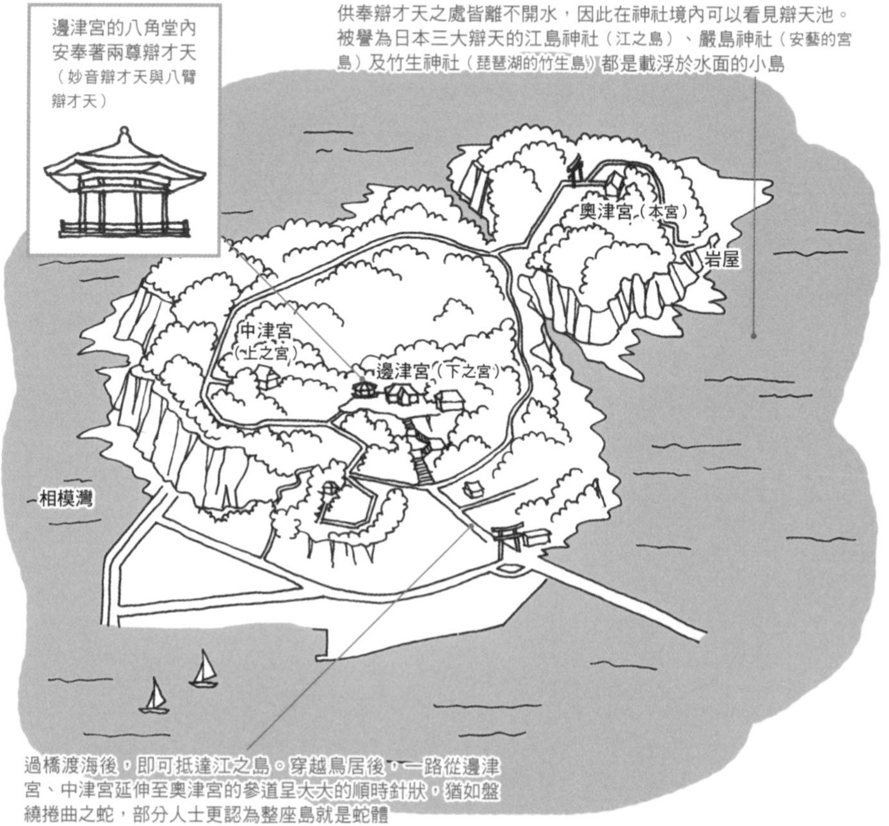
邊津宮的八角堂內安奉著兩尊辯才天（妙音辯才天與八臂辯才天）
奧津宮（本宮）
岩屋
中津宮（上之宮）
邊津宮（下之宮）
相模灣

過橋渡海後，即可抵達江之島。穿越鳥居後，一路從邊津宮、中津宮延伸至奧津宮的參道呈大大的順時針狀，猶如盤繞捲曲之蛇，部分人士更認為整座島就是蛇體

※1：繪製於江戶時代的畫卷
※2：江島神社由邊津宮、中津宮、奧津宮組成。在明治時代執行神佛分離政策前，此三宮分別稱為下之宮、上之宮及本宮。例行的祭典日為4月最初的巳之日

妙音辯才天為音樂及學問之神

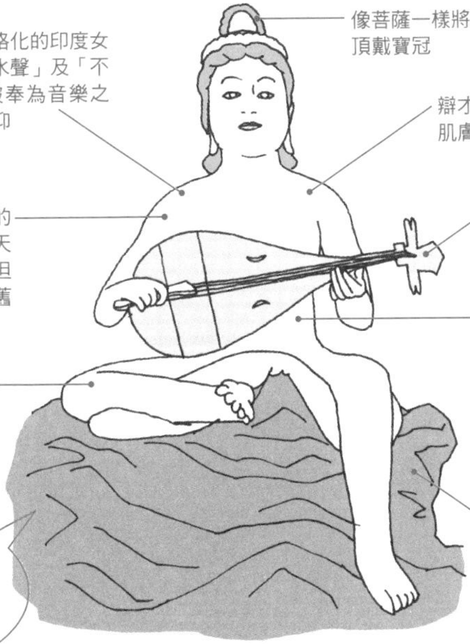
像菩薩一樣將頭髮上盤，頂戴寶冠
辯才天本來是位將河川神格化的印度女神，因為河川的「潺潺流水聲」及「不息的川流」，讓辯才天被奉為音樂之神、學問之神而被廣為信仰
辯才天為蛇的化身，雪白肌膚代表著白蛇
此像是極為重視寫實風格的鎌倉時代之作。當時辯才天的裸體像雖有衣物披覆，但因年代久遠，布料也隨之舊化腐朽
手持琵琶及撥片是源自佛教中既有的天女像形象
豐腴體態搭配上豐滿的胸部。相傳愛戀其美貌之人在祈求「擁有戀情」後，真能順利成真
其後，裸身的妙音辯才天也自然而然地被接受，更以「裸辯天」之名為世人熟知，江戶時代更在日本各地留有許多模仿品
辯才天的岩石臺座象徵著天部居住的須彌山
無論是想加強音樂才能、想成為律師或學者之人，不妨先參拜妙音辯才天

妙音辯才天坐像

結合武神&豐饒之神形象的八臂辯才天

頭上頂著人首蛇身的宇賀神。與穀物之神・宇賀神習合後，為辯才天注入了豐饒、富貴之神的形象（宇賀辯才天）

除了其中2隻手外，其餘的手皆持有矛、弓箭、寶杵等武器，展現出戰鬥之神的性格
破除惡念的寶輪
寶杵
財寶庫的「鑰匙」與能夠實現各種願望的「寶珠」，象徵著宇賀神的神力
箭
想讓武術或運動更為精進之人，不妨先從宇賀辯才天開始參拜
由於天部之神不能乘坐蓮花座，因此宇賀辯才天的臺座為蓮葉座

八臂辯才天坐像（宇賀辯才天）

武裝形象的「宇賀辯才天」受到鎌倉幕府（北條家）的高度尊崇。這是因為北條時宗在參籠※時，於夢中得到了龍（蛇）的鱗片，之後就將鱗片作為北條家家紋（三片鱗片）

江島神社的社紋為「對浪中的三片鱗」

※譯註：閉居於神社或寺院中齋戒祈禱

MEMO：受明治時代頒布的神佛分離令影響，改名為「江島神社」，主祀江島大神（也就是宗像三女神）。兩尊辯才天坐像被安奉於八角堂（奉安殿）。同列日本三大辯天之一的妙音辯才天坐像為鎌倉中期的木造作品，像高約54公分。八臂辯才天坐像則為鎌倉初期的木造作品，像高約57公分

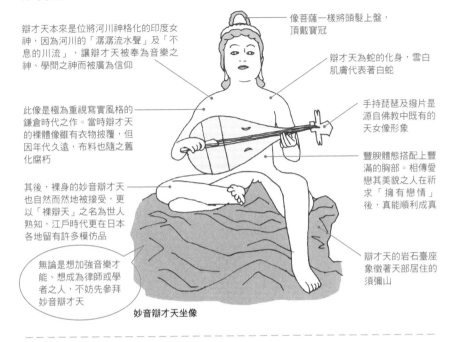

合體之姿就像大黑天

三面大黑天／英信寺 東京 等

三面大黑天是由大黑天、毘沙門天王與辯才天的三天合體而成的少見神像。大黑天為印度神祇，祂雖是讓世人敬畏的黑暗支配者及死神之王，但與佛教結合後，卻搖身一變成為福德之神。

大黑天在日本與大國主命結合，手持萬寶槌與大福袋，腳踩米袋※。大國主命另有大物主神、大穴牟遲神等別名。大物代表著陽具、大穴則指女陰，男女交媾後能讓子孫繁榮，並帶來豐饒富貴。與大國主命結合的大黑天可是隱藏著許多男女象徵。

三天合體的三面大黑天

毘沙門天王代表『武』
大黑天代表『生產』
辯才天代表『富貴』
毘沙門天王為四天王之一，多聞天王的別名，是守護佛界的武將
手持米倉及財寶庫的鑰匙
以武器（矛及寶棒）驅趕惡鬼
辯才天與稻荷神結合（習合）後，成為主宰稻作豐收的女神
依照人們的心願，能賦予福分或財富的寶珠
同時擁有毘沙門天王與辯才天神力的三面大黑天具備控制稻米生產（日文稱為石高）的神力。除此之外，也有深受武士信仰，被豐臣秀吉奉為守護神的三面大黑天（京都、圓德院）

三面大黑天像

※：大國主命為出現於『古事記』與『日本書紀』等日本史料紀錄的神祇，是素盞嗚尊的子孫。祂將國土讓出，其後被供奉於出雲大社

雌雄合體，主宰生產的大黑天

正面充滿女性象徵

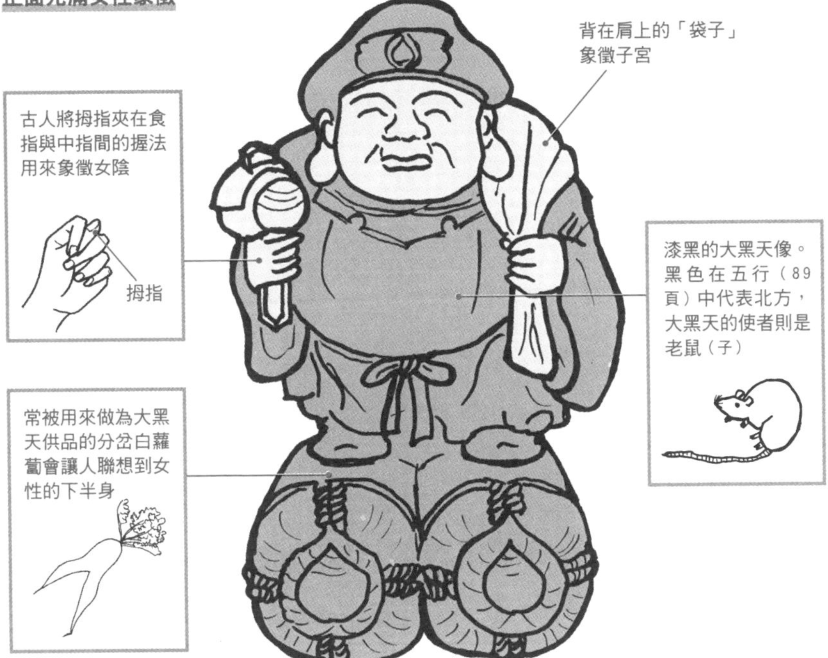
背在肩上的「袋子」
象徵子宮
古人將拇指夾在食
指與中指間的握法
用來象徵女陰
拇指
漆黑的大黑天像。
黑色在五行（89
頁）中代表北方，
大黑天的使者則是
老鼠（子）
常被用來做為大黑
天供品的分岔白蘿
蔔會讓人聯想到女
性的下半身

大黑天像／妙典寺（神奈川）

背面象徵男性

大黑天的背後姿態象徵
男性陽具，透過與正面
結合來詮釋男女交媾

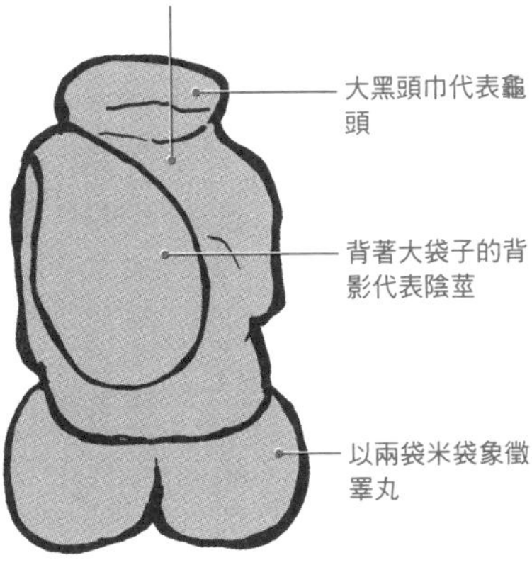
大黑頭巾代表龜
頭
背著大袋子的背
影代表陰莖
以兩袋米袋象徵
睪丸

象徵男女交媾之物

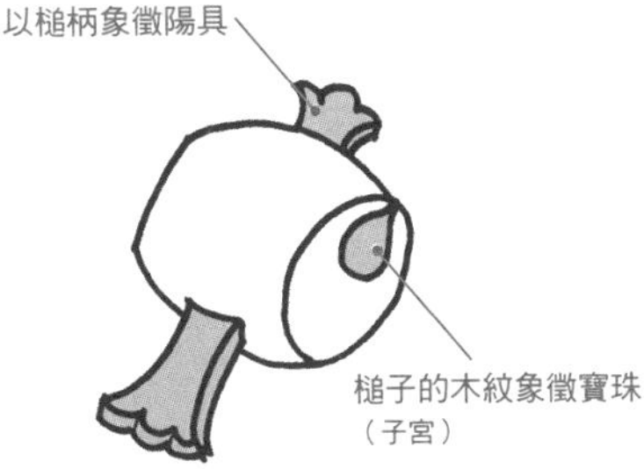
以槌柄象徵陽具
槌子的木紋象徵寶珠
（子宮）

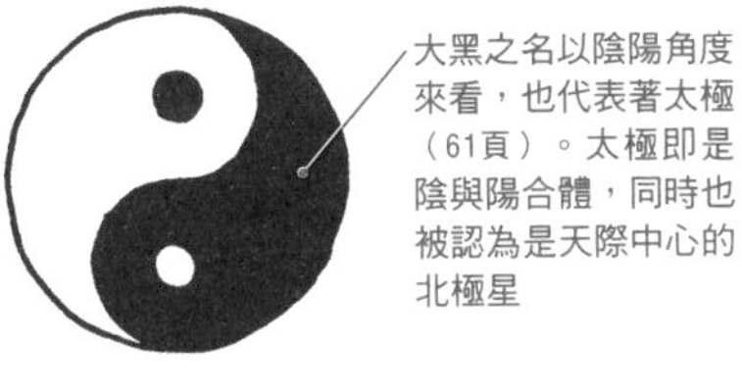
大黑之名以陰陽角度
來看，也代表著太極
（61頁）。太極即是
陰與陽合體，同時也
被認為是天際中心的
北極星

MEMO：英信寺（淨土宗）的本尊為阿彌陀如來。三面大黑天像被安奉於本堂旁的大黑堂。同為下谷七福神之一的三面大黑天雖相傳出自弘法大師之手，但細節資訊仍然不明。妙典寺（日蓮宗）本尊為三寶祖師。大黑天像被安奉於本堂前，是平成20年（2008年）完成的石造之作，像高約100公分

漂流至山陰之海的諸佛們

漂流佛／多陀寺 島根

在日本山陰地區，自古就有把隨著海浪漂至岸邊的漂流物帶回家珍藏保管的習俗，這或許是因為當地人將海的彼岸視為常世之國※或西方淨土，因此認為這些漂流物是「來自常世之物」，深感敬畏，並相當珍惜。

多陀寺位於島根縣濱田市，境內供奉著相傳從海裡撿來的木造「漂流佛」。五十九尊的漂流佛皆為四天王或十二神將等天部像。或許是因為木像長期浸泡水中導致腐朽，使漂流佛的輪廓顯得較淺。

來自西方彼岸的漂流佛

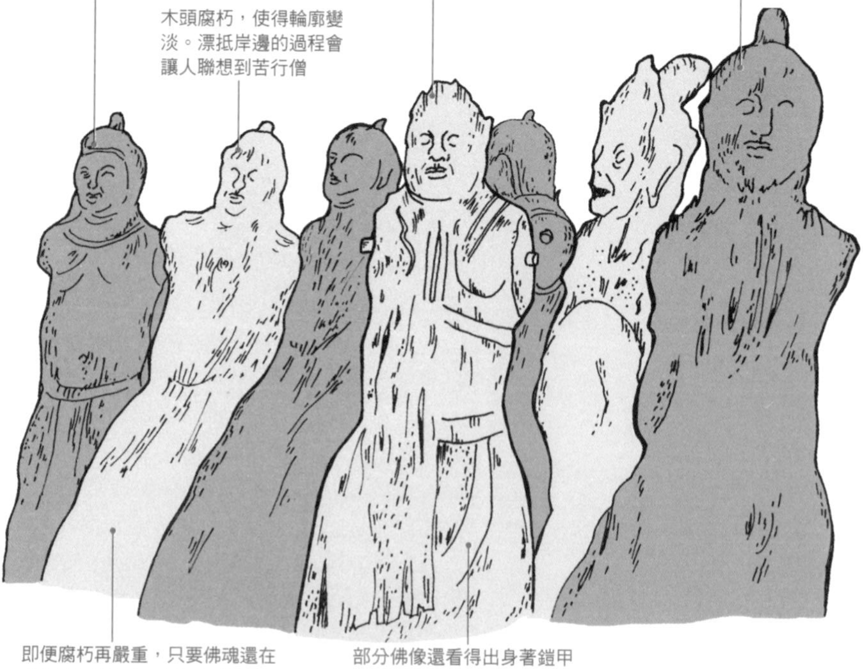
本堂最內側排放著滿滿的漂流佛，據說只要是從海上漂流而來的佛像，都一定會供奉於此
原本的形狀已被削平的天部像，形象猶如衣衫簡樸的斷欲行腳僧
漂流至寺院附近海岸邊的「漂流佛」。相傳在幾經漂流，接著被供奉於多陀寺後，就被取了這個名字
木頭腐朽，使得輪廓變淡。漂抵岸邊的過程會讓人聯想到苦行僧
即便腐朽再嚴重，只要佛魂還在（尚未閉眼供養），就仍是佛尊
部分佛像還看得出身著鎧甲及頭盔

天部群像（俗稱漂流佛）

※：死者的國度

匯集山陰之物

在距離多陀寺約3公里處，有著被海浪侵蝕的海蝕台地・石見疊浦。受到海浪流向影響，供奉有觀音的洞窟（海蝕洞）會出現許多漂流物

疊浦海蝕洞

人們自古就非常尊崇落日（夕陽）信仰。遙望著消失於海岸線的夕陽，就像遙想著西方淨土

來自西方大陸的人、事、物，甚至文化會傳至日本海沿岸，岸邊的漂流物也是隨著海流從西方大陸漂泊而來。正因對西方大陸的憧憬、畏懼等複雜情感，讓日本人收藏起這些漂流物

位於出雲大社（島根）西側的稻佐之濱，現今還是能打撈起許多漂流物。雖然有一半來自日本，但也有從中國、韓國，以及其他鄰國漂流而來之物。無論今昔，漂流物都能讓人感受到異國文化

稻佐之濱

相傳出雲一畑寺的歷史要從海中撈起的藥師如來像說起。而漂流到赤浦的地藏王菩薩更成了鄰鎮伯耆（鳥取縣西部）大山寺的本尊

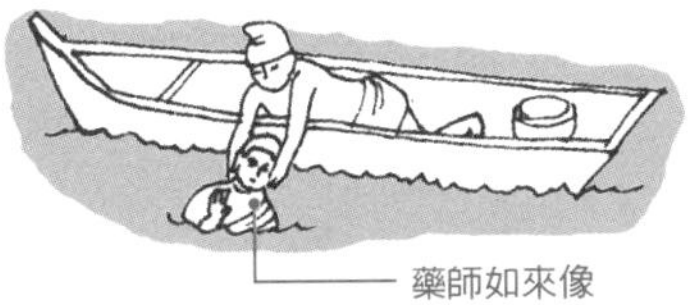

MEMO ： 多陀寺為高野山真言宗寺院，本尊為十一面觀音（安奉於本堂內陣）。被稱為漂流佛的天部群像共計五十九尊，每尊皆為藤原時代的檜木作品，採一木造工法，像高介於105～146公分（目前的高度）

第5章

成佛之人、造佛之人

除了如來、菩薩、明王等佛，以及天部諸神外，還有其他被尊奉為信仰對象的人物或神佛。本章除了會介紹這些人物及神佛外，也將解說佛像的製作方法。

鑄造

以將銅等金屬材質熔化，再注入模具的方式製作佛像。鑄造後再行鍍金加工的佛像又稱為金銅佛

塑造

於木頭骨架黏上黏土造佛，能夠隨意塑形。佛像的表面多半會塗色或貼上金箔

乾漆造

可分為兩種。一種是先將已經雕出大致輪廓的木頭當成芯，再以木屎漆塑形（木心乾漆造）；另一種是以黏土塑形，包覆麻布等材質後，再塗上木屎漆（脫活乾漆造，會將黏土去除）

木造

以一整塊的木頭，或是由多塊木片組成的木頭刻製佛像。前者稱為一木造、後者為寄木造。寄木造的佛像多半會再塗漆，遮蓋木片的接痕

石造

於石塊雕刻佛像。在天然岩壁雕刻的佛像則稱為磨崖佛

集結於石窟的五百羅漢

五百羅漢／羅漢寺 島根

羅漢寺的五百羅漢為世界遺產・石見銀山遺跡的一部分。境內挖掘的兩座石窟分別安奉有二百五十尊的石造羅漢像。這些羅漢像彷彿從黑暗中浮現，氣勢相當震撼。

羅漢是釋迦牟尼身邊的直系弟子們，為真實存在之人※。羅漢寺的羅漢像表情豐富，有的狀似煩惱、有的面泛微笑。自古以來，參拜者便會將羅漢與已故之人的形象重疊。這些接近悟道的羅漢們或許就是扮演著串起淨土與人間的橋樑，接受尋求救贖的眾生。

安奉於河川對岸石窟的羅漢們

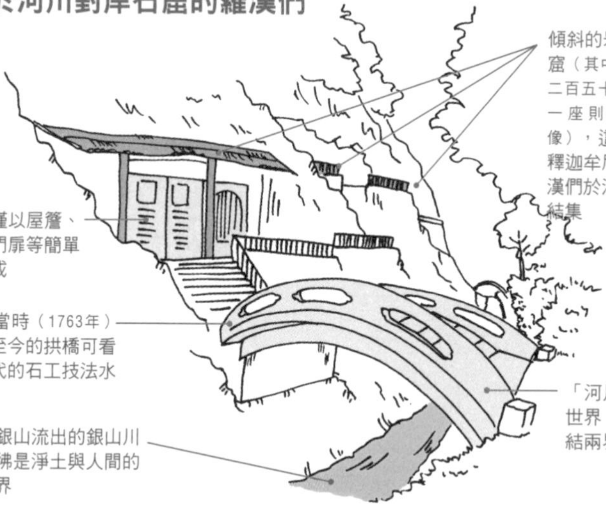
傾斜的岩山挖掘有三座石窟（其中兩座石窟分別安奉二百五十尊的羅漢，剩餘的一座則安奉著釋迦三尊像），這樣的配置是基於釋迦牟尼入滅後，弟子羅漢們於洞窟進行的第一次結集
石窟內僅以屋簷、牆壁、門扉等簡單結構組成
創建當時（1763年）遺留至今的拱橋可看出古代的石工技法水準
「河川」用來分隔兩個世界，「橋」則負責連結兩界
自銀山流出的銀山川彷彿是淨土與人間的邊界

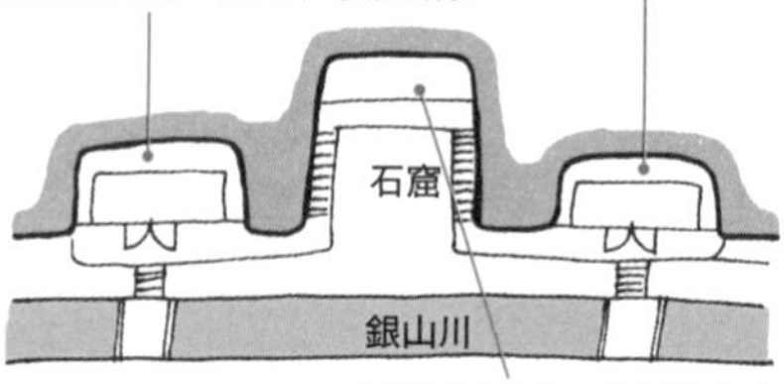
分別排列有二百五十尊羅漢像
石窟
銀山川
中間的石窟安奉有釋迦如來、普賢菩薩及文殊菩薩。此洞窟也被作為禮拜與修行之地

石窟　平面圖

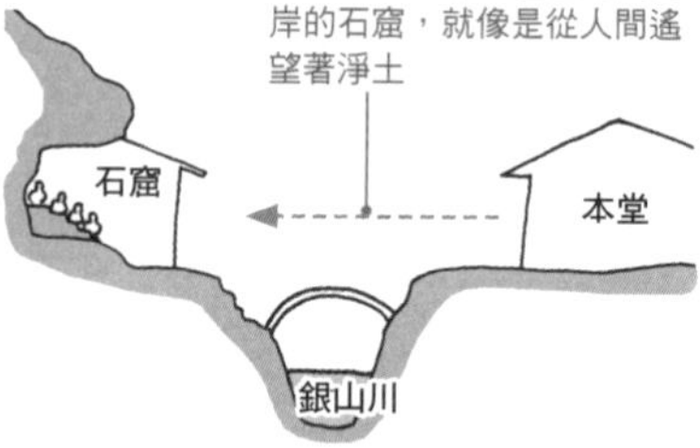
從羅漢寺的本堂遙望河川對岸的石窟，就像是從人間遙望著淨土
石窟
本堂
銀山川

境內　剖面圖

※：透過嚴苛的修行達到悟道境界，這些弟子正式之名為「阿羅漢」，因此略稱羅漢

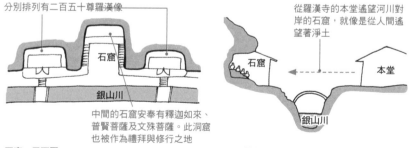

將五百羅漢與故人相重疊

與如來一樣身著糞掃衣，代表羅漢已接近悟道境界
坐於岩座之上代表仍在人間苦練修行。如來則是坐在代表已悟道的蓮臺上
頭部並無如來的螺髮，而是剃髮光頭，代表羅漢仍在塵世中活動
人們在希望能夠重會已故之人的心願驅使下，捐贈了多達五百尊的羅漢像。看來猶如真人的羅漢像確實能輕易地與故人形象相重疊
從剖開的肚子可以看見佛臉，代表任誰都能擁有佛心
相傳為釋迦牟尼之子的羅睺羅尊者
抱著頭，狀似充滿煩惱
仰天注視
坐於階梯狀的「雛壇」岩座上
表情嚴肅，手握佛珠
看似沉靜地念佛
狀似沉思

史跡 五百羅漢像（一部分）

column

五百羅漢究竟是何方神聖？

會形成將五百羅漢供奉於石窟的信仰，相傳是長老摩訶迦葉擔心釋迦牟尼入滅後，羅漢們出現倦惰，因此將500名羅漢召集至位於印度王舍城，一座名為七葉窟的洞窟中。並在洞窟相互確認釋迦牟尼的教導內容，整理編輯經文及戒律（稱為結集）。在那之後也舉行有多次結集活動。

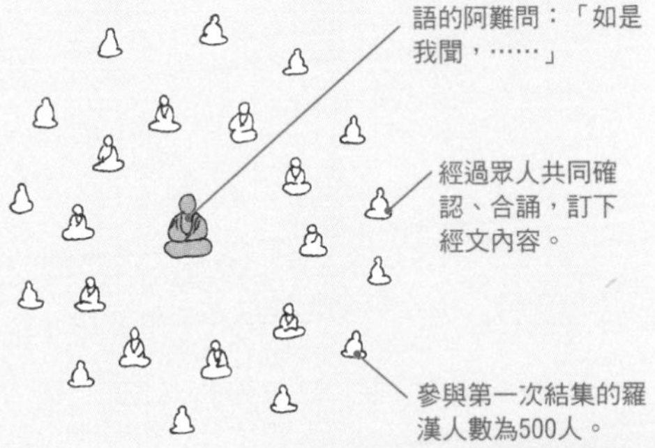
記住釋迦牟尼所有佛語的阿難問：「如是我聞，……」
經過眾人共同確認、合誦，訂下經文內容。
參與第一次結集的羅漢人數為500人。

MEMO：羅漢寺為高野山真言宗寺院，本尊為阿彌陀如來。五百羅漢像為江戶中期之作，每尊像高約莫40公分

從達摩不倒翁看見達摩大師

達摩／達磨寺 群馬

達摩大師為遠赴中國宣揚禪宗的印度高僧※。以坐禪之姿，面朝牆壁長達九年尋求悟道的「面壁九年」故事更為世人所津津樂道。達摩大師宣揚的教義在鎌倉時代傳入日本。不同於以往佛教教人「面觀佛像、心思淨土」，達摩大師更重視如何實踐「禪」。

各位身邊經常可見，以紙糊製成的達摩不倒翁就是模仿達摩大師坐禪時的姿勢。矮胖的圓潤大紅身體，搭配大大睜開的眼睛，以及緊閉的ㄟ字嘴。現在就讓你我一同在達摩不倒翁身上尋找達摩大師的靈魂吧。

達摩不倒翁的五大特徵

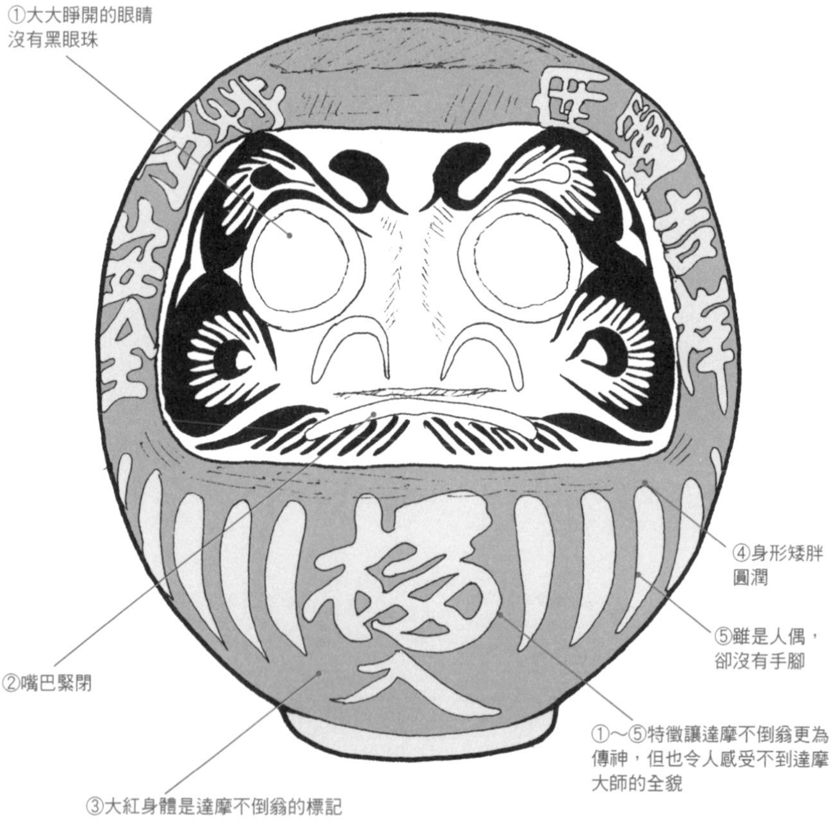
①大大睜開的眼睛
沒有黑眼珠
②嘴巴緊閉
③大紅身體是達摩不倒翁的標記
④身形矮胖
圓潤
⑤雖是人偶，
卻沒有手腳
①～⑤特徵讓達摩不倒翁更為
傳神，但也令人感受不到達摩
大師的全貌

※：相傳是5世紀末到6世紀末之人

從九星術與五行思想解開達摩不倒翁之謎

「9」具備火的能量

以面壁九年方式修行的達摩大師。這裡的數字9在九星術中代表「火」

（九星圖）

6 金	1 水	8 土
7 金	5 土	3 木
2 土	9 火	4 木

安奉於達磨寺達摩堂的本尊・達摩大師坐禪像。由於一了居士以靈木刻製的雕像因火災燒毀，目前坐鎮堂內的是第二代雕像。達磨寺為日本三禪宗之一，隸屬黃檗宗派

全身包裹著衣物的達摩大師在坐禪時，手腳藏於衣物之下。使得模仿大師製成的達摩不倒翁身型圓潤，且無手腳

達摩大師坐禪像

達摩面壁的九年期間，皆維持著坐禪姿勢

雪舟繪製的達摩圖

從火解讀達摩不倒翁之姿

根據五行思想（89頁），「火」等同「紅色」，這也是達摩不倒翁整身赤紅的原因。其實在中國，僧衣以黑色為主流，但印度僧侶的達摩大師卻是身著木蘭色或黑紅色的暗色「色衣」，特別強調紅色

	五行				
	木	火	土	金	水
顏色	綠	紅	黃	白	黑

五事是指為了守護禮節所必須尊崇的五件事。從五行思想來看的話，「火」等同於「視」。達摩不倒翁的眼睛會如此大，即是因為非常重視「視」。相傳達摩大師為了不讓自己在坐禪修行過程中睡著，甚至將眼皮割除

	五行				
	木	火	土	金	水
五事	貌	視	思	言	聞

以五行思想來看，「火」能剋「金」（五行相剋）。「金」相當於五事中的「言（言語）」，因此能讓嘴巴緊閉，無法出聲

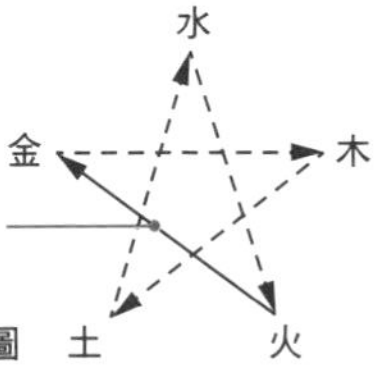

代表著火能剋金

五行相剋圖

高崎達摩不倒翁的左眼代表事物之始的「阿」，右眼代表事物之終的「吽」，因此點睛時會先畫上左眼

MEMO：可稱為「高崎達摩不倒翁發祥地」的達磨寺為黃檗宗寺院，第二代的達摩大師坐禪像為木造作品。雖然境內的靈符堂（本堂）也有安奉達摩大師像，但平時並未對外公開，僅在祈禱、法會活動時才能一睹風采。境內更保留著德國建築師布魯諾・陶特（Bruno Taut）的故居（洗心亭）

弔唁平民百姓的市聖形象

空也／六波羅蜜寺 京都

空也上人[※1]人稱市聖。在佛教仍是貴族信仰的平安時代中，空也便四處對深受疾病與飢餓所苦的平民百姓宣揚極樂淨土。

而六波羅蜜寺就有尊將其說法形象忠實呈現的空也上人像。這是在空也逝世的250年後，出自相當重視寫實風格的慶派佛師・康勝[※2]之手。除了嘴邊排列著幾尊阿彌陀佛的化佛、結實強健的雙腿外，人像還可見相傳是仙人[※3]才會擁有的持物。透過這些細節讓我們感受到，從寺院走入人群的空也認為平民百姓死後本該往生，並積極將這份思想傳遞大眾的信念。

得神佛之力，走向人群的修行者之姿

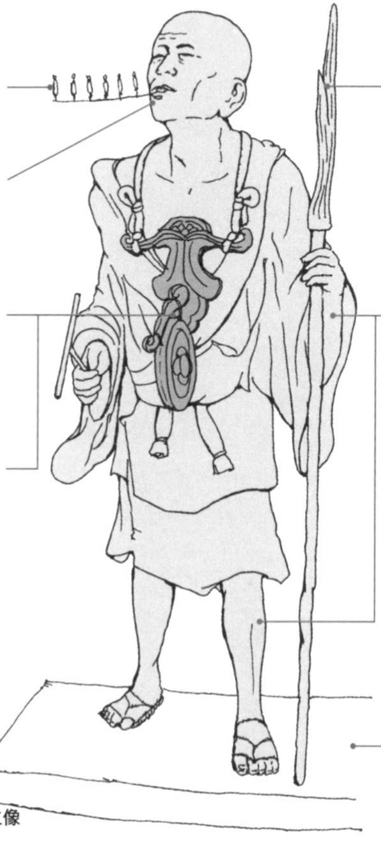
六尊的阿彌陀佛被以金屬線固定
嘴巴微張的空也相傳會吐出長氣，綻放無限光明。這裡的光明象徵著「佛的慈悲」
以鐘槌敲響吊掛在頸部的金鼓（鐘）。金鼓是松尾明神賜予之物，代表著「來自神祇的守護」
古代人認為，中空的金鼓是收集靈魂的容器，讓許多因霍亂等死於非命的亡魂得以安息
頂端裝有鹿角的鹿杖，以及圍繞腰際的鹿皮，這些都是「仙人」喜愛的持物
同手同腳伸向前的「反閇」是用來淨身及除魔，如魔法般的步行法，能夠踏除潛藏於大地的傳染病
無任何裝飾的踏台就是空也從寺院走向人群的證據。與乘坐於蓮臺之上的寺院佛形成對比

重要文化財 空也上人立像

※1：空也（903～972年）為平安中期的僧侶
※2：鎌倉時代的佛師，運慶的四男。慶派為佛師的主流派系
※3：仙人能夠前往普陀洛迦山（觀音淨土）

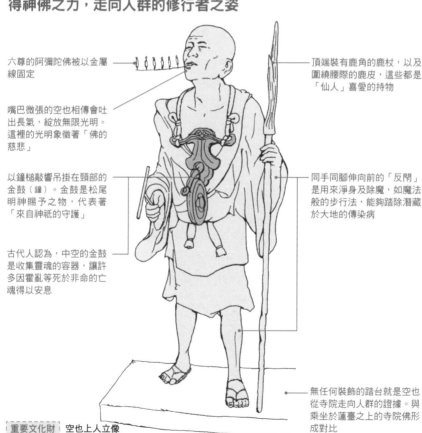

超越慶派寫實主義的空也像

無論是肌肉律動，或是服裝質感，這些細節一直是運慶及快慶等慶派佛師們追求的寫實表現。同派的康勝甚至將念佛以視覺化呈現，其中不難看出康勝企圖心強烈，希望自我能超越先進們幾乎集大成的寫實主義

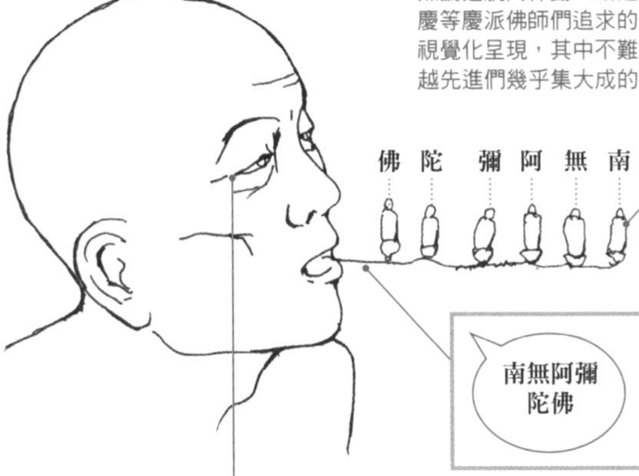
佛
陀
彌
阿
無
南

南無阿彌陀佛

透過視覺角度，呈現出空也在念佛時，每念一個字會出現一尊阿彌陀佛（露齒），就像是漫畫中的對話框

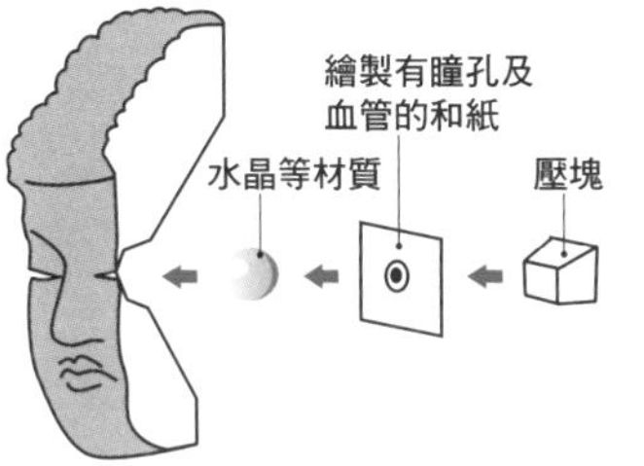
繪製有瞳孔及血管的和紙
水晶等材質
壓塊

這是鎌倉時代相當普遍的「玉眼」技法，當由下往上窺視佛像時，會感覺佛眼微微發亮

其後製作的空也像皆傳承了相同風格。圖為月輪寺的空也像。其他還有愛媛縣淨土寺的空也像等

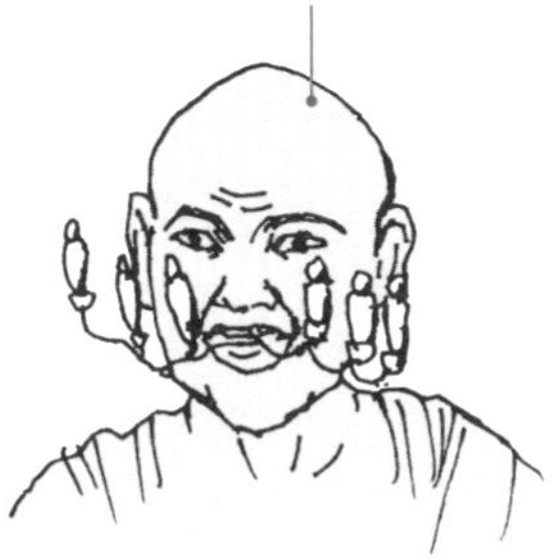

重要文化財
空也上人像／月輪寺（京都）

column

聖是怎樣的僧侶？

聖，是指將佛教普及於平民百姓的低階僧侶，並不完全隸屬寺院，以念佛方式行遍各地。

這些聖多半擁有妻室，半僧半俗。為了與平民百姓互動，聖善於社交，以造橋或造路方式救濟庶民的同時，也會幫寺院向外尋求捐獻，在「募資體系」中扮演要角。但隨著時代對戒律的要求漸趨嚴格，寺院人員開始輕視聖的行為，使得聖逐漸消失行蹤。

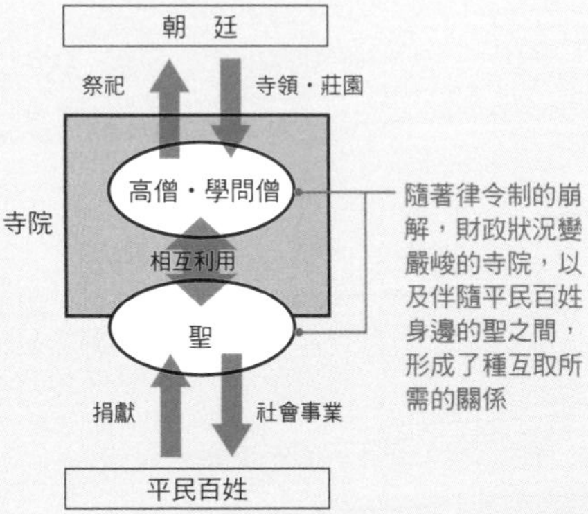
朝 廷
祭祀
寺領・莊園
寺院
高僧・學問僧
相互利用
聖
捐獻
社會事業
平民百姓
隨著律令制的崩解，財政狀況變嚴峻的寺院，以及伴隨平民百姓身邊的聖之間，形成了種互取所需的關係

MEMO：六波羅蜜寺為真宗寺智山派寺院，由空也創建。本尊為千手觀音（祕佛）。安奉於寶物館的空也上人立像為鎌倉時代的木造彩色作品，像高117.6公分

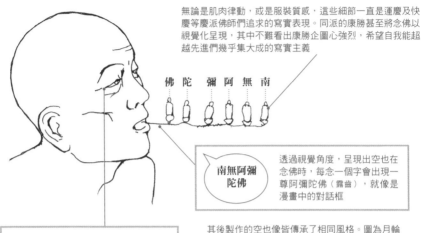

獻出自我，成為佛的化身

即身佛／瀧水寺大日坊 山形

相傳身為百姓之子的真如海※1某次不慎將肥料潑灑在武士身上，眼看就要被武士動刑之際，反將武士殺害。真如海便逃進了大日坊，開啟了意料之外的修行者人生。

進入大日坊後，真如海認為有責任解救深受暴政、飢荒、災害所苦的百姓，因此決意成為死後留下肉身，繼續宣揚教化的「即身佛」※2。真如海以禁食穀物，以及名為木食的苦行方式讓自己擁有「不腐爛的身體」，自93歲起閉關山中千日，其後便以生身之姿於土裡入定。真如海被挖起後成為即身佛，直至今日仍持續向眾生宣揚信仰。

成為修行者，化身即身佛

將殺死武士的老百姓供奉為佛─其中不難看出寺院對庄內藩※施予暴政的忿怒
※譯註：日本江戶時代的諸侯，領地為目前的山形縣鶴岡市
真如海本人並不抱著世人要將他視為佛像敬奉的想法，這或許是在平民百姓的虔誠心意下，供奉起真如海，並形成一種信仰
修行者為最低階的僧侶。大部分的修行者都像真如海一樣，基於某些因素而入山修行。目前日本國內的即身佛皆為修行者身分，一般的僧侶或進行山內修驗的眾徒無人成為即身佛
在丑年與未年時，會舉行每六年一度的更衣儀式。寺方更有販售裝有真如海舊衣的御守（即身佛御衣御守）

代受苦菩薩真如海上人（即身佛）

※1：真如海（1688～1783年）為江戶中期的修行者
※2：即身佛與木乃伊不同。木乃伊是在人死後取出內臟，並進行防腐處理。目前在山形和新潟還保有多尊即身佛，但是在即身佛被認為具有貴重學術價值之前，多半被視為「珍奇展示品」般對待

成為即身佛，邁向「重生」的路程

①禁食穀物

為了逐漸減少身體的脂肪與肌肉，必須禁食米、麥等五穀，其後更完全停止攝取包含雜糧在內的所有穀物

②木食修行

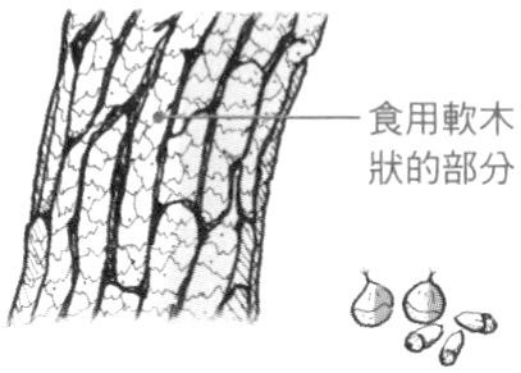
食用軟木狀的部分

食用樹果或松樹皮等，用來維持生命所需的最低能量。飲用漆樹汁液或溫泉水，讓身體死後不易腐敗

③閉關山中千日修行

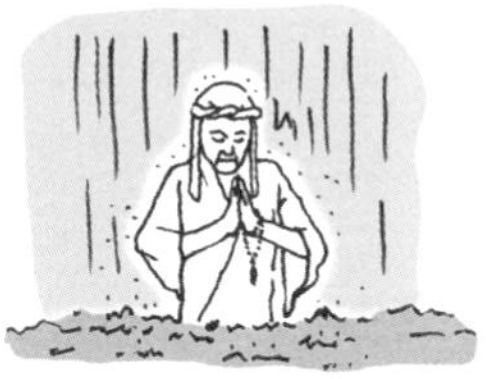

於聖地・仙人澤重複瀑布修行與斷食修行，並以不斷地奔跑於山中的方式，讓自己進入幻覺、幻聽狀態（與階段2並行）

④土中入定

將松樹木與黑炭作為防腐劑

於舖有黑炭的石室中，放置松木棺並置身其中。保留露出地面，用來呼吸用的竹子後，以土覆蓋。其中不乏因恐懼而中途放棄之人

⑤誦經

讓外界知道自己尚有氣息

在黑暗中邊敲鐘，邊念誦真言陀羅尼（咒語）。當對於地面上的詢問沒有反應時，人們就會為其豎立墓碑

⑥挖掘

經過3年3個月後，將其挖起並尊奉為佛像。相傳在56億7千萬年後，將能在彌勒菩薩的幫助下獲得重生

山形、新潟地區保留著許多的即身佛

許多成為即身佛的修行者名字中會有「海」，皆是取用空海（弘法大師）的海。這是因為「即身佛」的根本存在有空海所言的「即身成佛（在活著的狀態下成佛）」

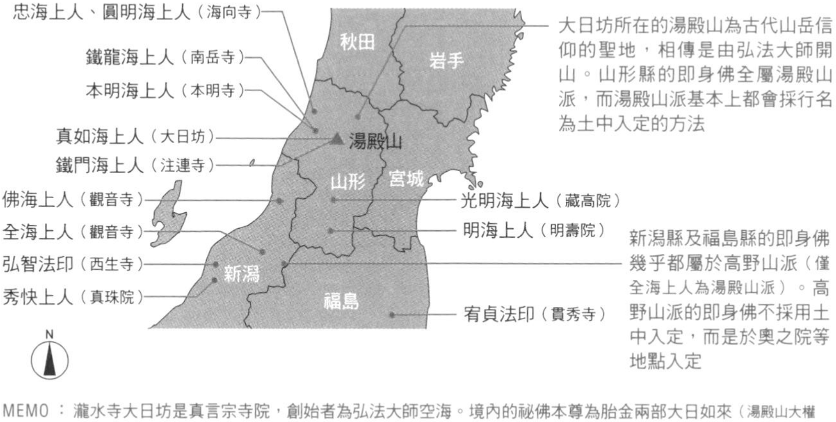
忠海上人、圓明海上人（海向寺）
鐵龍海上人（南岳寺）
本明海上人（本明寺）
真如海上人（大日坊）
鐵門海上人（注連寺）
佛海上人（觀音寺）
全海上人（觀音寺）
弘智法印（西生寺）
秀快上人（真珠院）
秋田
岩手
湯殿山
山形
宮城
新潟
福島
光明海上人（藏高院）
明海上人（明壽院）
宥貞法印（貫秀寺）
大日坊所在的湯殿山為古代山岳信仰的聖地，相傳是由弘法大師開山。山形縣的即身佛全屬湯殿山派，而湯殿山派基本上都會採行名為土中入定的方法
新潟縣及福島縣的即身佛幾乎都屬於高野山派（僅全海上人為湯殿山派）。高野山派的即身佛不採用土中入定，而是於奧之院等地點入定
N

MEMO：瀧水寺大日坊是真言宗寺院，創始者為弘法大師空海。境內的祕佛本尊為胎金兩部大日如來（湯殿山大權現），而真如海上人的即身佛（代受苦菩薩真如海上人）被安奉於本堂內

晚年面帶微笑的木喰佛

木喰／清源寺 京都 等

「似僧非僧、似俗非俗」※1。以簡陋衣物裹身，而非身著僧衣的木喰周遊各地勸進※2，接收來自外界的捐獻。但由於木喰身分低賤，相傳也曾因此受到輕蔑與迫害。

木喰以不斷雕刻佛像的方式自我變革※3，甚至改名換姓，為的就是能與佛更為接近。木喰晚年製作的佛像更出現初期從未見過的滿面笑容。在捨棄功名，達到只求眾生充滿笑臉的境界後，木喰也化身成佛。就讓我們透過木喰的自刻像，來一探其與時變遷的形象。

木喰的晚年傑作　十六羅漢像

清源寺的十六羅漢像為木喰在89歲時的晚年作品。羅漢為追隨釋迦牟尼的佛門弟子們（138頁）。這尊羅漢像呈露齒笑
眼見笑臉羅漢之人也都會心一笑。透過笑，拉近與佛的距離
眨著眼的特殊表情
阿氏多尊者像為木喰本人。木喰在製作十六羅漢像時，做了一個要自己「成為羅漢」的靈夢，因此改名「神通光明木喰明滿仙人」，就此成為一名仙人及佛
木喰會選擇阿氏多尊者，或許是因為自己同樣是個行動派，且有著自由闊達的個性

十六羅漢像（一部分）

※1：當時的禪師曾在漢詩中提到，對於木喰（1718～1810年，江戶中期的僧侶）初到清源寺時的印象

※2：勸進是指在新建或修繕寺院、佛像時，募集所需資金。宣揚佛法後，接受生活物資作為回報

※3：木雕製成的佛像也稱為木喰佛

木喰與木喰佛的變化進程

主要事件及佛像作品

年齡	姓名	自刻像	觀音像
0歲		•1718年生於日本山梨縣的貧苦農村	
22歲		•自行出家，選擇以僧侶為生之路	
45歲	三界無庵佛木食行道	■改名，名字中透露自身既無家（庵）、也無佛，而是想成為一位全心行道於三界的「僧侶」 •56歲起開始列遊諸國（又稱迴國修行） •60歲起開始雕刻佛像 無笑臉 **自刻像／佐渡九品堂（新潟、已燒毀）67歲左右**	 **觀音像（山梨）69歲左右**
71歲	天一自在法門木喰五行菩薩	■二度改名，名字中透露已與天地自然結為一體，遠離煩惱，成為「菩薩」 •禁食五穀、鹽，全心投入菩薩業 •83歲時返回故鄉山梨，雖然計畫建設四國堂，卻因村民心存疑疑慮而費盡苦心 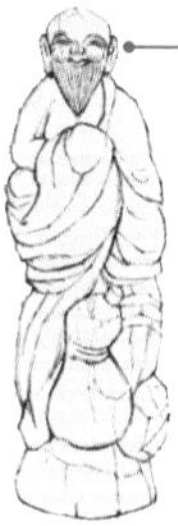自刻像開始出現笑臉 **自刻像／日本民藝館（東京）84歲左右**	無笑臉 **如意輪觀音像／光明寺（愛媛）82歲左右** 出現笑臉 **如意輪觀音像（新潟）87歲左右**
89歲	神通光明木喰明滿仙人	■因受到啟示，三度改名。名字帶有仙人，代表已成「佛（羅漢）」 •遠離世俗，獲得自我的自由，並開始製作笑臉滿面的佛像 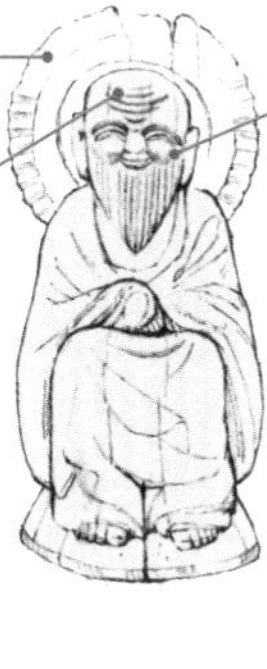自刻像出現圓光 額頭出現皺紋 滿面的笑臉 **自刻像／福滿寺（京都）90歲左右** •93歲辭世	 **觀音像（新潟）90歲左右**

MEMO：隸屬曹洞宗的清源寺十六羅漢像為江戶時代的木造作品，被安奉於境內的羅漢堂

一木造為減，寄木造為增

一木造與寄木造佛像

日本的佛像多為木造作品，其製作技法可大致分為一木造與寄木造。

將大部分的佛體以同一塊木材削製加工的一木造可以比喻為減法。在造佛時會需要使用到大塊木材，以削落方式即可完成佛像。一木造方法尤其相信樹木的靈力，因此選擇依附著神祇的巨木（靈木）造佛。然而，寄木造則可以比喻成將許多的一般木材集結造佛的加法。這樣的技法能將作業予以分擔，因此較能進行有計畫性的造佛活動，以寄木造工法製作如丈六佛※般的大佛也相對容易執行。

減法的一木造，加法的寄木造

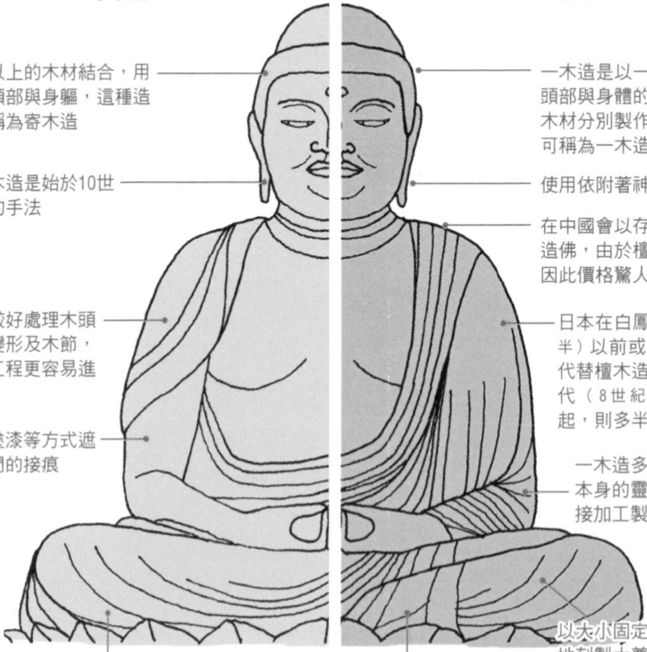
寄木造
一木造
將兩塊以上的木材結合，用來製作頭部與身軀，這種造佛工法稱為寄木造
相傳寄木造是始於10世紀後半的手法
寄木造較好處理木頭的扭曲變形及木節，讓造佛工程更容易進行
以表面塗漆等方式遮蓋木材間的接痕
以寄木造製成的佛像有永觀堂（京都）的阿彌陀如來立像（22頁）、平等院（京都）的阿彌陀如來坐像（32頁）、中山寺（福井）的馬頭觀音坐像（88頁）等
一木造是以一塊木材雕刻出頭部與身體的手法。以不同木材分別製作四肢及臺座也可稱為一木造
使用依附著神祇的巨木作為素材
在中國會以存在靈力的檀木造佛，由於檀木稀少珍貴，因此價格驚人
日本在白鳳時代（7世紀後半）以前或許就是以樟木代替檀木造佛，從天平時代（8世紀，奈良時代）起，則多半使用檜木
一木造多半會運用木頭本身的靈性，以素材直接加工製佛
以大小固定的木塊盡可能地刻製大尊佛像、以乾燥技法預防龜裂、慎選會影響佛像表情的木紋等，都是造佛過程中相當重要的環節
以一木造製成的佛像有寶生寺（奈良）的傳・釋迦如來立像（52頁）、法隆寺夢殿的觀世音菩薩立像（70頁）等

※：立像高度為1丈6尺（約4.8公尺）、坐像高度為一半的8尺（約2.4公尺）佛像，這是因為相傳釋迦牟尼的身高為1丈6尺

一木造為削製加工

活用木材特性

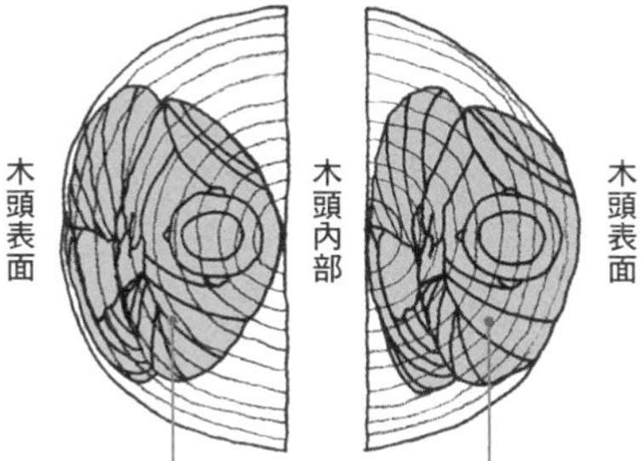

以木紋密集的木頭表面作為正面，較容易呈現出既纖細又完美的表情

若以木頭內部作為正面，木頭表面的圓周與佛像背部的弧度一致，不僅對木材選定上相對有利，甚至能製作更大尊的佛像

根據裁切木材時的方向，木材紋路可分為柾目紋※1及板目紋※2，採行直接以素材加工的一木造工法時，木紋更會影響佛像的表情

柾目紋的工整紋路能展現美麗的表情

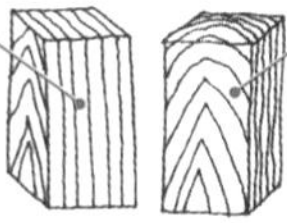

板目紋的不規則紋路能強調嚴肅表情，適合用來呈現忿怒相

※1 譯註：直木紋　※2 譯註：不規則木紋

預防龜裂的技巧

會先將內部挖空

採取一木造時，會先從背部將內部挖空，並覆蓋蓋子

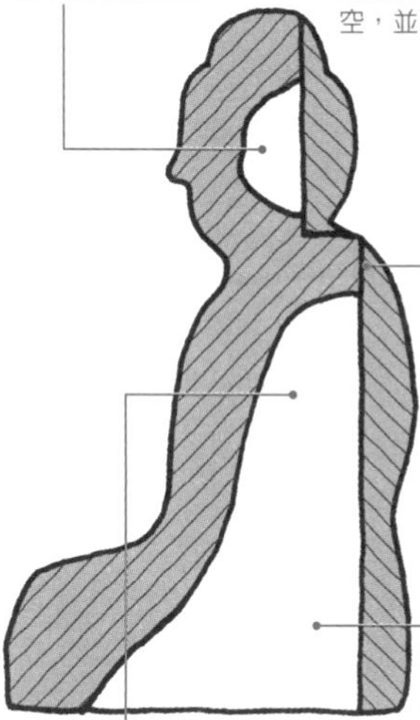

若保留內部，一旦木頭乾燥就會造成表面龜裂，將內部挖空是為了預防表面出現龜裂

將佛像內部挖空也能帶來輕量化的效果

寄木造為組合拼裝

由許多零件組合而成

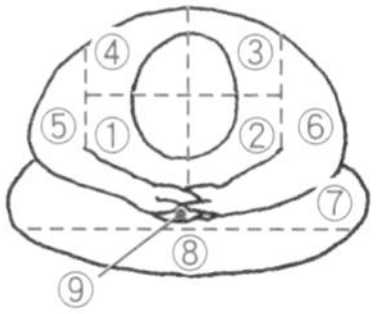

寄木造是將零件分別製作，因此能由多人分工合作

可以一般尺寸的木材製作巨大佛像

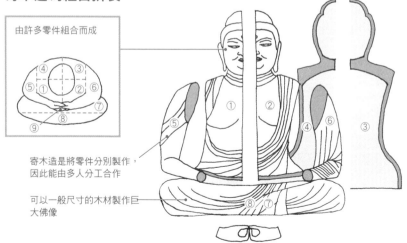

刻佛於靈木

生木佛／善願寺 京都
立木佛／惠隆寺 福島

擁 有大片森林的日本自古以來便與樹木共生，巨大的樹木更被認為會有神靈依附其中，因此受到眾生敬畏。若是以這樣的木頭雕刻佛像，更能具體展現樹木本身擁有的靈力。除了有以木頭直接雕刻成佛像的「生木佛」外，還有維持樹木本身形狀製作而成的「立木佛」※。

將佛刻於靈木之上猶如與強大的生命力串聯交流。在此了解木頭特性，對其生命力抱持敬意的同時，也讓我們一同來探索佛師們致力研究的造佛工藝。

生木佛——刻於活著的樹木上

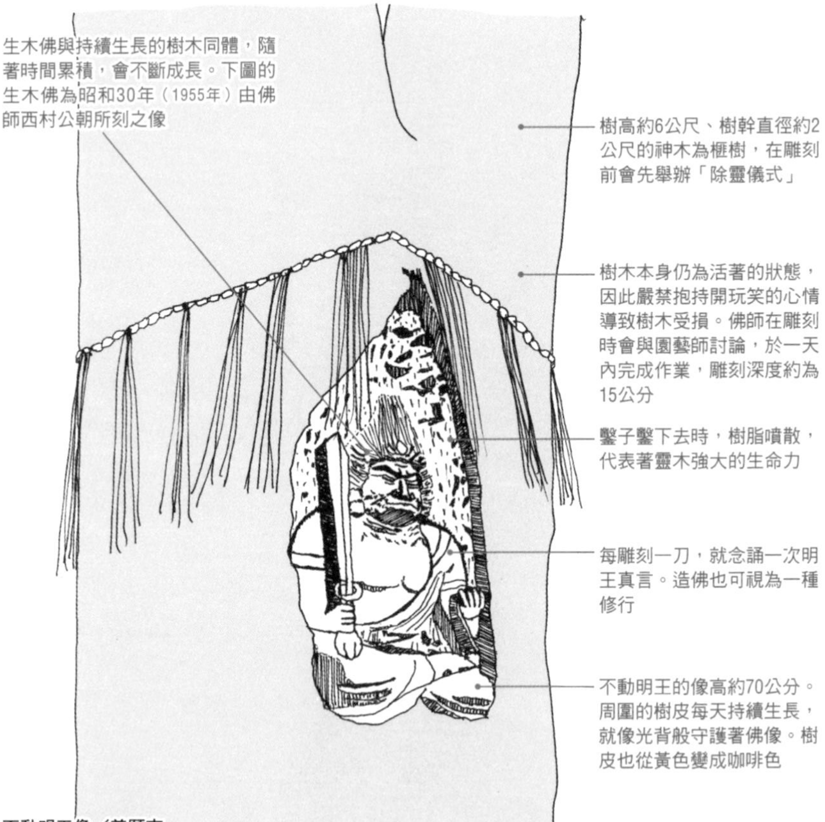
生木佛與持續生長的樹木同體，隨著時間累積，會不斷成長。下圖的生木佛為昭和30年（1955年）由佛師西村公朝所刻之像
樹高約6公尺、樹幹直徑約2公尺的神木為樞樹，在雕刻前會先舉辦「除靈儀式」
樹木本身仍為活著的狀態，因此嚴禁抱持開玩笑的心情導致樹木受損。佛師在雕刻時會與園藝師討論，於一天內完成作業，雕刻深度約為15公分
鑿子鑿下去時，樹脂噴散，代表著靈木強大的生命力
每雕刻一刀，就念誦一次明王真言。造佛也可視為一種修行
不動明王的像高約70公分。周圍的樹皮每天持續生長，就像光背般守護著佛像。樹皮也從黃色變成咖啡色

不動明王像／善願寺

※：除了此處提到的佛像外，福井縣諦應寺的十一面觀音像、山口縣願行寺的藥師如來像，以及位於香川縣的生木地藏王皆為生木佛。立木佛則有茨城縣西光院與長野縣智識寺的十一面觀音像等

立木佛——保留著靈木風采

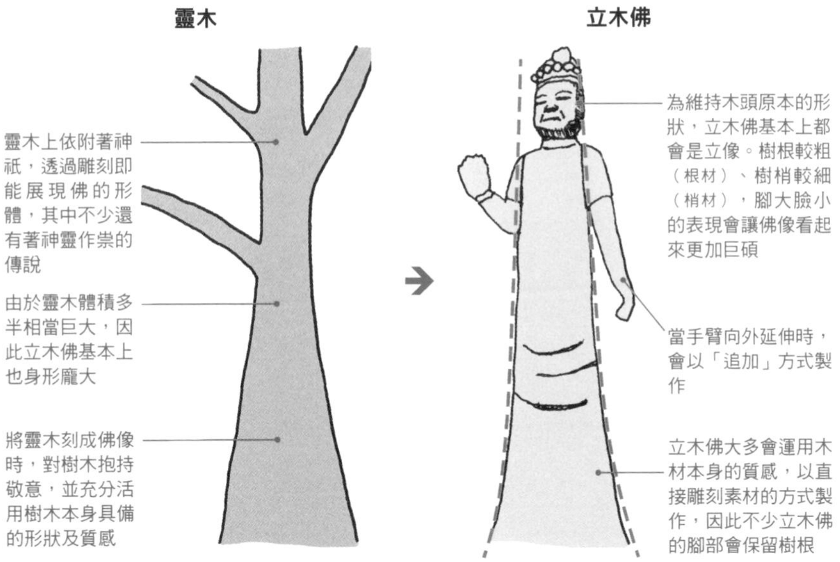
靈木
立木佛
靈木上依附著神祇，透過雕刻即能展現佛的形體，其中不少還有著神靈作祟的傳說
由於靈木體積多半相當巨大，因此立木佛基本上也身形龐大
將靈木刻成佛像時，對樹木抱持敬意，並充分活用樹木本身具備的形狀及質感
為維持木頭原本的形狀，立木佛基本上都會是立像。樹根較粗（根材）、樹梢較細（梢材），腳大臉小的表現會讓佛像看起來更加巨碩
當手臂向外延伸時，會以「追加」方式製作
立木佛大多會運用木材本身的質感，以直接雕刻素材的方式製作，因此不少立木佛的腳部會保留樹根

如何禮拜立木佛？

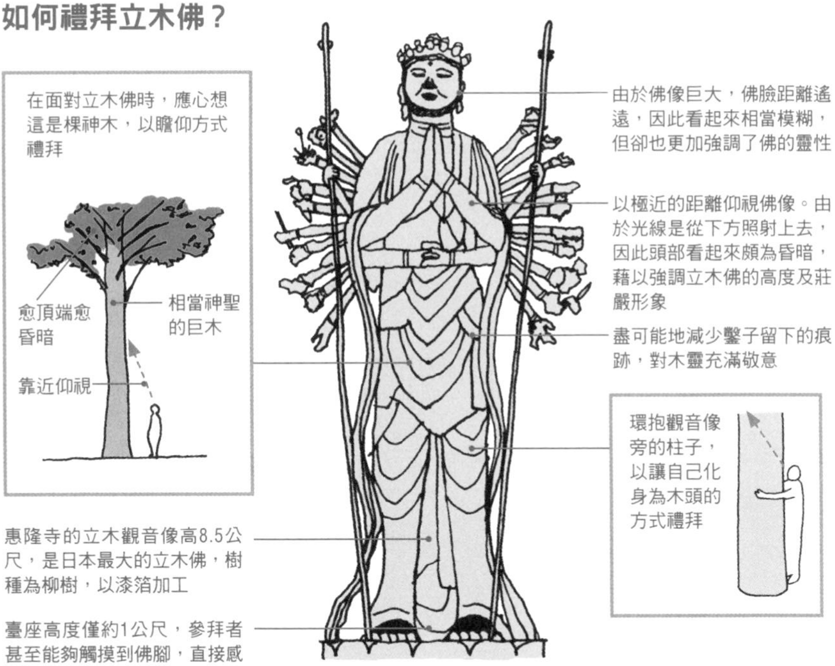
在面對立木佛時，應心想這是棵神木，以瞻仰方式禮拜
愈頂端愈昏暗
相當神聖的巨木
靠近仰視
由於佛像巨大，佛臉距離遙遠，因此看起來相當模糊，但卻也更加強調了佛的靈性
以極近的距離仰視佛像。由於光線是從下方照射上去，因此頭部看起來頗為昏暗，藉以強調立木佛的高度及莊嚴形象
盡可能地減少鑿子留下的痕跡，對木靈充滿敬意
環抱觀音像旁的柱子，以讓自己化身為木頭的方式禮拜
惠隆寺的立木觀音像高8.5公尺，是日本最大的立木佛，樹種為柳樹，以漆箔加工
臺座高度僅約1公尺，參拜者甚至能夠觸摸到佛腳，直接感受佛的存在

重要文化財　十一面千手觀音立像／惠隆寺

MEMO：善願寺屬天台宗寺院，本尊為地藏菩薩坐像（重要文化財）。刻有不動明王像的榧樹坐落境內。惠隆寺屬真言宗豐山派寺院，本尊是人稱「立木觀音」的十一面千手觀音立像。佛像被安奉於觀音堂（重要文化財）內

造就磨崖佛的岩石文化

磨崖佛／熊野磨崖佛 大分

自古以來，大分縣國東半島的佛教文化便相當盛行。許多隸屬天台宗派的寺院就像是包圍著半島中央的兩子山一般，被統稱為「六鄉滿山」。其中許多寺院相鄰岩山，並且在地位如神祇般崇高的岩石上雕刻佛像。在今日的國東半島，仍留有30多處像這樣將神祇以視覺化呈現的磨崖佛※，而熊野磨崖佛便是其中之一。

國東半島的雕刻方式雖看得出受到都城木雕佛師的影響，但此處自古便具備「精雕細刻岩石的技術」。接下來，就讓我們邊欣賞這些令人讚嘆的佛像，邊了解其背後的國東岩石文化。

密教道場的熊野磨崖佛

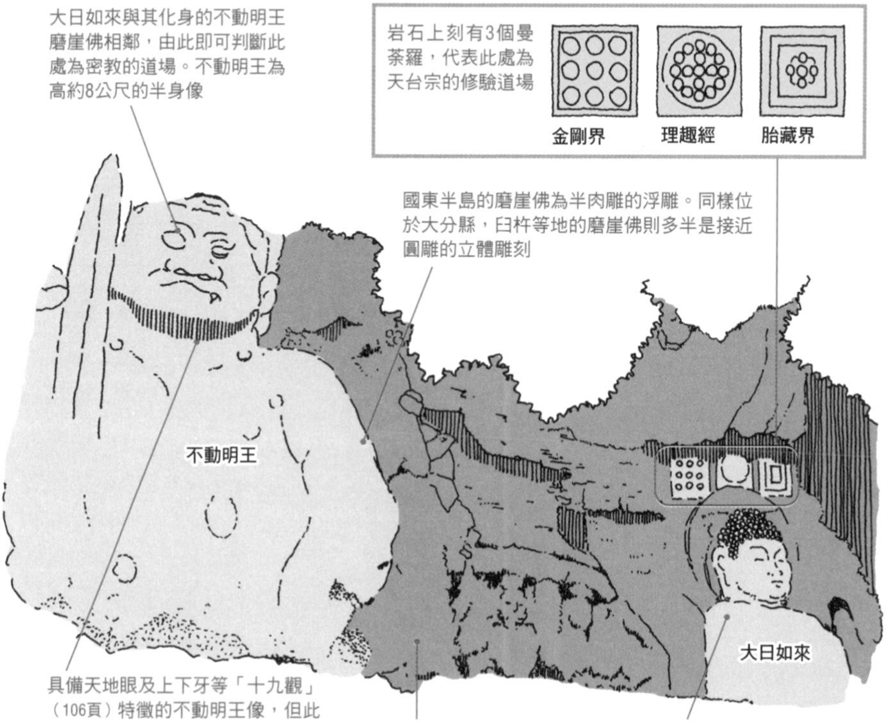
大日如來與其化身的不動明王磨崖佛相鄰，由此即可判斷此處為密教的道場。不動明王為高約8公尺的半身像
岩石上刻有3個曼荼羅，代表此處為天台宗的修驗道場
金剛界
理趣經
胎藏界
國東半島的磨崖佛為半肉雕的浮雕。同樣位於大分縣，臼杵等地的磨崖佛則多半是接近圓雕的立體雕刻
不動明王
大日如來
具備天地眼及上下牙等「十九觀」（106頁）特徵的不動明王像，但此處的不動明王面帶讓人容易親近的慈悲相，而非平常常見的忿怒相
不動明王脇侍的兩尊童子因風蝕變得模糊不清
大日如來像頭上未戴寶冠，反而是頂著螺髮，因此有部分人士認為是「藥師如來像」。藥師如來為天台宗的本尊

重要文化財・史跡　熊野磨崖佛

※：直接雕刻於天然岩石之佛像

探索國東半島的岩石文化

石階參道

前往熊野磨崖佛的石階參道是由天然岩石隨意堆砌而成，相傳是由鬼怪在一夜之間建造而成

石階以符合步伐的大石塊堆砌，不至於難以攀登

石橋數量可觀

位於國東半島銜接內陸處的宇佐市院內町仍保留著64座的石造拱橋。石橋是以石頭亂砌而成，存在大量的縫隙，因此不易因水沖刷崩毀

要堆砌最下方的楔型拱石（迫石）需要相當技術

野佛也為石造

置於路邊或境內的石造野佛。由百姓製作的野佛多半有著既樸素、又純真的表情

修驗者以雕刻磨崖佛的方式，鼓勵人們造立石佛

石垣棚田

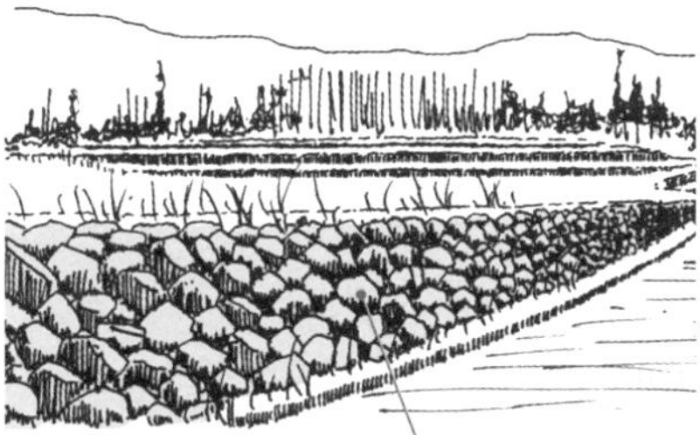

坐落於廣大山谷間的石砌梯田，農民自古便相當懂得運用岩石

獨特的國東塔

常見於國東半島的寶塔是用來納經（譯註：為追念死者所作之供養）、生前供養或作為墓碑。塔頂設計為烈火燃燒的寶珠

壺型塔身

一般較少見的束腰仰覆蓮座

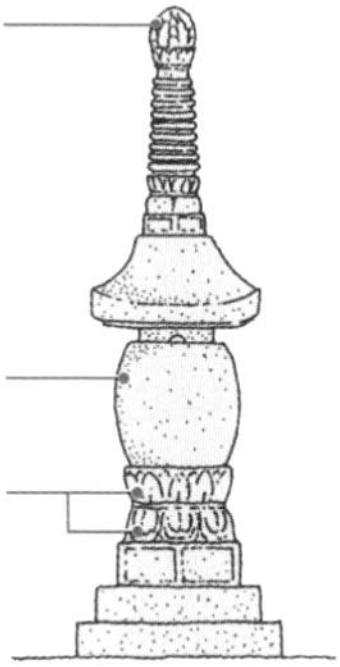

石造仁王像

同屬六鄉滿山的富貴寺（28頁）境內的石造仁王像。現存的石造仁王像有8成都在大分縣，其中大多數更集中於國東半島

鑿痕較淺，讓線條看起來不會非常銳利

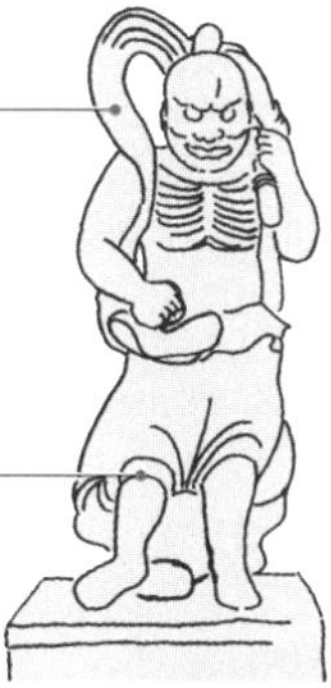

富貴寺三門仁王像（阿形）

MEMO：熊野磨崖佛為六鄉滿山寺院之一，登上胎藏寺旁的參道即可抵達。熊野磨崖佛中，大日如來像為平安前期之作，像高6.8公尺。不動明王像則為平安末期之作，像高8公尺

以木頭呈現磨崖佛

磨崖佛化的木造佛／龍岩寺 大分

位於國東半島（152頁）銜接內陸處，宇佐市山谷間的龍岩寺。穿越本堂旁，爬上崎嶇山路後，嵌入崎嶇岩壁坑洞的奧院建物就會映入眼簾。與略暗的堂內相比，背對岩壁的三尊佛像※被陽光包圍著。這些佛像雖為木造，卻會讓人聯想到磨崖佛。雕刻於岩石表面的磨崖佛，被認為是依附於岩山的神祇以佛之姿現身。或許龍岩寺的佛像群也是遵循磨崖佛的概念製作而成。為了要讓人能從佛像與建物聯想到磨崖佛，其中可是富含許多工藝技術。

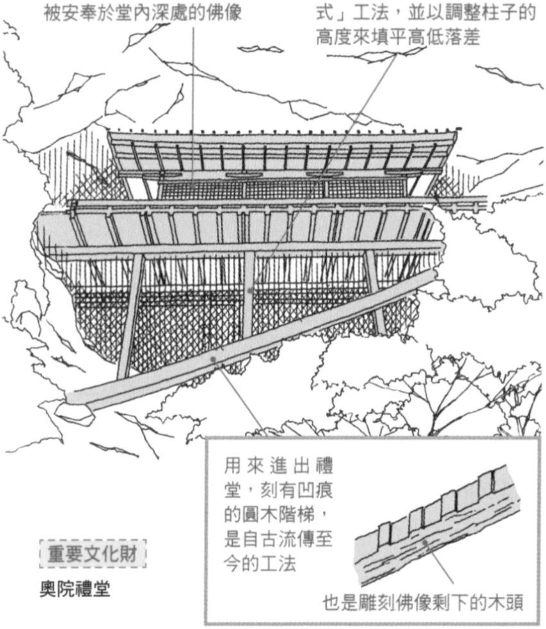
抬頭仰望就能看到禮堂。相信任誰也無法想像，外面的光線竟然能夠照射到被安奉於堂內深處的佛像
當神靈依附在後方山中或坑洞時，建物往往會採用部分於傾斜地形建造的「懸造式」工法，並以調整柱子的高度來填平高低落差
用來進出禮堂，刻有凹痕的圓木階梯，是自古流傳至今的工法
也是雕刻佛像剩下的木頭
重要文化財
奧院禮堂

使用樟木製作，採一木造工法，未著色。白色木肌明亮，彷彿釋放著淡淡光芒。相傳三尊佛像是以同一棵樟樹製成。據聞國東半島保留下來的一木造佛像皆由當地佛師製作，而寄木造佛像則是出自都城的佛師之手

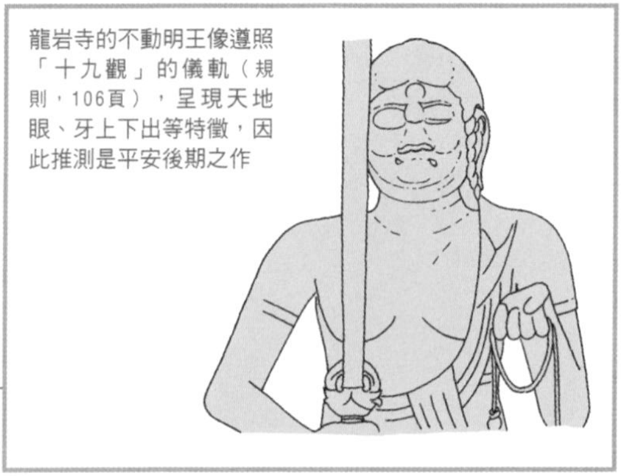
龍岩寺的不動明王像遵照「十九觀」的儀軌（規則，106頁），呈現天地眼、牙上下出等特徵，因此推測是平安後期之作

※：阿彌陀如來、藥師如來與不動明王，此三尊佛像的組合可說相當獨特。龍岩寺所在的地區由於是天台宗修驗道相當盛行之地，也許基於這層考量，天台宗本尊・藥師如來、能將人們從末法之世引領至極樂淨土的阿彌陀如來、以及密教本尊化身的不動明王才被一同供奉

展現從岩壁誕生的佛像

能提供佛像自然光線的建物

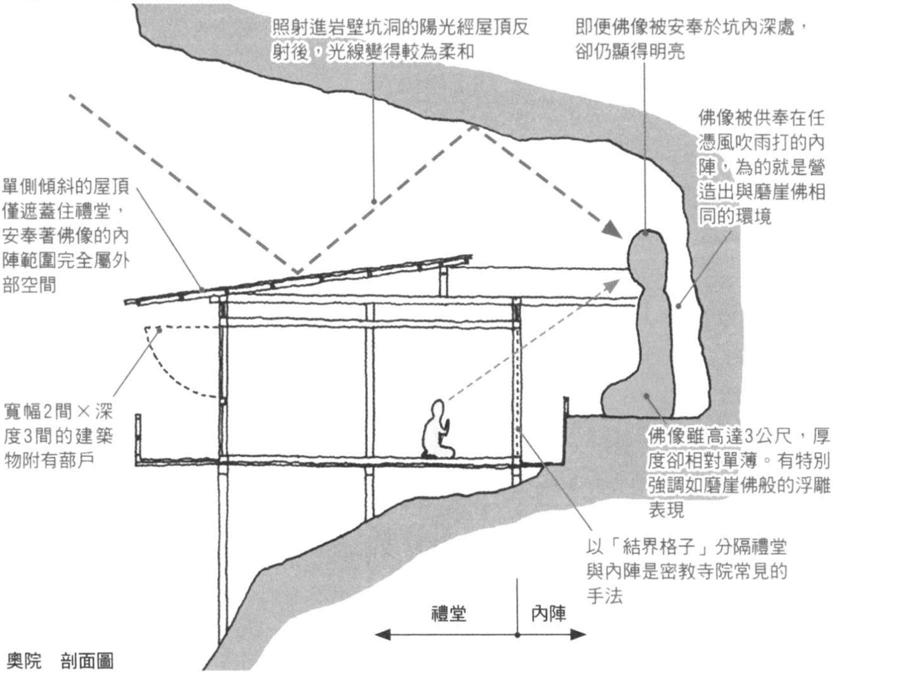

照射進岩壁坑洞的陽光經屋頂反射後，光線變得較為柔和
即便佛像被安奉於坑內深處，卻仍顯得明亮
佛像被供奉在任憑風吹雨打的內陣，為的就是營造出與磨崖佛相同的環境
單側傾斜的屋頂僅遮蓋住禮堂，安奉著佛像的內陣範圍完全屬外部空間
寬幅2間×深度3間的建築物附有蔀戶
佛像雖高達3公尺，厚度卻相對單薄。有特別強調如磨崖佛般的浮雕表現
以「結界格子」分隔禮堂與內陣是密教寺院常見的手法
禮堂
內陣

奧院　剖面圖

將佛像與岩壁同化

世人認為，依附於山中的神祇會從後方的岩石變身為佛，顯現人間（示現），與磨崖佛的概念相同
佛像身後緊鄰岩壁，由於沒有光背，會讓人覺得佛像似乎與岩石一體成形
雖是木造佛像，但國東半島多以淺雕工法製作
阿彌陀如來
不動明王
藥師如來

重要文化財　阿彌陀如來坐像、藥師如來坐像、不動明王坐像

MEMO：龍岩寺為曹洞宗（原為天台宗）寺院，安奉於奧院的三尊佛像皆為平安後期的樟木作品，採一木造工法，像高為3公尺

column | 要從殿堂何處祭拜佛像？

日本的佛堂在佛教創成階段時，是佛的專屬空間。即便是僧侶也不能隨意進入堂內，只能在佛堂之外禮佛。
在時代的變遷下，除了人與佛像的接觸方式有所改變，佛堂的設計也出現變化。
在此就讓我們來一探，禮佛之人的站立位置與佛堂形式的變遷。

佛堂形式與禮佛位置的變遷

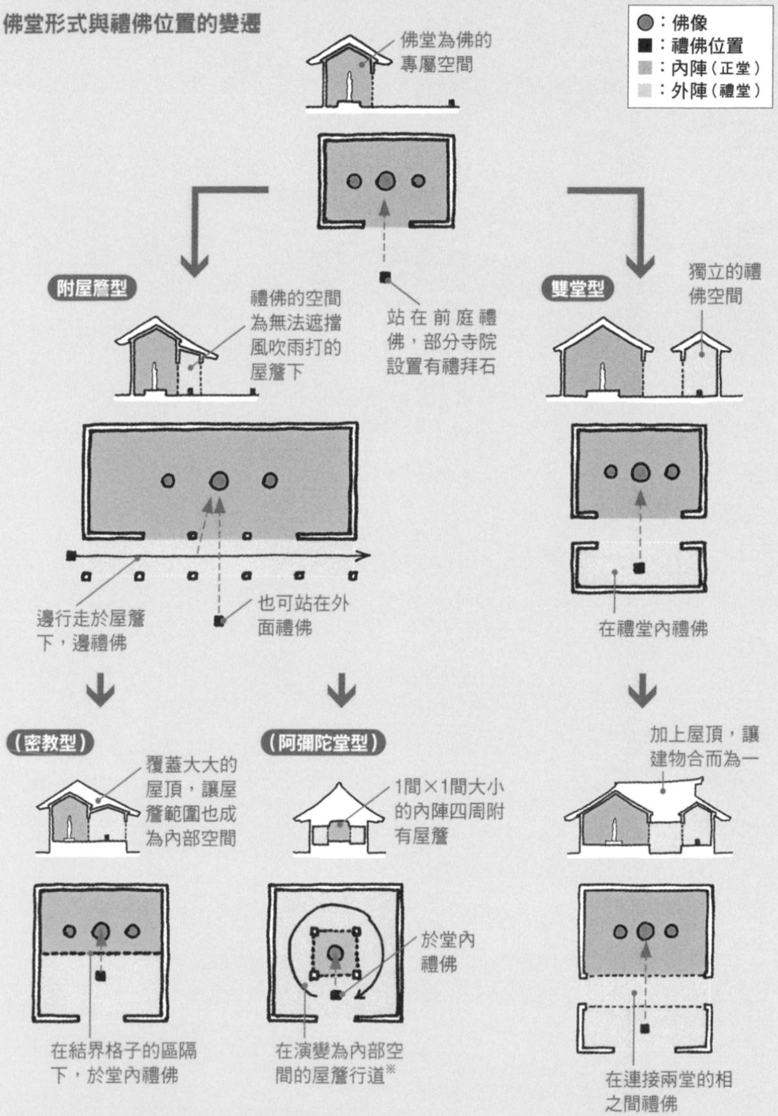

●：佛像
■：禮佛位置
■：內陣（正堂）
■：外陣（禮堂）
佛堂為佛的專屬空間
站在前庭禮佛，部分寺院設置有禮拜石
附屋簷型
禮佛的空間為無法遮擋風吹雨打的屋簷下
邊行走於屋簷下，邊禮佛
也可站在外面禮佛
雙堂型
獨立的禮佛空間
在禮堂內禮佛
（密教型）
覆蓋大大的屋頂，讓屋簷範圍也成為內部空間
在結界格子的區隔下，於堂內禮佛
（阿彌陀堂型）
1間×1間大小的內陣四周附有屋簷
於堂內禮佛
在演變為內部空間的屋簷行道※
加上屋頂，讓建物合而為一
在連接兩堂的相之間禮佛

※：行道是指邊順時針繞著佛像、邊念誦佛經的禮拜法，為修行之一

Index

依都道府縣排列索引

黑色字體的寺院名為書中有特別說明的寺院

北海道、東北地區

關東地區

關西地區

中國、四國地區

九洲、沖繩地區

Information

參拜資訊

參拜時間等資訊可能會出現臨時變更。
各位讀者在前往時，敬請事先確認。

①地址
②電話
③交通資訊
④參拜時間

p34
淨土寺
①兵庫縣小野市淨谷町2094
②0794-62-4318
③自神戶電鐵小野車站搭乘巴士約15分鐘，於淨土寺站下車
④9點～17點（10月～3月只到16點），12點～13點未開放

p36
善光寺
①長野市元善町491
②026-234-3591
③自JR長野車站搭乘巴士約15分鐘，於善光寺大門站下車
④本堂內戒壇夏季的參觀開放時間為4點30分～16點30分，冬季為6點～16點左右。前立本尊的開帳儀式於每7年一次的虛數年舉行（下次為2021年）

p38
高德院
①神奈川縣鎌倉市長谷4-2-28
②0467-22-0703
③自江之島電鐵長谷車站步行7分鐘
④8點～17點30分。10～3月為8點～17點

p40
白水阿彌陀堂（願成寺）
①福島縣磐城市內鄉白水町廣畑221
②0246-26-7008
③自JR磐城車站搭乘巴士，於阿彌陀堂站下車後，步行5分鐘
④8點30分～16點（11～3月至15點30分）。定休日為每月第四個星期三、彼岸之日、盂蘭盆節等

p42
輪王寺
①櫪木縣日光市山內2300番地
②0288-54-0531
③自JR或東武線日光車站搭乘東武巴士，於大猷院二荒山神社前站下車
④8點～17點。（11～3月至16點）。常行堂本尊・寶冠阿彌陀如來坐像以及金剛法菩薩、金剛利菩薩正在整修中

p24
九品佛淨真寺（淨真寺）
①東京都世田谷區奧澤7-41-3
②03-3701-2029
③自東急九品佛車站下車後，步行1分鐘
④8點～17點

p26
淨瑠璃寺
①京都府木津川市加茂町西小札場40
②0774-76-2390
③自JR或近鐵奈良車站搭乘急行巴士，於淨瑠璃寺站下車後即可抵達
④9點～17點。12月～2月為10點～16點

p28
富貴寺
①大分縣豐後高田市田染蕗2395
②0978-26-3189
③自JR宇佐車站搭乘巴士，於昭和之町站下車後，再轉搭計程車15分鐘
④8點30分～16點30分。雨天將無法參觀寺院內部

p30
三千院
①京都市左京區大原來迎院町540
②075-744-2531
③自JR京都車站搭乘京都巴士，於大原站下車
④8點30分～17點。12／8～2月為9點～16點30分

p32
平等院
①京都府宇治市宇治蓮華116
②0774-21-2861
③自JR宇治車站或京阪電鐵京阪宇治車站步行10分鐘
④8點30分～17點30分。鳳凰堂內部的受理時間為9點10分～16點10分

p14
東大寺
①奈良市雜司町406-1
②0742-22-5511
③自JR或近鐵奈良車站搭乘市區循環巴士，於大佛殿春日大社前站下車後，步行5分鐘。從近鐵奈良車站則步行20分鐘
④4～10月為7點30分～17點30分（10月只到17點）。11～3月為8點～16點30分（3月延至17點）。安奉誕生釋迦佛立像的東大寺博物館開館時間為9點30分

p16
清涼寺（嵯峨釋迦堂）
①京都市右京區嵯峨釋迦堂藤之木町46
②075-861-0343
③自JR京都車站搭乘巴士，於嵯峨釋迦堂前站下車後，步行2分鐘
④9點～16點。4、5、10、11月為9點～17點。本尊釋迦如來像的開放參拜時間為每月8日11點過後，以及4、5、10、11月

p18・20
法隆寺
①奈良縣生駒郡斑鳩町法隆寺山內1-1
②0745-75-2555
③自JR法隆寺車站步行20分鐘，或搭乘巴士於法隆寺門前站下車
④8點～17點。11／4～2／21為8點～16點30分

p22
永觀堂（禪林寺）
①京都市左京區永觀堂町48
②075-761-0007
③自JR京都車站搭乘巴士，於南禪寺永觀堂道站下車
④9點～17點

p66
東寺（教王護國寺）
①京都市南區九條町1番地
②075-691-3325
③自JR京都車站八條口步行15分鐘
④3／20～4／17為5點～17點。4／18～9／19為5點～18點。9／20～3／19為5點～17點

p70
法隆寺
①奈良縣生駒郡斑鳩町法隆寺山內1-1
②0745-75-2555
③自JR法隆寺車站步行20分鐘，或搭乘巴士於法隆寺門前站下車
④8點～17點。（11／4～2／21為8點～16點30分）夢殿本尊・觀世音菩薩立像特別開放參拜期間為春季與秋季

p72
天台寺
①岩手縣二戶市淨法寺町御山久保
②0195-38-2500
③自JR二戶車站搭乘巴士30分鐘，於天台寺站下車後，步行25分鐘
④9點～17點（11～3月至16點）

p74
三十三間堂（蓮華王院）
①京都市東山區三十三間堂迴町657
②075- 561-0467
③自JR京都車站搭乘市區巴士約10分鐘，於博物館三十三間堂前站下車
④8點～17點。11／16～3／31為9點～16點

p76
向源寺
①滋賀縣長濱市高月町渡岸寺50
②0749-85-2632（渡岸寺觀音堂國寶維持保存協贊會）
③自JR高月車站步行10分鐘
④9點～16點

p78
羽賀寺
①福井縣小濱市羽賀82-2
②0770-52-4502
③自JR小濱車站搭乘計程車10分鐘
④9點～16點

p56
唐招提寺
①奈良市五條町13-46
②0742-33-7900
③自JR或近鐵奈良車站搭乘巴士17分鐘，於唐招提寺站下車即可抵達。從近鐵西之京車站步行10分鐘
④8點30分～17點

p58
金剛三昧院
①和歌山縣伊都郡高野山425番地
②0736-56-3838
③自南海鋼索線（纜車）高野山站搭乘山內路線巴士，於千手院橋站下車後，步行約10分鐘
④8點～17點。五智如來像為祕佛

p60
圓成寺
①奈良市忍辱山町1273
②0742-93-0353
③自JR或近鐵奈良車站搭乘奈良交通巴士，於忍辱山站下車後即可抵達。從JR或近鐵奈良車站搭乘計程車20分鐘
④9點～17點

p62
根來寺
①和歌山縣岩出市根來2286
②0736-62-1144
③自JR岩出車站搭乘巴士22分鐘，於根來寺站下車後即可抵達
④9點10分～16點30分（11～3月僅至16點）。大塔在10月下旬舉辦法會之日無法參觀，胎藏界中台八葉院諸尊像自2016年7月起，開始進行部分修復作業

p64
室生寺
①奈良縣宇陀市室生78
②0745-93-2003
③自近鐵室生口大野車站搭乘巴士14分鐘，於室生寺前站下車
④8點30分～17點。12月～3月為9點～16點。另提供有兩界曼荼羅及法具等灌頂儀式規格的特別參拜行程（不定期）

p44
藥師寺
①奈良縣奈良市西之京町457
②0742-33-6001
③於近鐵西之京車站下車後即可抵達
④8點～17點

p46
不動院
①廣島市東區牛田新町3-4-9
②082-221-6923
③自阿斯托藍姆線（Astramline）不動院車站徒步約2分鐘
④安奉本尊藥師如來坐像的金堂開帳期間為1／1～3、5／5

p48
覺園寺
①神奈川縣鎌倉市二階堂421
②0467-22-1195
③自JR鎌倉車站搭乘京急巴士，於大塔宮下車後，步行10分鐘
④10點、11點、13點、14點、15點（周末及假日另開放12點時段）。雨天、8月、12／20～1／7未開放參拜

p50
黑石寺
①岩手縣奧州市水澤區黑石町山內17
②0197-26-4168
③自JR水澤車站搭乘巴士30分鐘，或搭乘計程車20分鐘
④9點～16點（無定休日）

p52
室生寺
①奈良縣宇陀市室生78
②0745-93-2003
③自近鐵室生口大野車站搭乘巴士14分鐘，於室生寺前站下車
④8點30分～17點。12月～3月為9點～16點。金堂一般只能從舞台參拜，寺方另有提供從外陣參拜的特別行程

p54
立石寺（山寺）
①山形市山寺4456-1
②023-695-2843
③鄰近JR山寺車站
④8點～17點。祕佛本尊・藥師如來坐像每50年開帳一次

p108
成田山新勝寺
①千葉縣成田市成田1番地
②0476-22-2111
③自京成電鐵京成成田車站或JR成田車站步行10分鐘
④境內隨時開放。大本堂本尊・不動明王像每10年開帳一次（能夠碰觸到明王手中的繩索）

p110
西大寺
①奈良市西大寺芝町1-1-5
②0742-45-4700
③自近鐵大和西大寺車站步行3分鐘
④8點30分～16點30分，愛染堂為9點～16點30分。祕佛愛染明王對外公開期間為1／15～2／4、10／25～11／15

p112
瑞龍寺
①富山縣高岡市關本町35
②0766-22-0179
③自JR高岡車站步行10分鐘
④9點～16點30分

p116
興福寺
①奈良市登大路町48
②0742-22-5370（國寶館）
③自近鐵奈良車站步行5分鐘，或從JR奈良車站搭乘奈良交通市區循環系統巴士5分鐘，於縣廳前站下車即可抵達
④9點～17點。國寶館於平成29年（2017年）期間，因耐震工程休館中

p118
財賀寺
①愛知縣豐川市財賀町觀音山3
②0533-87-3494
③自名鐵國府車站搭乘計程車20分鐘
④仁王門、仁王像等平時皆有對外開放，唯本堂內需事前預約

p120
東大寺
①奈良市雜司町406-1
②0742-22-5511
③自JR或近鐵奈良車站搭乘市區循環巴士，於大佛殿春日大社前站下車後，步行5分鐘
④4～10月為7點30分～17點30分（10月僅至17點）。11～3月為8點～16點30分（3月延至17點）

p92
建長寺
①神奈川縣鎌倉市山之內8
②0467-22-0981
③自JR北鎌倉車站步行20分鐘
④8點～16點30分

p94
岩船山高勝寺
①栃木縣栃木市岩舟町靜3
②0282-55-2014
③自JR岩舟車站步行15分鐘
④9點～16點30分。祕佛本尊・生身地藏尊僅於彼岸供養時開帳

p96
安倍文殊院
①奈良縣櫻井市安倍645
②0744-43-0002
③自JR櫻井車站步行20分鐘，或搭乘奈良交通巴士，於安倍文殊院站下車即可抵達
④9點～17點

p98
中宮寺
①奈良縣生駒郡斑鳩町法隆寺北1-1-2
②0745-75-2106
③自JR法隆寺車站搭乘巴士，於法隆寺門前站下車後，步行8分鐘。或從近鐵筒井車站搭乘巴士，於中宮寺前站下車後，步行5分鐘
④9點～16點30分（10／1～3／20至16點）

p100
聖福寺
①長崎市玉園町3-77
②095-823-0282
③自長崎電氣軌道櫻町停留所步行4分鐘
④9點～17點

p106
峰定寺
①京都市左京區花背原地町772
②075-746-0036
③自阪急出町柳車站搭乘京都巴士，於大悲山口站下車後，步行約30分鐘
④9點～16點。天候不佳與12／1～3／30期間未開放

p80
長谷寺
①奈良縣櫻井市初瀨731-1
②0744-47-7001
③自近鐵長谷寺站步行15分鐘
④8點30分～17點。10月～3月為9點～16點。本尊・十一面觀音立像僅能從正堂外參拜。每年會舉辦兩次（春、秋）的本堂內特別參拜

p82
東大寺
①奈良市雜司町406-1
②0742-22-5511
③自JR或近鐵奈良車站搭乘市區循環巴士，於大佛殿春日大社前站下車後，步行5分鐘
④4～10月為7點30分～17點30分（10月僅至17點）。11～3月為8點～16點30分（3月延至17點）

p84
觀心寺
①大阪府河內長野市寺元475
②0721-62-2134
③自南海線或近鐵河內長野車站搭乘南海巴士，於觀心寺站下車
④9點～17點。本尊如意輪觀音坐像的開帳期間為每年4／17、18兩日（10點～16點）

p86
石山寺
①滋賀縣大津市石山寺1-1-1
②077-537-0013
③自JR石山車站搭乘京阪巴士約10分鐘，於石山寺山門前站下車即可抵達
④8點～16點30分。本尊如意輪觀音半跏像每33年開帳一次

p88
中山寺
①福井縣大飯郡高濱町中山27-2
②0770-72-0753
③自JR若狹高濱車站搭乘計程車10分鐘。從JR三松車站或青鄉車站步行40分鐘
④9點～17點。本尊・馬頭觀音為祕佛，每33年開帳一次，下次開帳預計為平成40年（2028年）

p90
真性寺
①東京都豐島區巢鴨3丁目21-21
②03-3918-4068
③自JR或都營地下鐵巢鴨車站步行5分鐘
④9點～17點

p144
瀧水寺大日坊
①山形縣鶴岡市大網入道11
②0235-54-6301
③自JR鶴岡車站搭乘巴士40分鐘，於大網站下車後，步行7分鐘
④8點～17點

p146
清源寺
①京都府南丹市八木町諸畑大谷口102
②0771-42-3743
③自JR八木車站搭乘計程車15分鐘
④9點～17點（需事先聯繫）

p150
善願寺
①京都市伏見區醍醐南里町33
②075-571-0036
③自京都市營地下鐵醍醐車站步行15分鐘
④9點30分～16點（預約制）

p150
惠隆寺
①福島縣河沼郡會津坂下町塔寺字松原2944
②0242-83-3171
③自JR塔寺車站徒步15分鐘
④9點～16點

p152
熊野磨崖佛
①大分縣豐後高田市田染平野
②0978-26-2070
③自JR宇佐車站搭乘巴士，於熊野磨崖佛站下車後，步行25分鐘
④8點～17點。11月～3月為8點～16點30分

p154
龍岩寺
①大分縣宇佐市院內町大門290-2
②0978-42-6040（宇佐市觀光協會院內支部）
③自JR宇佐車站搭乘計程車40分鐘
④9點～17點

p132
英信寺
①東京都台東區下谷2丁目5-14
②03-3872-2356
③自東京Metro地鐵入谷車站步行4分鐘
④7點～17點

p132
妙典寺
①神奈川縣鎌倉市腰越2-20-5
②0467-31-1377
③自江之島電鐵腰越車站步行約5分鐘
④9點～18點

p134
多陀寺
①島根縣濱田市生湯町1767
②0854-28-0677
③自JR濱田車站搭乘計程車約10分鐘
④8點～17點

p138
羅漢寺
①島根縣大田市大森町イ804
②0854-89-0005
③自JR大田市車站搭乘巴士28分鐘，於大森站下車
④9點～17點

p140
達磨寺
①群馬縣高崎市鼻高町296
②027-322-8800
③自JR高崎車站搭乘群馬巴士，於八幡大門前站下車後，步行10分鐘。或從JR群馬八幡車站搭乘計程車5分鐘
④9點～17點

p142
六波羅蜜寺
①京都市東山區五條通大和大路上ル東
②075-561-6980
③自JR京都車站搭乘巴士，於清水道站下車後，步行7分鐘。或從京阪清水五條車站步行7分鐘。也可從阪急河原町車站步行15分鐘
④8點～17點。安奉空也上人立像的寶物館開館為8點30分

p122
興福寺
①奈良市登大路町48
②0742-22-7755
③自近鐵奈良車站步行5分鐘，或從JR奈良車站搭乘奈良交通市區循環系統巴士5分鐘，於縣廳前站下車即可抵達
④9點～17點。國寶館於平成29年（2017年）期間，因耐震工程休館中

p124
鞍馬寺
①京都市左京區鞍馬本町1074
②075-741-2003
③於叡山電車鞍馬車站下車後步行約5分鐘。要前往山頂的本殿需再轉搭2分鐘的纜車並步行10分鐘，或直接步行30分鐘方可抵達
④8點45分～16點30分

p124
成島毘沙門堂
①岩手縣花卷市東和町北成島5-1
②0198-42-3921
③自JR土澤車站搭乘計程車5分鐘
④9點～16點30分

p126
興福寺
①奈良市登大路町48
②0742-22-5370（國寶館）
③自近鐵奈良車站步行5分鐘，或從JR奈良車站搭乘奈良交通市區循環系統巴士5分鐘，於縣廳前站下車即可抵達
④9點～17點。國寶館於平成29年（2017年）期間，因耐震工程休館中（阿修羅像等於臨時講堂內以期間限定方式對外公開）

p128
慈恩寺
①山形縣寒河江市大字慈恩寺地籍31
②0237-87-3993
③自JR羽前高松車站步行20分鐘，或從JR寒河江車站搭乘計程車12分鐘
④8點30分～16點

p130
江島神社
①神奈川縣藤澤市江之島2-3-8
②0466-22-4020
③自小田急線片瀨江之島車站步行約15分鐘
④8點30分～16點30分（奉安殿）

Bibliography
参考文獻

●大学的京都ガイドーこだわりの歩き方／同志社大学京都観学研究会／昭和堂／2012年
●よみがえりゆく平等院／神居文彰／学習研究社／2011年
●仏像ー祈りと風景／長岡龍作／敬文舎／2014年
●國寶への旅＜1＞古都夢幻／日本放送出版協会／日本放送出版協会／1996年
●日本の美術＜317＞吉祥・弁才天像／根立研介／至文堂／1992年
●日本の仏像ー飛鳥・白鳳・天平の祈りと美／長岡龍作／中央公論新社／2009年
●日本人と浄土／山折哲雄／講談社／1995年
●ほとけの姿／西村公朝／毎日新聞社／1990年
●「形」でわかる仏像入門／西村公朝／佼成出版社／2011年
●仏の世界観ー仏像造形の条件／西村公朝／吉川弘文館／1979年
●やさしい仏像の見方／西村公朝・飛鳥園／新潮社／2003年
●日本の美術＜513＞清凉寺釋迦如來像／奥健夫／至文堂／2009年
●日本の美術＜375＞梵天・帝釋天像／関根俊一／至文堂／1997年
●ミイラ信仰の研究／内藤正敏／大和書房／1974年
●魅惑の仏像＜6＞四天王／小川光三／毎日新聞社／1986年
●密教入門／西村公朝／新潮社／1996年
●祈りの造形／西村公朝／日本放送出版協会／1988年
●魅惑の仏像＜7＞十一面觀音／小川光三／毎日新聞社／1986年
●西村公朝と仏の世界／西村公朝／平凡社／2002年
●仏像彫刻ー鑑賞と彫り方／松久宗琳仏所・宮野正喜／淡交社／2000年
●運慶　仏像彫刻の革命／西村公朝　熊田由美子／新潮社／1997年
●重要文化財財賀寺仁王門保存修理工事報告書／文化財建造物保存技術協会／財賀寺／1998年
●木喰ー庶民信仰の微笑仏　生誕290年／大久保憲次・小島悌次・神戸新聞社／東方出版／2008年
●東大寺（別冊太陽日本のこころ172）／西山厚／平凡社／2010年
●アシュラブック／北進一／美術出版社／2012年
●仏像ーそのプロフィル／入江泰吉・青山茂／保育社／1985年
●新版古寺巡礼　京都＜7＞禪林寺／小木曽善龍・安部龍太郎／淡交社／2007年

●日本の庶民仏教／五來重／角川書店／1985年
●甦る羅漢たち一東京の五百羅漢／高橋勉・五百羅漢寺／東洋文化出版／1981年
●ふくしまの仏像一平安時代／若林繁／歴史春秋出版／2002年
●目でみる仏像／田中義恭・星山晋也／東京美術／2000年
●新版西國愛染十七霊場巡礼／西國愛染霊場会／朱鷺書房／2012年
●魅惑の仏像＜10＞盧舎那仏／小川光三／毎日新聞社／1987年
●不動明王—慈悲にあふれた怒れる如來の化身／田中昭三／学習研究社／2007年
●近江若狭の仏像／吉田さらさ／JTBパブリッシング／2012年
●日本人の死生觀／五來重／角川書店／1994年
●大分県立歴史博物館総合案内／大分県立歴史博物館／大分県立歴史博物館／2000年
●塔／梅原猛／集英社／1976年
●十一面觀音の旅／丸山尚一／新潮社／1992年
●みちのく古寺巡礼／高橋富雄／日本經済新聞社／1985年
●密教の美術／内田啓一／東京美術／2008年
●淨土の美術／内田啓一／東京美術／2009年
●すぐわかるマンダラの仏たち／頼富本宏／東京美術／2011年
●新版古寺巡礼　京都＜2＞淨瑠璃寺／立松和平・佐伯快勝／淡交社／2006年
●古寺巡礼　京都＜7＞淨瑠璃寺／井上靖・塚本善隆／淡交社／1976年
●大黑天信仰と俗信／笹間良彦／雄山閣／1993年
●住職がつづるとっておき金峯山寺物語／五條順教／四季社／2006年
●藏王権現入門／総本山金峯山寺／総本山金峯山寺／2010年
●ダルマの民俗学／吉野裕子／岩波書店／1995年
●踊り念仏／五來重／平凡社／1998年
●羅漢一仏と人のあいだ／梅原猛／講談社／1977年
●真性寺銅造地藏菩薩坐像修理報告書／豊島区教育委員会／豊島区教育委員会／2011年
●原寸大　日本の仏像　京都編／『週刊日本の仏像』編集部／講談社／2008年
●原寸大　日本の仏像　奈良編／『週刊日本の仏像』編集部／講談社／2008年
●江の島歴史散歩／内海恒雄／江ノ電沿線新聞社／1984年
●唐招提寺／唐招提寺／学生社／1998年
●東北古代彫刻史の研究／久野建／中央公論美術出版／1971年

後記

studiowork是個非常重視「田野調查」的團隊。除了透過書籍之力，讓人可以更深入理解在地事物之外，我們更常在閱讀書籍或寫真冊時，為了解決發現的疑問，選擇親身前往現地尋找答案。

都來到這把年紀，如果提出類似「在佛堂禮拜時，為何要先坐下再行禮？」這種疑問或許會惹來一陣非議，但會想要出版本書的緣由，真的就是因為這麼簡單的疑問。在實際拜訪寺院時，將目光落在地板後，禮拜佛像，接著抬頭仰望天花板。與簡樸的地板相比，天花板可是裝飾得華麗燦爛。細細「剖析」這一連串的動作及堂內設計後，才發現原來地板代表人間、天花板代表佛的世界，坐落於眼前的佛像，就是負責串聯起這兩個世界的存在。在與好友們提及腦中突然浮現的疑問及詫異，並深入調查後，便完成了一份原稿。隨著走訪的寺院愈多，在欣賞各式各樣佛像的同時，原稿分量也不斷增加，進而集結成書。

換言之，此書是站在「第一次參拜佛像」的角度寫成，因此也非常適合想了解「究竟該如何鑑賞佛像」的讀者閱讀。

各位或許會認為出版書籍需要擁有淵博的學問，但對studiowork而言卻完全相反，或許正因為我們孤陋寡聞，才需要藉由撰寫書籍來增長知識。

最後要特別感謝為我們解惑的住持、提供資訊的在地民眾、以及讓本書能順利出版的各方先進。

2016年11月　studiowork

註　書中內容包含撰稿者本身的自我解讀，將可能與寺院提出的看法相異

studiowork

studiowork是個由對每日瞬息萬變的環境與風景深感興趣，懂得時而提出心中疑問的成員所組成的團隊。藉由田野調查，深入接觸城鎮與鄉野間的事物，期待在發現新價值觀的同時，更能將其記錄並傳遞出去。著有『懷古日式建築剖析圖鑑』（瑞昇出版）等。

撰稿者介紹

最勝寺靖彥… 監修、撰稿
1946年出生
1975年　工學院大學研究所建築學科結業
1995年　成立TERA歷史景觀研究室
現為「住まいとでんき」編輯委員、隸屬ソフトユニオン
主要工作：城鎮規劃、古民宅再生重建
主要著作：「和風デザインディテール図鑑」（X-knowledge出版）
「世界で一番幸福な国ブータン」（共著、X-knowledge出版）
「まちを再生する99のアイデア」（共著、彰国社出版）

二藤克明 … 撰稿、插畫
1965年　出生於東京都　一級建築師
1987年　工學院大學專門學校建築科研究科畢業
1991年　擔任現代建築設計事務所株式會社　董事

和田明廣 … 撰稿、插畫
1964年　出生於山形縣　平面設計師
2010年～　擔任武藏野美術大學函授教育課程課堂授課講師

安藤理惠 … 撰稿、插畫
1968年　出生於群馬縣　二級建築師
1993年　工學院大學專門學校建築科研究科畢業
2012年　成立工房・＋Punto piu

井上 心 … 撰稿、插畫
1979年　出生於埼玉縣　一級建築師
2002年　法政大學經濟系畢業
2006年　工學院大學專門學校二部建築科畢業
2007年　任職一級建築師事務所TKO-M.architects

櫻井祐美 … 撰稿、插畫
1971年　出生於札幌　二級建築師
大船渡高中畢業
武藏野美術大學造型學系畢業
2013年～　OFUNATO★銀河station market place（東北、三陸、大船渡PR活動）

桑原利惠 … 撰稿、插畫
1972年　出生於廣島縣　平面設計師
1993年　日本設計學院廣島分校畢業
2010年　武藏野美術大學造形學系情報設計學科畢業
2005年～　成立設計事務所RINOTONE

糸日谷晶子 … 撰稿、插畫
1968年　出生於東京都　二級建築師
工學院大學專門學校建築科研究科畢業
武藏野美術大學畢業
成立column有限公司

錦織涼子 … 撰稿、插畫
1976年　出生於東京都　一級建築師
東京設計學院專門學校建築設計科畢業
武藏野美術大學造形學系工藝工業設計學科畢業

芝 美由紀 … 撰稿、插畫
1972年　出生於稚內市
1995年　室蘭工業大學建設系統工學科畢業
2003年　辭去住宅業者商品開發部職務

和田安史 … 撰稿、插畫
1967年　出生於神奈川縣　一級建築師
1993年　明治大學研究所工學研究課碩士課程結業
任職於建築公司設計部門

渡邊朗子 … 撰稿、插畫
1975年　出生於新潟縣
1998年　千葉大學文學系日本文化學科畢業
2011年　武藏野美術大學造形學系情報設計學科畢業
設計、編輯tori-little 設計師　http://www.tori-little.com/

西尾洋介 … 撰稿、插畫
1981年　出生於鳥取縣
2002年　工學院大學專門學校建築科研究科畢業
2005～2010年　任職於設計公司
2010年～　成為自由工作者

和田 剛 … 撰稿、插畫
1979年　出生於埼玉縣
2003年　工學院大學專門學校建築科研究科畢業
2009年　東倫敦大學（University of East London）畢業（RIBA part1）
2009年　任職Witherford Watson Mann architects
2012年　倫敦都會大學（London Metropolitan University）畢業（RIBA part2）
2013年　任職One O One architects

PROFILE

studiowork

studiowork是個由對每日瞬息萬變的環境與風景深感興趣，懂得時而提出心中疑問的成員所組成的團隊。藉由田野調查，深入接觸城鎮與鄉野間的事物，期待在發現新價值觀的同時，更能將其記錄並傳遞出去。著有『懷古日式建築剖析圖鑑』(瑞昇出版)等。

TITLE

佛像與寺院解剖圖鑑

STAFF

出版　瑞昇文化事業股份有限公司
作者　studiowork
譯者　蔡婷朱

總編輯　郭湘齡
責任編輯　徐承義
文字編輯　黃美玉　蔣詩綺
美術編輯　孫慧琪
排版　執筆者設計工作室
製版　明宏彩色照相製版股份有限公司
印刷　桂林彩色印刷股份有限公司

法律顧問　經兆國際法律事務所　黃沛聲律師

戶名　瑞昇文化事業股份有限公司
劃撥帳號　19598343
地址　新北市中和區景平路464巷2弄1-4號
電話　(02)2945-3191
傳真　(02)2945-3190
網址　www.rising-books.com.tw
Mail　deepblue@rising-books.com.tw

本版日期　2019年4月
定價　350元

ORIGINAL JAPANESE EDITION STAFF

資料協力　飛鳥園
デザイン　細山田デザイン事務所（米倉英弘）
制作　TKクリエイト（竹下隆雄）
印刷・製本　シナノ書籍印刷

國家圖書館出版品預行編目資料

佛像與寺院解剖圖鑑 / studiowork作 ; 蔡婷朱譯. -- 初版. -- 新北市 : 瑞昇文化, 2017.12
176 面 ; 14.8 x 21 公分
ISBN 978-986-401-211-4(平裝)

1.佛像 2.佛教藝術 3.日本

224.6　106021592